老西宁

LAO XINING

贰

西宁周边村堡探究

靳育德 著

青海人民出版社

图书在版编目(CIP)数据

老西宁.2，西宁周边村堡探究 / 靳育德著.—西宁：青海人民出版社，2014.11（2016.1重印）
ISBN 978-7-225-04808-6

Ⅰ.①老… Ⅱ.①靳… Ⅲ.①村落—文化史—西宁市 Ⅳ.①K294.41

中国版本图书馆CIP数据核字（2014）第272208号

老西宁贰

靳育德　著

出 版 人　樊原成
出版发行　青海人民出版社有限责任公司
　　　　　西宁市同仁路10号　邮政编码：810001　电话：（0971）6143426（总编室）
发行热线　（0971）6143516/6137731
印　　刷　青海西宁印刷厂
经　　销　新华书店
开　　本　720mm×1000mm　1/16
印　　张　13.75
字　　数　190千
版　　次　2014年11月第1版　2016年1月第2次印刷
书　　号　ISBN 978-7-225-04808-6
定　　价　32.00元

序

谢　佐

青海文史学者靳育德先生多年来关注西宁地区的地名文化，他的有关地名文章多见诸青海相关报刊。读过他的文章，我曾敦促他积文成册，出版发行一部西宁地名文化的著作，让广大读者增长地域文化知识，从而了解西宁及其周边的山川风貌特征，村庄堡寨的历史沿革等。靳育德先生出生于湟中，对家乡的地名情有独钟，他走遍家乡的山山水水，对家乡的地名细加考究，充分运用考古成果、史籍记载，以及民情风俗，洋洋洒洒著成一部大书，我先睹为快，开卷有益，愿与读者共同赏析。

“西宁”一词，最早出现在北宋年间，据《边政考》记载，是取“西陲安宁、西事底宁”之意。秦汉时期称西宁为“西平”，南凉王室后裔现居广东省鹤山市，他们仍以“西平”为祖根。无论西平还是西宁，地处湟水源头而为历代兵家所争。历史上戎羌首领无弋爰剑之教部众以耕稼技术，赵充国屯田河湟，邓训护羌爱民，隋炀帝西巡，光化公主、弘化公主、文成公主、金城公主四位公主远嫁途经西宁，南凉三雄建都西平，唃厮啰建政青唐城，以及元、明、清之际多民族移居西宁，民国时期马氏家族经营西宁，可谓 2 000 年风云注到心头，多少个地名留在眼前。靳先生说："西宁历史上久处边远，历史的演变，民族的迁徙，无不给村堡地名留下重重的印记。研究村堡地名的起源不仅可以了解一地的历史及特点，而且还可以增长知识，从而培养爱家乡、爱青海的思想感情。"

随着工业化进程的加快，城市的崛起使部分村落消失，对西宁地名源流的探究，有助于人们留下历史的记忆。自从西宁汉东川划为甘河工业园区"西区"后，"伴随着现代社会经济的发展和农村改革步伐的加快，原来的汉东、拉布尔、扎扎、杨家滩、羊毛、半截沟、下麻尔、田家庄、歪菜沟（大才）等十多个村庄即将渐渐消失在人们的记忆里。古村落是我国宝贵的文化遗产，被誉为经典的民间文化生态'博物馆'，其中蕴含着深厚的历史文化信息，是中华民族优秀传统文化的重要载体和象征。但随着这些村落的消失，其所蕴涵的大量文化信息、形态也将随之消失。这个损失将是无法弥补的。所以，加强对这些村落历史的研究，留下一份珍贵的资料，更显得十分迫切。"应该说，这也是靳育德先生研究西宁地名文化的初衷之一。

作者也欣喜地看到，地处西宁周边的浅山村落如大有山、海子沟等，由于生态环境干旱所致，先民们当时人畜饮水极其困难，当今社会在党和人民政府的关注下，"一条'倒虹吸'输水管连翻两座山，把娘娘山那清澈的泉水送到了世代喝涝坝水的村民家里，是过去的人们连想都不敢想的事儿，竟真的像梦一样，飘到了西宁头顶的大有山。"作者写到的事实，是西宁市市委、市政府"治宁方略，水为大政"的实施结果。作者在描写海子沟的历史沿革及其自然环境后，欣喜地写道："20 世纪 70 年代，云谷川水库建成了，一条输水管道翻山越岭，把清凉的娘娘山泉水送到了每家的锅台边。人老几辈子传说中的'海子'只给了人们一个想象中温馨的

‘太虚幻境’，而本不在这儿的云谷川水库，却让海子沟人结束了喝窖水、涝坝水的苦涩岁月，真正尝到了‘海子’的甘甜。”

靳育德先生满怀对家乡的热爱之情，在写到西宁地名时，将一地的山水乃至风景名胜多作游记式的描述，读来文笔舒畅，妙笔生花，充满了趣味性。其中涉及的历史典故、人物、事件，其前因后果层次分明。特别是写到大有山的武术、加牙的藏毯、陈家滩的木雕技艺都很详尽。靳先生为人谦逊，在对待西宁地名文化中涉及的民族、宗教方面的内容时，总是虚心求教于人。难能可贵的是书中许多涉及到的地方，他都曾亲自踏勘，对山川形胜了如指掌，这是需要文史同仁们效仿学习的。靳先生治学严谨，这部西宁历史文化专著的出版发行，将填补地域文化中西宁地名的空白，可喜可贺。

谨为序。

2014 年 3 月 1 日于西宁

老西宁 贰

目录 CONTENTS

老西宁 贰

目录 CONTENTS

老西宁 贰

目录 CONTENTS

老西宁 贰

目录 CONTENTS

西宁周边村名略谈

西宁历史上久处边远，历史的演变，民族的迁徙，无不给村堡地名留下重重的印记。研究村堡地名的起源不仅可以了解一地的历史及特点，而且还可以增长知识，从而培养爱家乡、爱青海的思想感情。历史上，由于种种原因，就像这里的自然环境一样，村堡地名同样折射出粗犷、朴直的特色。这里没有像内地聚贤庄、三义村这样文绉绉的地名，而更多的却是阳洼、崖头、山背后、大石头、狼舌头等有点朴实直率的村名。村名中，很多是以最早开发该地家族的“姓”来命名的，有的是以当地地形地貌特征命名的，有的是以当地当时最常见的动植物名称命名的，有的是以历史事件或历史人物命名的，有的是以少数民族部落名称命名的，有的是以这里历史演变命名的。不论哪种原因，从中都可以看出我们的祖辈筚路蓝缕、含辛茹苦奋斗的历史，也可以看到历史上在人类漫无节制的盲目开发下，自然环境被破坏的历史痕迹。

西宁周边的村堡地名中，以最早开发该地家族的“姓”命名的最多，像“罗家湾”“张家寨”“李家庄”“殷刘堡”“周家大沟”“鲍家山”等，更多的村庄直接叫做“郎家”“晁马家”“沈家”“费家”“师家”

"甘家"等村寨。这样的村寨星罗棋布，不胜枚举。但随着历史的变迁，当年以旺族命名的村庄中，也许占多数的早已是其他姓氏。古语说得好："君子之泽，五世而斩"，而当年的旺族也许已经人丁不旺，也许已经远徙他乡，但从中可以追寻到家族的兴衰，旺聚败徙的盛衰历程。如东郊罗（乐）家湾的部分罗氏后裔后来迁往彭家寨，甚至远徙贵德，而彭家寨的部分彭氏后裔却迁往石灰沟的佐署村安居。

以当地地质特点和地形地貌特征命名的村庄名也不少，像"磨石沟""石板沟""白崖""红土庄""青石坡""红垭壑""石崖湾"等都是以当地地质特点命名的。还有一些用"台"（如麻尼台）、"湾"（如张家湾）、"山"（如泮子山）、"沟"（如三条沟）、"口"（如韵家口）、"滩"（如杨家滩）、"岭"（如顾家岭）、"泉"（如洪水泉）等都是以地形地貌特点命名的。像"阴崖""阳洼""沙窝""大崖沟""垭壑""烂泥滩""骆驼脖项""簸箕湾""牦牛山""疙瘩庄""铧尖"等都是以当地地形地貌特征命名的。

由于土质及气候的关系,有些植物在某一地区生长得特别茂盛，因而形成了一定的地域景观。当第一批拓荒者来到这里的时候，这一景观给他们留下了极其深刻的印象，他们往往以这些植物作为开垦地的参照物和标志，和其他居住点的人们互相联系，因而形成了西宁周边"马莲滩""韭菜沟""黄草庄""鞭麻（即金露梅）沟""荨麻湾""沙葱坡""猫儿刺沟""糜子湾""桦林""双树""灰条沟""七棵树""柏树堂（塘）""燕麦川""松树沟"等地名。

有些地方未开发前，是某些动物繁衍生息的乐园，由于人类的垦殖活动和滥加杀戮，现在这些动物已经很少，甚至绝迹了。但早先由于它们的存在，像上面所举的以植物命名村庄的原因一样，其印迹也深深地留在西宁周边的地名中，像"狼湾""野马滩""燕儿沟""鸽子洞""黄鼠湾""老鸦城""蚂蚁沟"等。也许，那里再也没有了狼的踪迹；也许，那里再也没有了野马的身影，但从这些长久流传下来的地名中，我们会深深地反省，由于人类的活动，我们已经失去了曾生活在一起的朋友。

河湟谷地是青海最早开发的地区，由于“孤悬天末”的原因，历来是兵家必争之地。特殊的地理环境，造就了一些与军事有关的地名，有些至今仍被沿用。北宋时期，为除肘腋之患，宋与西夏断断续续交战达140余年，北宋王朝为牵制西夏，对统治河湟地区的唃厮啰政权采取争取和笼络的政策；唃厮啰为求得其势力的巩固和发展，也希望与宋结好；西夏为实现“并兵南向”的目的，亦多次出兵河湟地区。在此背景下，唃厮啰和后来进入河湟地区的北宋军队在险关要隘、交通要道筑城设防，建立军事据点，被称为“堡”，如安川堡、峡口堡、善治堡、南宗堡等。这些堡星罗棋布于西宁周围，作为军事防御体系中的一环，为河湟地区的稳定起到了一定的作用。经1 000多年的历史演变，许多“堡”已变换了名称，但还有不少村庄仍被称为“堡”，如白沈堡、雷家堡、镇海堡、长宁堡、高墙堡、老幼堡、三其堡等。

西宁周边也有许多村庄被称为“寨”，如彭家寨、刘家寨、杨家寨、沈家寨、逯家寨、徐家寨、曹家寨、傅家寨、陶家寨、张家寨、葛家寨、田家寨、谢家寨、朱家寨、宋家寨、孙家寨、毛家寨等。寨多以族姓命名，考其历史渊源，与堡同因，但“堡”是官府派兵驻防之地，“寨”是民间以家族为主的自卫结构。堡为主，寨为辅，共同构成了较为完备的军事防御体系，不能不说是战争频仍的河湟地区的一种特殊形式。由于寨的建立和发展，对河湟地区的开发起到了积极的推动作用。

西宁周边的有些地名与发生在该地的历史事件有关，尽管事件已经成为历史，但因此而形成的地名却长久保留，如有些村落称为“屯”，有些村落称为“铺”，有些村落称为“驿”，有些村落称为“营”，有些村落称为“南门”、“边墙”等。

“屯”是明朝屯田实边的产物。明王朝为了巩固西部边陲，除实行军队屯田戍边之外，还从江苏、山西、陕西等地向青海大量移民，安置于河湟地区。这种军屯和民屯政策的落实，对巩固明王朝在青海的统治起到了不可低估的作用。如贵德的王屯、周屯、刘屯、脱屯等，就是有名的“贵德十屯”。王屯的始祖叫王猷，江南宜兴人，从朱元璋起兵，以功授昭信校

驿　站

尉，明洪武三十年（1397年）阵亡。他的家族居住在那里，屯以姓为名，称“王屯”。周屯的始祖叫周鉴，刘屯的始祖叫刘庆，康屯的始祖叫康泰，杨屯的始祖叫杨鸾，李屯的始祖叫李钊，都属河州卫中左所的正规军屯。

“铺”是元朝“递铺”制度的产物。元王朝为了加强对各地的统治，自京师至四方设立了递铺，铺设铺兵，一般为5名，专司传递投送各衙门的文书。西宁卫附近就有下十里铺、上十里铺、二十里铺、三十里铺等地名，即以距西宁卫城的路程远近命名的。

“驿”是指明王朝马驿递运所。明王朝建立后，承袭元朝递铺制度，京城设会同馆，在外设马驿并递运所，以便公差人员往来。并规定铺舍传寻常文件，马驿递送紧要公文。所以，当时在西宁至兰州设平戎驿、老鸦驿、古鄯驿、巴州驿、冰沟驿等驿站。至今，只有平安驿（平戎驿）这个地名仍被人们不时提起。

“营”是清代协路营的产物。清王朝为加强统治，在一些边防要地、交通要津建立军事据点，派兵驻防。在府城驻防的叫镇标营，如当时驻防西宁的就有镇标五营和城守营，镇标五营分前、后、左、中、右，今西宁前营街、后营街营房巷、中营房街等地名，就是因此而得名的。在城外各地驻守的，叫“协路营”，当年29个协路营分布于西宁周边。按等级分，“营”处“协”之下，而在“汛”之上，每营有营兵若干名，以其重要与否，由守备或千总、把总等下级军官负责。数百年的烟云已逝，西宁周边只有为数不多的几个地方仍保留了“某某营”的地名，如坺家营、拉课营、千户营、桃红营、班仲营、端巴营、铁家营、合尔营、石家营、汤官营、图巴营、伯什营、麻子营等。

“塘”也是清代为加强防御而设的军事据点。当局除设“营”这一据点外，在一些交通要道依险要程度，设立“塘”和“卡汛”，派兵驻守，其作用相当于今天的检查站。按级别分，塘比卡汛规格高，其所驻守的地方重要一些。西宁周边就有阴山塘、押加沟塘、群加沟塘、二塘等，后随着军事据点作用的消失，许多地名后的“塘”也随之消失了，但西宁西川的阴山塘却保留了下来，不知不觉间，“塘”变成了“堂”，至今仍叫做“阴山堂”。

以“南门”、“边墙”为村名，是与明代为防“海寇”而修筑的“边墙”（今已确认为明长城）有关。南门其实应写作“闇门”，是边墙上为供人们通行而专设的通道门户，因“闇”字难写难认，故随意写为“南门”了。青海边墙上的闇门有的规模很大，俨然是座小型城门，如今天尚存的湟中县班沙尔闇门；有的修得就非常简陋。过去地方战乱不断，人们为求安全，纷纷依边墙而居，渐成村落。但随着岁月的流逝，绝大多数地段上的边墙已完全倾圮，但居住在那里的人们却以“南门”、“边墙”为村名，如南门村、南门滩、南门峡、边墙村、边墙壕等，让人们不时会想起那远去的岁月和远去的历史。

西宁周边的有些村名，是与一些历史人物有关。有的直接以人名作村名，有的以在这里生活过的人的职业或官职作村名。随着时间的推移，这些人的影响已被历史所湮没，官职名也成了今人所不理解的陌生名词，但翻阅历史的残卷，仍可追寻到过去的岁月。如大通朔北的药匠台，湟源峡里的兰占巴村。《丹噶尔厅志》记载：“兰占巴，人名也。”兰占巴是国已寺部落头人（百户长），清乾隆二十六年（1761年）归西宁县县丞管理，当时该部落只有28户。湟中县王斌堡和西宁王同堡也是以人名作村名的。

在元末豪杰并起、逐鹿中原的岁月里，江西宜兴人王猷参加了朱元璋的红巾军，后在宜兴、庐州、鄱阳湖战役中屡立战功，因而深受上司赏识。据其后裔王世哲先生讲述，在攻打开封的战斗中，王猷不避锋镝，第一个奋勇登上城墙，曾受到元帅徐达的嘉奖，后因功授昭信校尉。明王朝建立后，在西部边陲实行军屯制度，王猷和他率领的军户作为河州卫中左所的正规军屯，驻扎河州。明洪武三十年（1397年），王猷奉命赴甘肃文县征剿叛乱，不幸在战斗中阵亡。王猷长子王华袭父职，奉命调往归德（今贵德）军屯实边，后来屯以姓为名，今贵德县王屯即其后裔屯田实边之地。王猷次子王斌奉命前往西宁南川驻防，当年驻防地即今城中区总寨镇王斌堡。王猷三子王同奉命前往西宁东川驻防，当年驻防地后称"王同堡"，即今东川小寨村。又如希里沟（乌兰）西有地名叫"旺尕秀"。旺尕秀是驻牧该地部落的头人，因当时流窜草原上抢劫牛羊的土匪甚多，他率众护畜保族，为劫匪所深恨，后终遭暗算而死，部落余众逃亡。劫匪为泄恨，竟用牛毛绳悬其首于当地一垭壑。当年路过此地的许多客商均见过这恐怖的一幕。因该垭壑地处荒径野道，人们经过时都不敢在此久留，行人路遇，往往都以平安经过悬挂旺尕秀头颅的垭壑而庆幸。后来，人们就称那个垭壑为"旺尕秀垭壑"，再后来，就简称为"旺尕秀"，旺尕秀成了地名，人们却忘记了地名得来的那段瘆人历史。贵德尕让乡龙春河西岸有个白马寺，白马寺的创始人名"关加"，因关加是名人，其出生地至今就叫"关加村"。显赫青海500余年的李土司家族遍布省内外，据有关专家粗略统计，青海境内就有10万人之多。据《西宁府新志》记载，当年西宁城外就有李土司四门庄（南门外）、六门庄（北门外一里）、九门庄（城北八里）等。后由于城区的扩大，四门庄、六门庄等早已消失，一些远离城市、地处乡间的土司村落仍在，其中像湟中县甘河滩镇李九村（李氏九门）、大通景阳十门庄（李氏十门）等就是李土司后裔居住地。

指挥庄、国师营、千户营等村庄都是以官职名作地名的。元明间，中央王朝在西宁采用"土官与汉官参治"的办法，"封以官位，授以名号"，让各族头人代理其进行统治。这些头人成为土官后，子孙世袭，成为土司。

明王朝授以的官位有指挥使、指挥同知、指挥佥事、千户、副千户、百户、副百户等，统是武职，归兵部管理；还有大国师、国师等宗教领袖。在中央王朝尚无力量建立有效统治的西宁卫，他们拥兵割据，设衙门，开公堂，称霸一方，今湟中县指挥庄、国师营（隆奔族国师驻此，今讹写为国寺营）、千户营、大通衙门庄等均得名于此。贵德县尕让乡千户村所在地历史上曾属郭密族总千户的放牧地，这里归尕让千户管辖，故村名为“千户”。

西宁周边有的地名是与历史事件有关的。如大通县长宁，就是历史上这里曾设立过县一级的行政机构——长宁县，长宁作为西宁北边重要的军事屏障，设县治长达200余年。湟中县佐署，就是因为明朝初年，随着明军大举西进，河湟各族首领为了部落自身的安全，纷纷上表表示归顺，乌思巴尔族头人张答里麻被明成祖授予僧录司“左觉义”的封号，于是他选定石灰沟河西岸台地，建成“左觉义官署”，后人称其地为“佐署”。湟中县通海原称“镇海堡”，是因从明正德四年（1509年）开始，直到嘉靖、万历年间，“海寇”成为明王朝心腹之患，为了加强西宁卫的防御，宣示当局的决心，改临蕃城为“镇海堡”。再如大通县庙沟，沟以庙名，缘于明朝千户李淳。据史料记载，李淳承袭父亲西宁指挥同知职衔后，奉命平叛，途经景阳川(今庙沟)时，因当地“山险而狭”，朔风劲吹，草木迷目，部下多有劝缓进者，但李淳大意轻敌，督兵直入，不幸中矢阵亡。李淳阵亡后，明武宗朱厚照得知后叹道：“朕之忠勇臣也。”谥忠勇，钦准在阵亡处立庙祭祀，时人称为“李王庙”，李淳后人聚族而居于此沟，因沟中曾有过李王庙，至今仍称庙沟。

西宁周边有许多新添堡、新安庄、新庄、上新庄等村名，说起这些村名的来历，完全折射出我们的先辈开发河湟谷地的艰辛历史。之所以称为“新”，是因为随着某地或某村人口的众多，而造成耕地的紧缺，部分人遂另寻新址，筑屋垦荒，建成新的村落。尽管这些村庄现在也许街巷比邻，人口繁多，但追溯往日的烟尘，也许建村的历史相对不是很长。

西宁周边有些村名是以地面建筑和人类活动命名的，如平安古城的牌楼沟，乐都的营盘湾，大通县长宁的赵家磨、宝库乡的五间房。五间房居于达坂山南麓，为“南北通衢之接际”。清雍正三年（1725年），筑大通、永安、白塔三城，设大通卫。为加强管理，官府即于该地建房五间，以为马站。到清道光六年（1826年），其地已聚居百姓数十家，谁知当初所建的五间房，竟成为村名，标在大通行政图上。今湟中县马场乡有村名“静房”，它的得名与村后山坡上的“曲噶尔静房”有关。因藏传佛教格鲁派大师宗喀巴的启蒙师曾在山坡上的石窟中修行多年，石窟竟成圣地，有“不到此处功德不满”之说。后有人在此建房禅定，称为“静房”。信教者亦依坡聚居，遂成村落。同样，平安的牌楼沟、大通的胡墼沟和煤洞沟、西宁的水磨、湟中的油坊台、大通的俄博沟、湟源日月乡的奔康（奔康，藏语，意为“十万佛堂”，为藏传佛教建筑物）等也是这样命名的。

西宁周边自古是多民族聚居之地，先民们为了开发河湟谷地，筚路蓝缕，前赴后继，做出了可贵的贡献。翻越历史的画卷，拂去历史的烟尘，眼前仿佛又出现了那开拓者艰辛的足迹。据史料记载，明洪武时，西宁周边主要有13大族，各大族又统领若干小族。其中，较有名者，如申中族、西纳族、隆奔族、隆卜族、占咂（章咂）族等。当时西宁卫不仅管辖着这13大族，而且还控制着罕东、安定、曲先、阿端，史称“西宁塞外四卫”。因种种原因，今湟中罕东堡即罕东部落居牧之地，现在却亦写成“汉东”，已成了一座繁华的小城镇了。西纳族居住地在“塞内湟水北”，即今湟中多巴北，至今人们仍称其川为“西纳川”。据《西宁卫志》记载，当时西纳族有1 370户，有西纳演教寺和多巴禅师。西纳族全盛时，有两座寺院，其西纳上寺所在地，今称“上寺村”。其所辖区域西北与海晏交界，北达金娥山（娘娘山），南跨湟水河，西与隆奔族地盘接壤。所辖小族散居各处，今湟中县许多村庄均以小族名命名，如加尔吉、班沙尔、昂藏、坡家、隆思干、扎扎、下麻尔、奔巴尔等。再如大通川在清初为千户曹通温布管辖地，那里有向化、兴马、那楞、归化、新顺六族，当时向化族有100户，那楞族仅有20户，两族相邻而居，今两族所居地均以部落名命名，向化为大通县一乡，而那楞为宝库乡一村，今称“那楞沟”。正因为西宁周边是多民族聚居地的原因，许许多多的地名是民族语言音译或意译的。这类村庄名或地名多得不胜枚举，如克麻尔、沙尕图、卧马、邦业隆、押必、邦隆、曲布炭、莫布拉、纳隆、若药、卓扎、塘拉等；汉藏合璧或蒙汉合璧，甚至是历史上这儿有过的民族与汉族合璧的，如奔康滩、加拉山、康缠堡、大茶石浪、小茶石浪等。

地名并不是一成不变的，随着时间的推移，社会的演变，或因人们的随意性，西宁周边的许多地名，已和史料上对不上号，只有一些研究地方史的人，才知道古今地名的变化。如大通的“拨科”，史料中都说那里有拨科山、拨科河，但现在已改为“宝库”了；湟源的“达尔化庄”已被称为“大华”，“池汉托亥庄”也简称为池汉，“若隆切阿”和“若隆群阿”先变成“大若隆”和“小若隆”，再变成大高陵和小高陵了。同样，青海湖南岸的“大喇嘛河”已改称黑马河了（大喇嘛，藏语，即“黑马河”之意。开始音译名另有别意，后意译为“黑马河”了）。

地名曾渗战火味

西宁周边是青海开发最早的地区之一，史载“陇右西平之地，闾阎相望，桑麻翳野，天下富庶者，无如陇右”。为了夺取富饶的河湟谷地和肥沃的青海湖滨草原，历代中原王朝与边陲地方割据政权之间多次兵戎相见，“湟中自古是边庭，当年此地苦战争”。西宁所处的河湟谷地众山纵横，沟岔多岔，气候温和，土地肥沃，进可攻，退可守，所以自古是兵家必争之地。千百年的杀伐征讨，给我们留下了与此有关的一些地名，其中就有临羌、护羌、破羌、伏羌、监羌、绥羌、绥戎、镇海、振武、神武、威戎、宣威、平羌、安夷、威远、绥边、平戎等，尽管其中许多地名现在已经不用了。

西汉初年，大通及河西地区被匈奴所占据，称为“匈奴右地”，受其所迫，小月氏迁居湟水沿岸。一代雄主汉武帝为隔断匈奴与羌人的联系，“断其右臂”，以打通河西走廊，开辟西域，元狩二年（前121年），派遣骠骑将军霍去病出征河西，占领匈奴右地。史载同年汉军过临津渡（今甘肃大河家），进入湟水流域，在今西宁地区修筑军事据点——西平亭，并在险地要隘修建障、塞、亭、燧，以加强对羌人的防御。西平亭是历史上在今西宁地区修建的第一个军政设施，从某种意义上说，是西宁古城的最早雏形。汉军的进入，引起当地羌人的激烈反抗，元鼎六年（前111年），汉武帝遣将军李息、郎中令徐自为率兵深入湟中地区，征讨先零羌等，羌人被迫西迁至西海、盐池一带。之后汉王朝设护羌校尉以管理包括西宁在内的河湟地区。在数十任护羌校尉中，不少护羌校尉对羌人的反抗采取血腥镇压手段，如张纡与羌人首领迷吾大战于木乘谷（今湟源巴燕峡），战斗非常激烈，迷吾被诱杀；但其中像邓训任护羌校尉时，能实行安抚政策，关注羌人疾苦，待以恩信，因而受到羌人爱戴。汉末中原大乱，豪杰并起，群雄割据，河湟谷地也陷入战乱。为争夺对西平郡的控制，小说《三国演义》中出现过的韩遂、夏侯渊、张郃、魏延、姜维等著名人物，也“乱哄哄你方唱罢我登场”，都曾在西宁的军事舞台上驰骋过一阵。

南川黑古城(清平寨)南瓮城残迹

临羌，西汉建制名，即临羌县。西汉宣帝神爵元年（前 61 年），后将军赵充国为平定西羌出兵河湟地区，曾在今湟源县大俄博山脚下的南古城设临羌县，因此地临近羌人活动的地区，故以此名县。临羌县辖今西宁、湟中、湟源等地，护羌校尉最初曾驻在这里。因种种原因，不久即迁往西石峡东的湟中通海，后迁至多巴，人称“临羌新县”，治所即在今多巴“破塌城”。西晋时沿置临羌县，北魏时因地属吐谷浑，县被废弃。

监羌，西汉建制名，即监羌县。西汉时设有东海、南海、北海三郡，只缺西海郡。元始四年（4 年），安汉公王莽曾派中郎将平宪等人给羌人送去了大批财物，游说羌人臣服汉朝。当时游牧在青海湖一带的卑禾羌在首领良愿等的率领下，带领部下 12 000 余人西走，让出了西海一带的草原，王莽即在今海晏县筑城，设立了西海郡，郡下辖修远、临羌、兴武、军虏、顺砾五县。王莽篡汉后改称“新朝”，据《青海建置沿革志》记载，新朝天凤元年（14 年），改临羌县为监羌县。不久，王莽被农民起义军杀死，西海郡随之废弃，监羌县这一县名也随之寿终正寝。

破羌，西汉建置名，即破羌县。西汉宣帝神爵元年（前 61 年），后将军赵充国以 76 岁的高龄，为平定西羌，率陇西官兵 6 万余人，出兵河湟地区，羌人服。随后，汉王朝下令在湟水流域设四县，其中就有破羌县。破羌县县治在今乐都老鸦城，建于神爵二年（前 60 年）。据史料记载，县城东靠老鸦峡，前瞰湟水，建筑规模雄伟，周长 787 米，高 8 米，下宽 6.4 米，东可切断羌人与匈奴的联系，西可以开垦田地，兴修水利，以解决汉军的粮食供给。破羌县设立以来，与羌人的战事一直不断，东汉安帝永初三年（109 年）春，羌人首领当煎和勒姐羌聚集羌兵攻打县城，赵充国六世孙赵孟元率领四个儿子和守城将士一起与羌人大战，除四子赵宽幸存外，赵孟元及其他三个儿子俱死于阵。我省有名的《汉三老赵掾碑》就出土于破羌县附近的白崖子村，有名的汉护羌校尉傅育墓也在附近。陈希夷先生曾到破羌古城凭吊先贤，写下了《重访破羌古城》诗，以抒发怀古的情思：“湟水汤汤绕破羌，辉煌遗迹大河旁。千秋永志屯田事，万古长存道义光。七十筹边息战火，二千顷地供军粮。治国切戒兵戎计，只有仁德定四方。”

安夷，西汉建置名，即安夷县。西汉宣帝神爵元年（前 61 年），汉宣帝遣后将军赵充国率兵 6 万，击败先零等羌，湟中诸羌纷纷归降汉朝。随后，汉王朝下令在湟水流域设四县，其中就有安夷县。据郭生华先生（平安白家人氏）考证，当年的安夷县县治即在今平安棉纺厂前的湟水南岸，由于千百年河水的冲刷，城基大半已陷入湟水，只有南城部分遗迹尚可辨认。汉设安夷县后，后因县吏抢夺羌人妇，激起众怒，安夷吏被杀。安夷长宗延为属下报仇，率兵追羌人至塞外，羌人联合起来又杀了宗延。烧当羌首领迷吾联络诸羌共同反叛，金城破，进而攻陇西，直到汉章帝命傅育为护羌校尉、马防为车骑将军、耿恭为长水校尉，率兵进军河湟，才平息了叛乱。尽管安夷县境现在叫“平安”，但历史上这里一直不平安。仅仅汉代数百年间，发生在这里的汉羌之间大战就有三次，后来北宋收复河湟之战、刘锦棠镇压回民起义中争夺小峡之战等都发生在这儿。正因为如此，地名曾称“平戎驿”。

西晋虽然统一了中国，但 300 余年间，中原混战，群雄割据，西北地方政权频繁更迭，前凉、前秦、后凉、南凉、西秦、北凉相继统治过河湟谷地，除个别年份、个别情况外，由于各族统治集团争权夺利，战乱频仍，人民横遭兵燹之苦，农业生产衰退，社会经济遭到严重破坏。据《晋书》记载，后凉吕光攻入河湟后，强迫生活在西海郡的老百姓迁往河西走廊，这些背井离乡的人们一路上扶老携幼，啼饥号寒，经过长途跋涉来到甘凉诸郡。他们思念故土，流传下来的这首《西海郡谣》就集中地反映了他们当时悲伤的心情:“朔马心何悲，念旧中必劳；燕雀何徘徊，意欲还故巢。”

就在这段混乱的岁月里，公元 397 年至 414 年之间，河湟地区曾建立过一个小国，史称“南凉”。南凉是漠北鲜卑族拓跋部建立的地方政权，其创建者秃发乌孤原是后凉吕光手下的河西都统。太元二十年，他率部翻越廉川大山，进军湟水谷地，击乙弗，袭折掘，开疆河外，雄踞河湟，终于建立了以乐都、西宁为中心的南凉政权。南凉统治者为了炫耀武力，曾在今西宁杨家寨修筑阅兵台，并以秃发傉檀儿子的名字命名为“虎台”。清人李焕章在他的《虎台怀古》诗中，就用浓墨重彩的诗句，描绘了当时虎台阅兵的盛况："忆昔南凉图霸时，仗钺登台曾誓师；飞扬大纛接云汉，龟鼓声中画角吹；鲜卑畏威来献马，青海部落拜台下。兵卫森列顾盼雄，观者如山语呕哑。"南凉在强邻四逼的环境里，抗西秦，战后凉，击乙弗，袭折掘，虽立国不易，但败在穷兵黩武的秃发傉檀手上，仅立国 18 年而已。

绥羌，即绥羌城，指今湟源北古城，最早建于南凉。由于南凉立国不长，此城很快被废弃。

隋代北周统一中国后，隋炀帝以吐谷浑阻挠中原通西域为由，派安德王杨雄率兵出浇河，许国公宇文述屯兵西平、临羌，迫使吐谷浑主伏允西逃。隋炀帝大业五年（609 年）三月，隋炀帝亲率大军十万，车驾河右，亲征吐谷浑。一路旌旗蔽日，浩浩荡荡，陈兵巴燕山，围猎数日；再过西平，在金山大宴群臣，然后"度星岭"（达坂山），兵锋直指门源川。隋炀帝西征吐谷浑，虽没进行过大战，但确实对吐谷浑起到了极大的震慑作用。

唐代隋立国后，占据今青海广大牧区的吐谷浑自恃地广马壮，仍与新建王朝作对，唐高祖武德七年（624 年）八月，竟联合党项出兵攻鄯州、河州，唐兵大败，唐军主将彭武杰战死。贞观年间，吐谷浑不但扣押了唐使臣鸿胪卿赵德楷，而且又出兵寇凉州，使河湟地区的鄯、廓二州也不得安宁。公元 634 年夏五月，一代英主李世民以段志玄为西海道行军总管反击吐谷浑，出兵鄯州。十二月，唐派检校特进李靖为西海道行军大总管，兵部尚书侯君集为积石道行军总管，任城王李道宗为鄯善道行军总管，胶东郡公李道彦为赤水道行军总管，凉州都督李大亮为且末道行军总管，利州刺史高甑生为盐泽道行军总管，兵分五路，大举反击吐谷浑。贞观九年（635 年），李靖率侯君集、李道彦、李大亮等人大败吐谷浑于牛心堆（今南川孤山儿），迫使伏允远遁，从此，吐谷浑再也不敢觊觎河湟谷地。

公元 636 年时，崛起于西藏高原的吐蕃势力已进入青海东南部，并发兵攻击吐谷浑，吐谷浑不敌，求救于唐王朝。为了挽救唐蕃之间的这个缓冲国，唐王朝曾多次出兵相救，但都不甚理想，结果，立国 350 多年的吐谷浑终于被吐蕃攻灭。为了彻底解决这心腹之患，唐咸亨元年（670 年），高宗曾以大将薛仁贵为逻娑道行军大总管，统兵进入青海海南地区，进讨吐蕃，以助吐谷浑复国。这次事关全局的决定性大战在今海南州兴海县大河坝地区拉开，史称“大非川之战”，结果唐军全军覆没，一代名将薛仁贵也兵败被俘。大非川之战后，唐军势力退至日月山以东，吐蕃终于完成了统一青藏高原的大业，立国350年的吐谷浑也随着大非川之战硝烟的散尽，依靠唐朝力量复国的希望破灭，绝了重返故土的最后一线希望。吐谷浑亡国后，唐朝对吐谷浑及部众作了安置。吐谷浑除王族和一部分部落被唐东迁外，还有一部分被安置在河西走廊靠近祁连山的地方，以及祁连山南的大通河流域。

占有了吐谷浑全部国土后，吐蕃屯兵青海湖地区，在日月山一线与唐军对峙，因而地处日月山东麓、扼唐蕃大道咽喉处的石堡城（今湟源县日月乡大小方台）成了双方拼死争夺的战略要地。开元年间，唐王朝国力强盛，史称开元盛世，时任鄯州都督的杜希望曾攻破吐蕃新城，更名威戎城。唐开元年间，唐王朝为了加强防御西陲，在陇右设置了十三个军，其中设在今湟源地区的白水军按规模名列第七。白水军由唐将郭知运、张怀亮在开元四年（一说五年）设置，是唐王朝设在湟水上游最大的军事基地，鄯城（今西宁）西部屏障，也是向青海湖地区进攻时的前沿基地。因此，南凉的绥羌城又成了白水军的“绥戎城”。绥戎城的得名源于绥戎峡，绥戎峡即“戎峡”，即今之湟源峡。《新唐书·地理志》明确记载，河源军（驻西宁）西六十里有临蕃城，又西六十里有白水军绥戎城，又西南六十里有定戎城……今湟源湟水段和药水峡一带设有绥戎城、定戎城和天威军等。从唐玄宗天宝二年（743年）起，唐王朝先后派陇右节度使皇甫维明、王忠嗣、董延光等先后攻打石堡城，但损兵折将后，均遭到失败，正如名将王忠嗣所说：“石堡城险固，若屯兵其下，非死万人不能克。”天宝八年（749年），唐玄宗命陇右节度使哥舒翰率陇右、朔方等道兵10万人大举进攻石堡城，守城吐蕃兵凭借天险，以滚木擂石相抵抗，唐军死伤甚重。在哥舒翰“以三日为期，不然将斩”的严令下，将军高秀岩、张守翰终于攻下了石堡城，而代价是“唐军死数万，仅获吐蕃兵四百”。唐玄宗闻讯大喜，诏改石堡城为神武军（后又改为天威军）。正如唐代大诗人李白所说：

"君不能学哥舒翰，横行青海夜带刀，西屠石堡取紫袍。"天宝十二年（753年），哥舒翰被进封为西平郡王，石堡城终于又成了唐王朝阻击吐蕃的前哨据点，后一度曾称振武军。

公元755年，安史之乱发生，唐王朝为了防护中原，急调陇右精兵东下，河湟防务顿时空虚。第二年即唐肃宗宝应元年，吐蕃兵不血刃，轻而易举地入屯石堡城，紧接着宝应二年又攻陷了鄯州。从此，唐王朝的势力退出了河湟谷地。唐穆宗长庆元年（821年）九月，大理卿刘元鼎奉命以会盟使的身份出使吐蕃至龙支城（今民和），留在这儿的唐遗民见到唐朝使者的麾盖，"夹道观，耆老千人拜且泣，问天子安否？今子孙未忘唐服，朝廷尚念之乎？兵何日来？言已，皆呜咽。"唐末，吐蕃尚婢婢与论恐热为争夺河湟地区的控制权发生战乱，数十年间，使生活在这里的人民饱尝离乱之苦。

河湟地区的分裂局面从唐末、五代一直持续到宋初，但由于河湟地区远离中原，"中原多故，王命不及"，占据河湟地区的吐蕃各部在经过多次互相攻伐之后，深深地感觉到河湟谷地最大的威胁是来自党项族建立的西夏。为了共同抵御强敌，河湟地区终于出现了一个较大的吐蕃部落联盟，这就是以唃厮啰为首的青唐政权。唃厮啰建立青唐政权后，他审时度势，采取了联宋抗夏的外交策略。宋与唃厮啰的联盟引起了西夏的极大愤怒，北宋景佑二年（1035年），西夏以苏奴儿为主帅，率兵25 000人，翻越祁连山，气势汹汹地杀向河湟谷地，但经牦牛城（今大通长宁）一战，苏奴儿被俘，西夏兵伤亡惨重。第二年，也就是公元1036年，为报牦牛城之仇，西夏主元昊亲率大军西进河湟，围困牦牛城，一个月后，牦牛城陷，元昊纵兵杀掠，以泄其愤。五月，兵临青唐城下。青唐城失陷后，唃厮啰退守邈川（今乐都），元昊欲一鼓作气收取河湟，派人在进军邈川的路上探测湟水的深浅，并插旗为标。机智的唃厮啰却派人将旗改插于深水之中，使元昊军"溺死十之八九"，残军逃回西夏后，从此元昊再也不敢西窥河湟。景佑之战后，青唐赢得了一段平静的岁月，史载当时的乐都一带"夹岸皆羌人居，间以松篁，宛如荆楚"，一片太平景象。

元符二年（1099年）七月，宋哲宗以熙河兰岷经略使孙路为主帅，王赡、王厚（王赡子）、王愍为将，麟河都巡检高永年（西宁人）为先锋进军青唐。西征宋军从安乡关渡黄河，很快攻占邈川，前锋直指宗哥城。面对大军压境的严峻形势，青唐城内一片恐慌，八月，青唐主瞎征归降。随后宋改青唐为鄯州，邈川为湟州，命王赡、王厚分别知二州，并筑大通城于大通河畔，"以控扼夏境"。王赡、王厚军进入青唐后，引起唃厮啰旧部的极大反感，纷纷起兵反抗，西夏闻讯，亦派兵十万相助。西夏兵在唃厮啰旧部的配合下，先断炳灵寺黄河桥，后烧省章峡栈道，围困湟州城，形势极为严峻。宋闻讯，急调苗履、姚雄率兵驰援，王赡亦自青唐回援。湟州城在王愍的死守下，坚持十余日，终于未被攻破，但宋将钟朴、王吉、魏钊等先后阵亡。王、苗会师后，由于鄯州空虚，青唐又拥立溪巴温的三子溪赊罗撒为青唐主，宋军回攻青唐峗，但三战三败，军中无有敢言再战者。后王愍等因孤军深入，后援难继而退出湟水谷地。

北宋崇宁二年（1103 年），北宋王朝又命王厚为熙河兰会路经略使，以童贯为监军，岷州将高永年为统制官，率兵十万，分两路进军湟水谷地，六月二十四日，宋军占领了湟州（今乐都）。崇宁三年四月，王厚、童贯奉命进军青唐，青唐主溪赊罗撒率兵千骑与宋军战于宗哥城（今平安）东 20 里的葛陂塘（今平安张家寨胳膊塘湾），终因寡不敌众，兵败逃走。宋军长驱直入逼近青唐，驻守青唐城的龟兹公主青宜结牟等率各部落大小首领出城投降，北宋再次收复了青唐城。崇宁三年（1104 年）五月，宋改鄯州为西宁州，这便是今青海省会——"西宁"一名之始，自 1034 年以青唐为首府的唃厮啰地方政权，在历经六代国主之后，只留下了现今南绕城路上那段数百米的残墙，横亘在夕阳残照之中。

宣威，古地名，即今大通长宁（一说在新城）。长宁是一个很古老的地名，唃厮啰在西宁建立政权后，除改鄯州为青唐城外，改长宁为牦牛城。北宋收复河湟后，于宋徽宗崇宁三年（1103 年）在改青唐城为西宁的同时，改牦牛城为宣威城，收复河湟的一代名将高永年就死于宣威城下。

河湟谷地的安定局面断断续续只维持了十余年，北宋政和、宣和年间，熙河将刘法与西夏兵大战于古骨龙城（今互助东部），曾筑震武军，1119 年一战，曾死士卒十万人。“靖康之难”后，宋王朝再也无力顾及西北地区的西宁、乐州及廓州等地了。就在赵构慌乱中在临安立足的那年，金将宗弼（金兀术）、阿卢布遣部将领兵 8 000 突袭河湟，宋陇右都护张严迎战于五里坡，最后战死于阵前，紧接着“西宁州守臣俱重迎降”，乐州、廓州相继沦陷。西夏自元昊起，就一直觊觎河湟谷地，未能如愿，为此曾多次出兵相拼，但屡屡损兵折将，未得丝毫进展。今见其被金人轻而易举地占有，真是如鲠在喉，忿忿不平。1136 年，西夏乘金人不备，越祁连山，跨乳酪河（今门源大通河），攻破绥边关（今互助威远镇），从此，西夏又控制河湟地区长达近百年。

1227 年春，强悍的蒙古军像狂飙一样，在一代天骄成吉思汗的率领下，掠过蒙古草原，南攻西夏。前进中，他除了留下一部分兵力攻打西夏中兴府（今宁夏银川）外，亲自率军渡过黄河，攻占了积石州。暮春三月，西夏统治的西宁州也被攻破，美丽富饶的河湟谷地就这样早在南宋理宗宝庆三年，距南宋王朝灭亡还有 51 年时，又成了成吉思汗及其子孙的天下。

明朝建国后，洪武三年（1370 年）朱元璋手下大将徐达“破元豫王于西宁州，废西宁州”，接着，左将军邓愈率军自临洮西进，克河州、循化，河湟谷地又成了明王朝的天下。朱元璋认为西宁是陇右屏障、海藏咽喉，地理形势十分重要，于是废州改为卫。洪武十八年，长兴侯耿炳文率陕西诸卫士兵，在元州城的基础上，弃南占北，割古城之半，筑成卫城。城高、厚皆五丈，周长九里多，壕深一丈八尺，因高而险，号称“岩疆”。

明正德年间，王朝内部吏治腐败，国势渐弱，正德四年，蒙古亦不剌、阿尔秃厮部因反抗达延汗失败，远徙青海湖一带驻牧。从正德九年起，卜尔孩、吉囊、俺答、火落赤、永邵卜部相继进入青海。他们不但攻掠原在此驻牧的藏族部落，使“诸番逃亡，遂据有其地”，而且互相攻伐，使青海湖地区陷入一片战火之中。这就是青海历史上有名的长达数十年的“海寇”之患。从正德七年“海寇”抢掠北川起，西宁西川、南川、碾伯、瞿昙寺、沙塘川、燕麦川、下川口、红崖堡、杨官沟……相继遭劫。嘉靖十六年，“海寇”甚至抢掠到了西宁北山寺脚下的铁佛寺。他们“不三日而五犯内地，循环出没，此劫彼戮，岁无宁日，掠走牛马不止数万，男女不止千百，号泣声彻，山谷皆动。”从这些史料中，我们可以想象当年湟水谷地遭劫后的悲惨景象。在这场劫难中，西宁卫指挥、总兵相继战死，一时西北防务成了明王朝的心腹之患。为了加强西宁卫防务，明穆宗朱载垕听从总制延绥、宁夏、甘肃三镇军务杨一清的建议，下令修筑边墙，构筑烽燧，“以备夷骑”。至今西宁周边互助、大通、湟中、民和等地仍有不少当年的边墙、烽燧遗迹，并因此而留下了不少有关的地名。

明万历年间，兵部尚书郑洛奉命经略青海，出兵青海湖，焚仰华寺，局面在一定程度上得到扭转，后经过有名的“湟中三捷”，才真正解决了“海寇”问题。“凤楼亲御宣三捷，麟阁高标第一功”，湟中三捷被誉为“盖二百年来未有之奇捷”。在这场事关国家安危和统一、长达数十年的“海寇”事件中，李淳、李魁等将领先后捐躯疆场，田乐、达云、柴国柱、刘敏宽、龙膺等将领建立了卓越的功勋，并给今天的湟水谷地留下了一些有军事意味的地名。如万历三十四年（1606 年）连筑威远、平虏、伏羌三城，并将原临羌旧县临蕃城（今湟中通海）改名为镇海。威远即北宋时的绥边寨，即今互助县威远镇，平虏即今大通县新城，伏羌即今湟中县徐家寨，从这些充满刀光剑影的城名中，我们也可以体味出当年严峻的军事形势。如今只有“威远”这一地名得到保留，其他的地名作为历史的陈迹，只能在史料残卷中尚可看到。

明朝末年，吏治腐败，民不堪其苦，终于爆发了以李自成为首的陕北农民大起义。1643 年，李自成为了牵制西北明朝边将对京师的援助，派部将贺锦挥兵向三秦，贺锦部将祁之宸围攻西宁月余未下，贺锦又派副将鲁文彬经扁都口南下支援，但鲁又战死在西宁城下。消息传至张掖，贺锦悲愤万分。第二年他亲率大军南下，并攻占西宁。但在西宁土司祁廷谏、李天俞的诱导下，在南川伏羌堡中伏，驰骋西北数千里，所向无敌的“左金王”贺锦竟殒命在徐家寨村外的荒野里，数千“大顺军”也命丧黄泉。

清王朝入主中原以前，就与西藏宗教上层人士有着较密切的联系。后出于加强维护蒙古、西藏与朝廷关系等种种考虑，藏传佛教格鲁派受到皇

室的尊崇。清康熙五十六年（1717 年），准噶尔王授其部下率 6 000 兵急袭西藏拉萨，杀了藏王拉藏汗。为了稳定局势，康熙帝直接命其第十四子胤禵为抚远大将军，拥兵进藏。1720 年，清兵进入拉萨，恢复了治安。在这次事件中，青海和硕特固始汗的嫡孙罗卜藏丹津随大将军从征入藏，后被任命为由六人组成的西藏临时政府组成人员之一。西藏战事结束后，从军进藏的主要台吉各自都受到了清朝的褒赏，其中青海右翼实力人物察汗丹津受到了最高奖赏，被封为亲王，而早已是亲王的罗卜藏丹津只得到银二百两、缎五匹的赏赐，对此他甚有意见。另据有些史料记载，罗卜藏丹津对在拉萨有头面人物出席的宴会上，座次的安排认为冷落了自己。1722 年，康熙皇帝去世，皇四子胤禛即位，是为雍正帝。驻守西宁的皇十四子胤禵闻父丧奔京师，罗卜藏丹津认为朝廷无暇西顾，青海空虚，实现先人霸业，再兴固始汗帝国的时机终于到了。雍正元年七月，罗卜藏丹津在青海湖东南的察汗托罗亥与青海诸台吉会盟，宣布废除清朝所封的王、贝勒、贝子、公等爵号，一律称呼旧日名号，共同起兵反清，一场在青海历史上留下了深深印记的事件，终于在青海湖畔拉开了血腥的序幕。

罗卜藏丹津在察汗托罗亥会盟举起反清大旗后，河湟谷地许多寺院纷纷响应，罗卜藏丹津纠集青海各部落及寺院喇嘛万余人，以东科寺（旧址在今湟源县城旧寺台）为据点，冲出西石峡，猛攻西宁门户镇海堡（今湟中西川通海），一时战云密布，形势骤变。雍正帝遂调集大军征剿。他以川陕总督年羹尧为抚远大将军，四川提督岳钟琪为奋威将军，进军青海，进行讨伐。雍正元年十月十九日，平叛战斗在镇海堡打响，经七日决战，叛军死伤 600 人后退入西石峡。到十一月，北川新城失陷；叛军进攻南川，与清军大战于申中堡（今湟中县上新庄镇申中村）；塔尔寺大喇嘛堪布诺门汗等更是“率众执械上阵”，西宁周边烽火连天。“当年梵宇助枭雄，豕火狼烟遍海东”，到雍正二年，西宁附近才大致平定。

鸦片战争爆发后，中国沦落为半殖民地、半封建社会，清政府为了还赔款、筹军费，加重了对全国人民的剥削，“苛捐杂税，相继繁兴”，以致民不聊生。在此背景下，1851 年，太平天国起义爆发，很快席卷东南。清咸丰末，太平天国遵王赖文光派梁王张宗禹、张洛行，怀王邱达才前往甘陕，联络起义，“以为犄角之势”，陕西回民群众纷起响应，大规模的西北回族大起义从此爆发。当时甘肃连年干旱，史载兰宁间“饿殍载道”，加之清王朝对回族采取高压歧视的政策，清咸丰十年，巴燕戎格厅撒拉族马文义也举起了反清大旗，点燃了河湟地区起义的大火，第二年即攻占了西宁南川各城堡。由于统治阶级的教唆，民族上层分子的挑拨，遂引起了大规模的民族仇杀，西宁周边一片火海，富饶的河湟谷地田土荒芜殆尽，“父母妻子饿死者委道路，不得舁土一掩，民皆相向而哭，以早死为祝。”经十几年的战乱，整个西北地区满目疮痍，史载陕甘两省“汉回人民空乏大半”。清同治十三年正月，西宁办事大臣豫师由平番进驻碾伯，说沿途所见，令人恻然，富饶的河湟谷地“率皆触目荒凉，田原茂草，间有零星各残堡逃回难民”。

河湟事变结束后，清王朝虽取得了军事上的胜利，但没有从中汲取应有的经验教训，反而对回族、撒拉族人民制定了更多的限制措施和高压政策，从而更加加深了民族矛盾。光绪十九年，循化撒拉族新老教因辩教发生械斗，昏庸的西宁道陈嘉绩措置失当，1895年，化隆韩文秀、西宁西川多巴马大头三三相继起事，河湟地区的回族、撒拉族又掀起了新的反清起义。“一时烽烟遍河湟”，北川十门庄、长宁堡，西川黑嘴堡、新添堡，东川曹家堡等先后失陷，无辜民众殉难达万余人，清提督李日新、总兵刘润山先后战死，富饶的河湟谷地田地荒芜殆尽，饿殍载道，即使“荒野枯骨，亦被捡寻磨面食尽”，甚至出现“人相食”的惨状。光绪二十一年九月，董福祥率所部30营由北京驰甘，先平河州，由积石关进兵乐都，通过血腥镇压，连克多巴、上五庄、水峡、申中堡，马大头三三、韩文秀等大批起事群众先后被杀。至此，历时一年有余，有数十万回族、撒拉族群众参加的一场大规模的反清斗争，在清王朝的血腥镇压下最后又一次以失败告终。

义和团失败后，帝国主义者更是肆无忌惮，把侵略魔爪伸向青海地区，他们开洋行，垄断皮毛；兴办教堂，欺凌百姓。清王朝地方官员只是“唯唯诺诺，待之唯谨”。不堪再忍受帝国主义、反动地方官吏土司和寺院压迫，受内地义和团革命斗争的感召，宣统三年，即辛亥革命爆发前夜，在湟中西川拦隆庄爆发了以李旺为首的黄标会起义。李旺是丹噶尔厅北城后北小庄人，在当脚户的生涯中认识了山东义和团成员裴道人。在裴的影响下，李旺自称“李上天”，拥戴西川扎麻隆的一个小孩李瞻云为“皇帝”，利用“黄标会”的形式，秘密组织起义，并拟定七月十五日举事，先攻占丹噶尔，后东取西宁。后因消息外泄，李旺于五月底在湟中西川拦隆庄小寺沟仓促起义。西宁镇总兵张定邦闻讯，即派副将吕登科率兵前去镇压，六月初一一战，义军伤亡大半。次日黎明，李旺率残部二三百人且战且退，奔向丹噶尔，但遭到丹噶尔同知康敷镕、副将邓咸林的伏击，全军覆没在西乡上纳隆沟。裴道人惨死在丹噶尔狱中，李旺等八人被杀于丹噶尔西门外刑场，另一义军首领董蜡匠夫妇被杀于西宁。

丹噶尔起义失败后不久，武昌起义爆发。陕甘哥老会首领张云山派人到甘肃各地活动，重新点燃了河湟反清的烈火。十月十一日，在西宁人乔寿山的带领下，起事群众在湟中西川元山尔供李上天（李旺）灵位，建纛祭旗，举行起义。他们沉醉于武昌起义后的大好形势，自以为有西宁大营盘新军支持，竟派人去威胁镇海营千总白尚珍。镇海营东距西宁仅50里，新军与乔寿山的联系很快被切断。十三日，义军仓促前往葛家寨，西宁镇总兵张定邦率清军前往镇压，义军很快被击溃，乔寿山和白玉虎冒死逃脱，孙大旗、任得慧被捕，被俘者百余人悉数被杀于西宁西门河滩。在那风雨如磐的岁月里，两次反清斗争虽然都失败了，但西宁各族人民闻风响应、奋不顾身的革命积极性，在青海近代史上留下了悲壮而光彩的一页。

充满征伐、威吓的地名反映了当年刀光剑影、兄弟相残的战争岁月，随着那一页历史的翻过，我们终于迎来了民族团结、和谐祥和的新时代，品味这些多数已经消失的地名，提醒我们勿忘过去苦难的历史，更加珍惜今天这来之不易的和平年景，不是吗？土门庄已改名为“新民村”，后窑变成了“丰台沟”，一些难听、寒碜的村名已直接改名为“幸福庄”“安宁沟”“和平村”了。

青海长城与村堡名

紫云先生在《吊古边墙》一诗中曾说：“烽火关山话当年，势如龙蛇锁乱山；狼烟已随风尘去，夕阳寒鸦吊残垣。”上小学的时候，我就知道了我国有两个值得骄傲的东西，一个叫“大运河”，一个叫“万里长城”，说万里长城东起山海关，西至嘉峪关。长大后去过新疆，车过嘉峪关，从玉门到安西的一路上，仍能看到断断续续的古代土墙，斑驳陆离地矗立在进疆道旁，当时就对“万里长城西至嘉峪关”的说法产生了怀疑。河湟谷地也有一些类似的土墙，家乡父老一直把它叫做“边墙”，边墙经过交通要道的地方如果有村落，村名就叫“闇门”，有的甚至叫做“边墙村”；边墙经过的地方如果是山谷，就叫“闇门峡”；如果是滩，就叫“闇门滩”；如果是堑沟，就叫“边墙壕”。后来，因为“闇”字难写难认，人们就删繁就简，写成“南门”了。凡是边墙经过的地方，像民和、互助、大通、湟中等地，都有叫“南门”、“边墙”的村名和地名，如大通桥头镇就有“南门滩”，民和川口镇就有“边墙村”，湟中县鲁沙尔镇拦隆口乡就有“南门村”，但人们从来没有追寻过它们和边墙的关系。

20世纪90年代初，就河湟谷地的边墙话题，笔者曾写过一篇《西宁

残存的明长城

“土长城”》的短文，发表在《西宁晚报》上，后有人曾提出质疑，说西宁的边墙不能称为“长城”，说它与长城相比，规模小、长度短、作用小，只能算个“边墙”而已。2009年，经国家权威部门勘察、审定、公布，青海境内的边墙就是明长城的一部分，全长148公里，它是明代西北军事防御体系中重要的组成部分。至此，寂静数百年的河湟谷地的边墙第一次有了正式的名分，是名副其实的明长城。名分虽然有了，但对它的保护和利用的状况却令人担忧。互助县境内除了有名的南门峡外，几乎找不到长城的痕迹；湟中县甘河滩镇境内尚留有一座珍贵的“闇门”遗迹，但在人为的破坏下，几乎面目全非；上新庄镇有一段数公里长的长城残迹，也在人为的破坏下，一年年地在消失。唯独大通境内的长城遗迹，虽然许多地方的也消失殆尽，但“永安关”西的长城仍状若游龙，盘绕在金娥山巅，波澜壮阔，气势恢弘，令人感慨万千。

青海东部为啥还有长城？要说起河湟谷地的明长城，还得从明代的西海蒙古说起。

元王朝被推翻后，蒙古贵族退向朔漠。明成化年间，蒙古达延汗（小王子）统一了鞑靼，失势的亦卜剌部只得拥众西奔，经过六年的打拼，终于于正德十年前后占据了青海湖地区。原驻牧于这里的“番人多远徙，其留者反为所属役”。之后，蒙古卜儿孩、整克、大同、俺答等部也相继进入青海湖地区，到万历初年，进入青海湖地区的东蒙古部落多达 29 支，史称“环海尽虏矣”。他们除了互相攻伐之外，多次攻入西宁卫属地，烧杀抢掠，给人民带来了无尽的苦难，所以史称其为“海寇”之患。从 1512 年进攻西宁北川起，到 1541 年进攻碾伯，在长达 30 年的岁月里，西宁西川、南川、北川战火纷飞，明王朝驻西宁卫的指挥、总兵等武官相继战死，一时间西北防务成了明王朝的心腹之患。为了加强西北边疆防务，明穆宗朱载垕听从总制延绥、宁夏、甘肃三镇军务杨一清的建议，下令修筑边墙，“以备夷骑”，其制小于长城，以便守御。其中一条从今民和上川口边墙村起，经下川口与甘肃洮河边墙相接；另一条经甘肃永登，延伸进入青海省互助北山，经东闇门（今互助南门峡），出东峡，越大通娘娘山沙尔岭，入湟中，再延伸通往贵德。

据史料记载，当年西宁卫边墙修建时，按计划从两头施工，向中间推进。当时西宁卫只有 7 479 户，12 260 人，由于工期紧，驻防明军也参与了工程修建。在当时的条件下，人们用简陋的工具，“辟山斩崖，循墙挑壕，筑砌石台。”其艰辛状况，是难以想象的。虽未留下“孟姜女哭长城”之类的传说，但“虽有健妇把锄犁，禾生垅亩无东西”的境况是到处可见的。

边墙是由主墙和垛墙组成的，主墙底宽 1.5 丈(5 米)，顶宽 0.7 丈(2.3 米)，加垛墙高达 1.9 丈(6.3 米)，这是多么大的工程量啊！就是在今天的技术条件下，这也是一项了不得的工程。其中，互助至大通娘娘山段于隆庆六年(1572 年)竣工，西宁南川至西川干沟段于次年完工。至此，绵延 44 507 丈(148 公里)的西宁卫边墙，终于在参修军民的汗水和泪水中，像一条巨龙从互助北山大通河边升起，翻山越岭，“墩台相望”，过拉脊山，顺暖泉沟，朝黄河奔去。

青海明长城上保留下来的唯一閶门——湟中县班沙尔大閶门

边墙修成后，虽发挥了一定的防御功能，但仍未能阻止强悍的瓦剌他卜囊、火落赤部铁骑的进袭。直到几十年后，明军在都御史田乐等的率领下，在取得被誉为“盖二百年来未有之奇捷”的“湟中三捷”后，西宁周边才进入了较为安定的时期。据清乾隆时西宁道佥事杨应琚说：“(边墙修成后）百余年间，村落相连，牛羊满野，边墙之外，多有良田。”由于防御功能的逐渐减退，绝大部分地段的边墙已经倾圮。

今天，当我们站在风景如画的大通老爷山南望，北川河如练，逶迤南去；娘娘山叠翠垒绿，远连天际。史书上说“新城（北川营）之北有閶门焉，名永安关，关下水滩，三川汇流而南行，永安桥即在是。南至西宁城，北至北大坂，惟此扼其冲。”虽然永安关、苏木莲水洞榨今已无存，“关下水滩”今已改称“南门滩”，老爷山下，早已高楼林立，街区如画；桥头镇外，“田分万井村高下，烟点三川树纵横”，千年风烟今已逝，但那娘娘山上的古边墙遗迹仍墩台相望，墙壕分明，它像一幅望不到头的历史长卷，翻越南门滩后的苍山翠岭，蜿蜒曲折，伸向苍茫的大山深处，消失在人们视野尽处。让人顿时感到一股莫名的苍凉，凝上心头。山风瑟瑟，绿色连天，耳边似乎还传来建边墙军民力已竭、泪已干时绝望的呼喊……

《秦边纪略》一书的作者梁份是明末清初人，他曾说：“凡书可闭户而著，惟地舆（之书）必身至其地。躬亲力行，不辞艰辛，亲历西北，实地考察而撰次成书者能有几人？”可见其治学之严谨。他为了写成《秦边纪略》一书，足迹遍及西北各边塞，因此书中所记可信度较高。据《秦边纪略》记载，当年“镇海（指镇海堡，即今湟中县通海村）之西七十里，称为东、西拘尔湾，夹湟水之涯涘也，旧为内地，安插黑番，尽为要荒。（今）皆属达赖黄台吉、麦力干黄台吉矣。”看来，当时的湟源地区名叫“东、西拘尔湾，皆黑番堡寨”是属于西海蒙古的天下。为了阻挡“海寇”的侵扰，明王朝不惜动用大量的人力物力，沿与西海蒙古交界的山峡平川，大筑边墙、烽墩、峡榨等军事防御设施。当年所筑边墙从互助北山起，过东闇门（今互助南门峡）、大通桥头（西闇门），翻娘娘山（小山峡闇门），越西纳川（喇课闇门），经剌沙闇门、西石峡东口（西石峡闇门），一直延伸向东南方向的湟中共和（第四沟闇门、小康缠闇门）、汉东（大康缠闇门）、大班沙尔闇门、小班沙尔闇门（今鲁沙尔镇南门村，俗称“土南门”），从塔尔寺后山越红崖沟、加牙阳坡，经上新庄镇黑城村西，然后进马鸡沟峡，上拉脊山，奔向贵德。“乾河（今甘河）等山口，旧皆有边，循墙挑壕，斩断山崖，筑砌石台，以备夷骑”，其中尤其以剌沙、西林（纳）最为要害。西石峡是防范“海寇”的前哨要隘，怪不得《秦边纪略》中说：“镇海营西至石峡，天险与夷（指西海蒙古）共之。”因为“与夷共之”的缘故，据明代万历年间刘敏宽修成的《西宁卫志》记载，因“海寇”的原因，西石峡、剌沙儿峡“遂为要害”，除边墙外，这一带还修有大磨石沟峡榨、白崖子峡榨、白石头下盘道峡榨、洛栏峡榨、锁思党峡榨、剌沙尔峡榨、剌尔宁峡榨、大小寺沟峡榨等军事防御设施。由此可见，明正德、嘉靖、隆庆直至万历年间，西石峡是双方军事对峙的前线，农牧产品的交易，多在今通海和多巴进行。“镇海营，茶马互市之通衢，为西宁门户焉，款于斯，战于斯，所有来矣”、“多巴，居然大市，高堂大厦，且有仓廒，土屋比连，其廛居逐末，则黑番也。驮载往来，居货为贾”。（《秦边纪略》）

明万历十七年（1589年），通过有名的“湟中三捷”之一的“西川大捷”，西石峡一线的军事对峙形势大为缓和，“镇海营西至石峡，天险与夷(指西海蒙古）共之”的状况已不复存在。炎夏六月，从互助县城威远镇西北行，一川麦豆迎面，花香沁人。路西，是“五峰如掌列云端”的五峰山，路东远方，是横亘天际的互助北山。几十里过去，遥望前方，隐约处，东西山在路尽处几乎相合，状如虎踞，兀立如门，色如黛染，那便是有名的南门峡。

南门峡地形险要，“两山壁立，中有通衢”，它内护富庶的沙塘川，扼赴宁要道；外拱燕麦川，历史上这里曾是西宁县与大通卫的分界线。明代“海寇”之患中，燕麦川多次遭到焚掠，明守备郑晓和兵备佥事万世德都曾率明军在这里与“海寇”作战。由于工期紧，边墙从甘肃永登起，跨大通河，进入互助北山，经今南门峡，到大通元朔山，再越苏木莲河，翻金娥山直扑湟中。在当时条件艰苦、人力有限的条件下，其中从互助北山到金娥山段于隆庆六年(1572年)竣工。遥想当年，这里边墙高筑，墩台相望，旌旗招展，刀矛如林，作为阻挡外敌的军事要塞，充满着一片肃杀气氛。因边墙在跨越交通要道之处均设有出入门户，时称“闇门”，这里的闇门因处苏木莲河之东，所以当时称为“东闇门”（今大通桥头闇门称为“西闇门”)。据史料记载，明朝时这里“边墙之外，皆属龙荒”，“一堵土墙分作界，千屯毳帐合为邻”，金人望的诗形象地描绘了当时这里的景况。峡因闇门而得名，时称“东闇门峡”，久而久之，简称闇门峡，大概是“闇”字难认之故，后就易从简，称为南门峡了。

过南门峡，便是有名的燕麦川。当年燕麦川因“只产燕麦饲马，故名”。但到清代乾隆年间时，已“生齿日繁，渐犁锄矣”。西宁道佥事杨应琚说：“边墙之外，多有良田，百年之间，村落相连，牛羊遍野。”

细雨秋风话烽墩

明代，为防“海寇”之患，除在西宁卫沿边大修边墙（今已定名为明长城）之外，还在一些高山之巅筑设了百余个烽墩，并派驻数百名守瞭军。若有敌情，白天放烟，黑夜举火，以传递消息，通报敌情，加强防御，构成了西宁卫周边较为严密的防御体系。当时西宁卫卫城附近就筑有凤凰墩、小峡口墩、城北墩和城西墩等，再稍微远一点，还有鸳鸯墩、中岭墩、骂雨沟（蚂蚁沟）墩、孤山儿墩、伯颜川墩、乾河墩、晋阳川墩等。这些烽墩历经数百年的风吹雨打和人为破坏，大多数今已荡然无存，只有远离城市而偏僻的地方，它还像一名钢铁战士一样，默默地矗立在高山之巅，俯瞰着人间的沧桑变化。

围拱西宁城区的凤凰墩、小峡口墩、城北墩和城西墩均属今已荡然无存之列。当年，凤凰墩就坐落在西宁南山寺后的山顶上。从拉脊山逶迤北来的赭红色山脊上，末端一峰突起，人称“凤凰台”，1985 年 5 月，政府出资曾在那儿修建了一座三层楼阁式亭子，雕梁画栋，牌匾高悬，石栏回廊，定名“凤凰亭”。只要登亭四望，“田分万井村高下，烟点三川树纵横”，古城全貌，三川风烟，尽收眼底，不愧是古城人们登高望远、游目骋怀的首选之地，后因地基下陷而被拆除。今又建起一座风帆状的建筑，景区名曰“凤凰台”，至今犹存。每当夜幕降临，建筑物上华灯放光，真如珠挂南山，晶莹剔透，已成为西宁地标性的建筑之一。南山得名凤凰山至少已有五六百年了，因为明代石櫕的《塞下曲》诗中已有“龙旗摇曳凤凰山，汉将英风震百蛮”的诗句。据民间传说，当年有只凤凰曾落于山头，因称落凤之处为“凤凰台”，山即名为“凤凰山”，故“凤台留云”成了古湟中八景之一。“凤台何日凤来游，凤自高飞云自留；羌笛一声吹不落，纤纤新月挂山头”，张思宪的《凤台留云》诗给我们描绘了一幅静谧凄丽的南山月夜图。在明代西宁烽火连天的日子里，凤凰台上筑起了一座土墩，因山命名，就叫“凤凰墩”，《西宁志·兵防志·烽墩》一节中就记载“凤凰墩，城南五里。”近年一些耆老的回忆文章中，也说上世纪前半叶，凤凰台上的土墩仍在，人们曾在其旁放风筝、捉蚂蚱，童年趣事还留在他们的记忆里。

小峡口墩位于今城东小峡的高山上，其址已鲜为人知，只有墩已毁的城西墩所在地，仍保持着当年的山头原貌。据《西宁志·兵防志·烽墩》记载：“城西墩，在城西五里。”原址即在今城西西山湾后的山顶上，那里经多年绿化，已经杂树满山，浅绿深翠，笼罩谷壑。起伏不平的山梁上，却有一峰似锥，独傲四邻，只要你稍加留意，是不难发现它的，此即当年城西墩所在地也。城西墩所在地的峰顶呈“Y”字形，东西两山包之间有一深约四五米的沟壑。因沟壑呈西北转东南方向，所以站在城区是看不清楚的。由于人为的原因，两山包的顶部已平整为直径六七米的圆形台地，东侧山包稍高，平台上竖有铁三角架，台地中心有注有标高的标志，当年有名的城西墩即建在这里。站在台上，迎着呼呼作响的山风，西宁东南西北川一览无余。恐怕西宁四周的烽墩中，能一眼望见四个川道的，只有城西墩了。主峰南侧较平缓，有盘山公路绕过峰东到达这里。城西墩南侧是有名的长岭沟，山坡上是当年水利厅修建的长岭公园，林木阴翳，长亭短台，隐约其间。与长岭公园隔岭而居者，西宁植物园也。峰西侧山岭起伏不大，逶迤西去，直连着火烧沟东侧大山。如今，这里已成为登山爱好者攀登的目标，多少“不到长城非好汉”的人们，或迎着晓星，或迎着晨光，精神抖撒地来到这里。他们或许不知道这里曾是有名的城西墩所在地，但他们在这儿一定会感受到西宁——我们共同的家园，真是一天一个样。

与城西墩隔川相望的大墩岭是西宁北山的最高峰，与它相比，名声很大的土楼山只是它脚下的一趾而已。当年大墩岭上也筑有一座烽墩，它就是有名的“城北墩”，据《西宁志·兵防志·烽墩》记载：“城北墩，城北一十里。”它与北线最远的李茂轻墩（距西宁 100 里）等连为一线，以威远堡为枢纽，传递着北面的敌情。“海寇”之患结束后，西宁周边烽墩的守瞭军裁撤，烽墩也随之失去了其防御功能，城北墩只作为一个高耸的土台，端坐在北山之巅，打发着寂寞的岁月。一则其高，二则远离市区，数百年来人迹罕至，因山顶有大墩（墩台），人们渐渐以“大墩岭”命其地，至于为何称“大墩”，没有人深究过它的来历。20 世纪 80 年代中期，随着改革开放的大好形势，人们保护环境的意识也逐渐增强，在省市领导的关心下，南北山绿化问题摆在环保的首位，各大厅局落实责任，分片包干，省建设厅请缨，承担了大墩岭的荒山绿化任务。经几十年的努力，倾注了大量的人、财、物力，光秃秃的大墩岭终于披上了绿装，更有隐约楼台，时显云端。加之山腰其他厅局承担的绿化区的建成，终于使干涸、荒凉的大山盖上了一抹绿色。至于早已结束使命的城北墩，在整修中已消失得无影无踪。

西宁西川古称伯颜川，伯颜川中的多巴自古是个有名的地方，它背靠白象山，前临湟水河，北通西纳川，南连乾（甘）河川，靠山面水，三川汇聚，土地肥沃，东汉时就在那儿设立临羌新县，后来又是唃厮啰的林金城，由于音转之故，史料中也记为历精城、林檎城、临谷城。据马甘先生考证，唃厮啰第二代首领董毡的母亲曾率部镇守林金城，北宋徽宗崇宁元年（1102 年）王朝军队攻打青唐城，三年四月十二日，“王师入青唐城（今西宁），十三日复林金城。”在改青唐城为“西宁”的同时，改林金城为宁西城。从以上这些点滴史料中，可以看出历史上多巴地区的重要。多巴北倚的白象山，山势奇特，山脊浑圆，头东尾西，沟壑勾勒，大耳眼窝，惟妙惟肖，尤其眼窝流水，人们接水饮用，传言能治胃病，虽然史书称其为“白象山”，但老百姓却称其为“猪头山”。只要你登上白象山四顾，东

湟中县陈家滩烽墩

至西宁，西到西石峡，南到大小康缠，北到西纳川脑，真是一览无余。因特殊的地理位置，明代在山顶筑有“伯颜川墩”，以监督西川南北敌情。《西宁志·兵防志·烽墩》记载：“伯颜川墩，城西五十里。”数百年来，伯颜川墩一直矗立在山顶，通报敌情、传递消息、加强防御的功能消失后，生活在这儿的后人们也忘却了当初建它的初衷，在墩旁栽树，枝桠挂红，渐渐成为祈求平安、风调雨顺的地方。直到20世纪六七十年代，人们尚可见到那儿饱经风霜的大墩和枝桠婆娑的“神树”。随着多巴体育训练基地的建设，这里已成为运动员登山训练时休息之地，大墩处建有红色屋顶的游廊，“之”字形的登山晨练道将会把你引向当年守瞭军戍守之地。

伯颜川墩正南，是大康缠的乾（甘）河川和罕东川，那儿即是明代达云、柴国柱大战“海寇”的地方。乾（甘）河川正中、大路东侧群山之中一峰突起，独傲四邻，当地人也称其为“大墩岭”，登峰一望，视线开阔，西宁以西数十里山川如在脚下。山顶也筑有一土墩，此即“乾（甘）河墩”也，《西宁志·兵防志·烽墩》记载：“乾河墩，城西七十里。”近年，有关单位在调查青海明长城时，在书中提到乾河墩，说远距乾河墩近十里的黄鼠湾山上的土墩是乾河墩，这是不对的。黄鼠湾山上的土墩远在边墙之外，且山低矮，视界不宽，不但起不到战时瞭望警戒作用，而且远离军事防线，战争中守瞭军自身安全也难保。乾河墩今已毁，作为小区域山区综合治理的典型，在墩东侧湟中西堡乡丰台沟村的治理下，墩下早已被绿树缠绕，青螺翠黛，风景十分诱人。

《西宁志·兵防志·烽墩》记载：“骂雨沟墩，城南六十里。”骂雨沟即今湟中县附近的蚂蚁沟。蚂蚁沟是南川去鲁沙尔、塔尔寺，进而去西川的必经之路。这里山呈红色，平时干旱少雨，盼雨心切的人们诅咒老天，也许这就是“骂雨沟”的由来；也许荒沟里蚂蚁多的原因，称为蚂蚁沟。20 世纪 60 年代，蚂蚁沟里建起了大南川水库，四周绿树环绕，库里碧波荡漾，作为临近塔尔寺和湟中县城的“莲湖公园”，早已成为游人向往的地方。当年沟长近十里，一直到今湟中县县政府处（时称下纳滩）才有人家，一条去鲁沙尔的大道顺沟底向前，然后过今西宁市卫生学校附近的小垭壑，三拐两折，才到有人处。沟两侧青杨成林，沙棘横生，顺路沿坡，阴阴森森，一条沙土大路沿崎岖的沟底，在林莽间时隐时现，行人每当经过这里，总是提心吊胆，盼望能碰到一两个行人作伴，却又害怕碰到一两个年轻力壮的行人。就像《水浒传》中的飞云浦一样，尤其夜半风啸、月暗星稀时路过这里，随着一两声猫头鹰啼声传来，会不由地倒吸一口冷气。骂雨沟墩就在蚂蚁沟水库南的山梁上，至今仍保存较为完好。它与晴天丽日为伴，在林木冉冉、碧水涟涟的映衬下，展示着远去历史的苍凉与悲壮。

从西宁沿宁果公路南行至总寨地界，仰望西山顶上，就会看到那儿高耸着一座硕大的墩台，那就是有名的“鸳鸯墩”。《西宁志·兵防志·烽墩》记载：“鸳鸯墩，城南二十里。”鸳鸯墩是迄今保存最好的烽墩之一，之所以起名“鸳鸯墩”，因墩的西侧即是有名的鸳鸯沟。鸳鸯沟是一条南北走向的山沟，起于今湟中县城通宁路附近的湟中职业学校，止于今海湖新区的

南川牛心堆(孤山儿)

彭家寨，全长约20公里。全沟属浅山地区，干旱缺水，因而沟中有当年以吃窖水闻名的火烧沟、狼沟等苦地方。平时沟中未有涓水，但夏秋季节偶遇天降暴雨，由于山高沟深，地域较大，常会突发山洪。千百年来，突发的山洪咆哮着一路裹挟泥沙，冲出沟口，因而在彭家寨村东形成一条宽大沟壕，人称“深沟儿”。只要登上鸳鸯墩，除东、西川外，西宁南、北川一目了然，它和南川中岭墩、孤山儿墩、骂雨沟墩连成一线，监视着西宁南部的敌情。

从南川总寨再南行十公里，便是湟中县上新庄镇申中村地界。这里川地平旷，阡陌纵横，绿树冉冉，渠水粼粼，自古以来是南川的一块沃土。过村南行不远，只见右侧平畴中巍然兀立一座孤山，山呈赤色，碧草覆盖，南高北低，东西较窄，长近200米，高达数十米。当年山顶南端筑有一座土墩，此即孤山儿墩，《西宁志·兵防志·烽墩》记载：“孤山儿墩，城南七十里。”孤山儿墩今尚在，墩台旁修有一间小屋，屋前植有几株青杨，树间悬挂着经幡，随风摇曳，通报敌情的烽墩早已变成了祭祀山神的小庙。你千万别小瞧了这座小山，这座独立于旷野之中的小山便是屡见于我国正史中的“牛心堆”，但当地人却俗称其为“孤山儿”。因山名墩，史料中记为“孤山儿墩”。孤山儿因其山形独特，古人形象地起名“牛心堆”，真是惟妙惟肖，令人叹为观止。川以山为名，南川古称“牛心川”。早在1 500多年前的北魏时，著名地理学家郦道元就在其《水经注》中说：“牛心川水（今南川河）出其南远山中，东北流迳牛心堆”，足见其名声之大。孤山儿地处马鸡沟峡、门担峡口，西倚鲁沙尔、西川大道，东通小南川，北靠西宁，这里自古是兵家必争之地。唐贞观年间，因占据青海的吐谷浑扣留唐使臣赵德楷，惹得一代英主李世民发怒，公元635年，他派李靖以西海道行军大总管身份，统领五路大军出征青海，“大败吐谷浑于牛心堆”，迫使其首领伏允西逃。牛心堆一战，揭开了吐谷浑走向衰亡的序幕，新、旧唐书都郑重地记述了这次战争的经过。孤山儿墩等69墩修筑于明嘉靖二十六年（1547年）以前，50年后的万历二十三年（1595年），蒙古永邵卜部攻南川，兵备按察使刘敏宽等督军迎战，牛心堆前刀枪交错，杀声震天。这次作为“湟中三捷”之一的南川大捷中，孤山儿墩守瞭军忠于职守，在观察敌情、提前通报、加强防御方面起到了极好的作用。据刘敏宽亲撰的《湟中三捷记》中记载，“九月七日丙子，报虏（指永邵卜部）五十余运趋捏耳朵峡（即马鸡沟峡）。八日丁丑，遂传檄布伏。”《湟中三捷记》中说：明军得到前线情报后，抢占先机，立即在乞塔真（今田家寨）、阿峦堡、伏羌堡等地进行了严密布防，并详细记载了各路兵马的人数和主将姓名及官职。真是兵情如火，也就是第三天，“约束既定，九日戊寅，日甫出，虏不虞我备，毁障塞，从南川已入强半，伏兵突起，前后邀击，飞丸疾矢，运荡山谷，合围夹剿。”从而取得了大胜。12天后，刘敏宽再次亲抵湟中，尚见“南川战垒，积尸交横，膏血俱殷”，致使他的乘马“惊逸不服乘”。“天阴月黑多磷火，七百游魂哭战场。”逼真地刻画了当时牛心堆前尸横遍野的恐怖场面。

在战乱年代作为传递消息、通报敌情、加强防御的烽墩现早已失去了实用价值，但作为历史遗迹，仍有着一定的文物价值。但愿现存的为数不多的烽墩实物能够继续存在下去，好让我们的后代知道，河湟历史上还有过这么一段战火纷争的岁月，更加珍惜今天安定团结的日子。

留在记忆里的村庄

有些上了年纪的人们或许还记得，西门外那个殷家崖头，那个大车门吧？现在，当你走在整洁宽阔的黄河路上时，在复叶槭的浓荫下，再也想象不到20多年前今省工商银行北侧那个不显眼的土坡。殷家庄早已随着城市的扩建消失了，那个南绕城路上的“殷家庄”只是作为一个城市的符号，只能给曾经在殷家庄住过的人们一个精神上的慰藉。社会在发展，历史在进步，一些旧事物的消亡是难免的，人类居住地的变化也一样。

其实，西宁周边村庄的变化并不是近几十年才有的，数百年前，已有一批小村庄在邻近大村庄的侵蚀下，大鱼吃小鱼，村庄名步入了消亡的行列。明清时有名的李土司权倾一方，富甲河湟，西宁周边有许多其子孙繁衍和管辖的村庄，临城就有李土司四门庄（南门外）、六门庄（北门外一里）和九门庄（城北八里）。同样，纳土司的山庄也在城南六里，这些土司子孙们居住的村庄，随着城市的“发酵”，有些很早就消失了，还有像水城门附近的郭家庄。即就是稍微远离城郭的曹家寨，就并吞了“附北里许”的五里铺；当年的“马盐庄”是由马家庄和盐庄组成的，但今天只叫盐庄了；谈小庄也被“南面百步”的旱台庄（今叫汉庄）兼并了；上朝阳图

（今叫上朝阳）吞并了“附北里许”的魏家庄；西杏园庄的“胃口”更大，一连收拾了邻近的张小庄、郭家庄、宋家庄和韩小庄。

千百年来，随着生活在这片土地上的人们组成的变化，居住地的地名也在变化着，像乾（廿）河滩里的元山尔北侧的山湾里，原来有不多几户人家，由于地处元山尔的下游，人们就以“下湾”命名其村名，但到后来，有人又选址建宅在下湾东北侧的又一山湾里，相比之下，原来的“下湾人”又成了“上湾”，尽管元山尔人还称其为“下湾”，但它下面还有一个“下湾”，只得又改称为“上湾”。1949 年后，为确定行政区划的村庄名，上湾定名为上中沟，下湾定名为下中沟。同样，20 世纪 50 年代后期为修建黄鼠湾（即今大石门水库），黄鼠湾村水库淹没区的人家迁出村子，在湾口右侧的山坡下筑墙建屋，一村分两半，只得改称为“黄一”、“黄二”了；有的因人口繁衍，村庄扩大，如田家庄村名又改为“上田”、“下田”，马场又改为“上马”、“下马”，班沙尔又改称为“上营”、“下营”了。……有的消失了，像前面提到的殷家庄在百多年前，由于人少村小，只能和西面的刘家河湾合称“殷刘堡”。刘家河湾早已成了有名的“人民公园”，几十年后，殷家庄也成了黄河路边一片繁华街区。它北面的李家屯早已消失在省党校所在地的街巷中，有名的“城西三河湾”之一的李家河湾也消失了。而南面的纸房庄成了纸房街，谈姓庄早已没人知道了。杨家寨、贾小庄、尕庄、园树庄、朝阳图、林家崖、路家庄、诸家营、小泉庄、杨家庄、寺台子、小桥庄等一大批农村，已成为城市街衢的一部分，这只是近几十年的事。

有的村名改变了。像火车站后面的王家庄，原来叫“柴小庄”，得名于明万历年间，当时的西宁卫中军守备柴国柱曾率兵驻扎在这里，并筑起寨堡和瞭望台。后有人携家依堡而居，遂成村落，时称“柴小庄”，这在杨应琚所撰的《西宁府新志》中就有记载，说“柴小庄与中庄合称中柴庄”。其后 300 多年间，柴小庄时荣时衰，到 20 世纪初，仅存 10 户人家，除堡内两户姓杨和姓申外，其余八户皆姓王，故当时就有人称“王家庄”。1952 年“土改”后查田定产，柴小庄正式更名为王家庄，从此，柴小庄就成了一个历史地名。同样，西川南路的双寨原名“徐家堡”，由于西川南路大道横穿村庄，堡民们为了加强防御，曾在大道两侧修成南北二堡，互为犄角之势，谁知二堡的建成，竟使徐家堡变成了“双寨”。当年乌思巴部落居住的乌思巴堡早已改称“堡子”了，如果有人问起村庄的原名，答上的恐怕也没几个人了。

如今，随着生物科技产业园、东川工业园区和海湖新区的建设，昆仑大道、夏都大道、海湖大道等新的通道已延伸到原先的郊外，像雨后春笋一样冒出来的一些新的街、巷、桥已将原来“田分万井村高下，烟点三川树纵横”（清·李荣树）的东、西、北川划成了新的田字格，在这儿，你再也看不到“岚气回环映水光，麦花吐秀菜花黄”的田园风光了，一幢幢高楼大厦拔地而起，在人们的惊叹中，又一些村庄步入了消亡的行列，其中包括人们所熟知的刘家寨、彭家寨、沈家寨、曹家寨、十里铺、乐家湾、杨沟湾、北杏园、陶家寨、石头磊儿、莫家泉湾……

镇海堡·通海

离西宁沿109国道西行25公里，有村名“通海”。它现在是湟中县多巴镇管辖下的一个村，由于村大人多，现分为城东、城西、城中三个队。之所以分为城东、城西和城中，这里过去确实有过一座城。据《西宁府新志》、《青海古城考辨》记载，这儿的城东西长307米，南北宽243米，设东西二门，两月城有三面，长58米，城高8米，基厚6.4米，顶宽3.2米。通海是西川很有名的一个地方，它南通汉东川（历史上有名的大康缠），北邻多巴，东接西宁，西面不远处即为湟源峡东口，地理形势十分重要。在长达数千年的历史长河中，它一直在演绎着一个又一个精彩的故事……

自从汉武帝元狩二年（前121年）骠骑将军霍去病开湟中后，随着西平亭的建成，湟水流域逐步得到开发。汉宣帝神爵二年（前60年），汉王朝在今西宁以西设临羌县，据《青海建置沿革志》等资料记载，汉临羌县初建在今湟源县南古城，后因种种原因，不久就迁往今湟中县通海村。东汉章帝建初二年（77年），以武威太守傅育为护羌校尉，移驻临羌，以管理当时遍居青海东部地区的羌人部落。东汉章帝章和元年（87年）因羌人迷吾反，“护羌校尉傅育穷追迷吾，为迷吾所袭，战死。”临羌县是汉王朝在青海地区最早设置的四县之一，正如近年出版的李文实先生的《西陲古地与羌藏文化》一书中所说的那样：“临羌原属金城郡，为湟水上游第一县，面对青海湖地区的先零羌。”我想，这也是之所以起名为“临羌”的原因。为了增加这里的人口，加快临羌地区的开发和中原的安定，东汉顺帝汉安二年（143年），顺帝“令郡国中都官系囚，殊死以下，出缣赎。不能赎者，遣诣临羌县居住。”到建安年间，湟水流域得到进一步的开发，为了加强对这一地区的行政管理，汉王朝分临羌县地置西都县，并为西平郡治。史载魏明帝太和元年（227年），“西平鞠英反，杀临羌令、西都长，遣将军郝昭、鹿盘讨斩之。”后魏、晋间临羌县移往湟水北的今多巴（即多巴破塌城），此地又被后人称为“临羌故县”，所遗旧城也被称为“临羌城”，但它仍然以其得天独厚的优越的地理位置，继续作为商业和交通要地而存在着。“到唐代吐蕃势力伸入河曲，因改为临蕃城”，当然这是后话了。

北魏孝明帝孝昌二年（526年），虽然临羌、安夷、浩门、长宁等县被废除，西面吐谷浑日渐强盛，但临羌城作为西都县的一处繁华地方，仍得到一定的发展。隋炀帝大业四年（608年），隋大将军宇文述出兵西平，曾到临羌城“抚纳降附”。据《西宁卫志·古迹》载：“（唐）鄯城县故城在卫治西，今之西川镇海堡（即今通海）地，仪凤三年置。”但据今有的地方史学者考证，上述记载是有误的，认为鄯城县故城在今东区曹家寨或乐家湾一带。因面对的对象不同，临羌城在唐代被称为“临蕃城”，唐《地理志》中就说：“河源军西六十里有临蕃城”；当代学者吴均先生亦在《日月山与大非川》一文中也说：“临蕃城即今之通海镇”；日本学者佐藤长也在《唐代青海东部诸城塞的位置》一文中说：“临蕃城当在现在西宁市正西五十里至五十五里的镇海堡（即通海）。”公元755年“安史之乱”后，临蕃城也随之陷落，这里成了吐蕃贵族关押唐军俘虏的所在地，唐德宗时，一位被关押在这儿的汉族佚名诗人用36首诗，给我们描绘了1 100多年前这里凄凉而旖旎的自然风光：“东山日色片光残，西岭云象暝草寒；谷口穹庐遥逶迤，溪边牛羊暮盘跚；目前愁见川原窄，望处心迷兴不宽；乡国未知何所在，路逢相识问看看。”“一到荒城恨转深，数朝长叹意难任；昔日三军雄镇地，今时百草遍城阴；隤墉穷巷无人迹，独树孤坟有鸟吟；邂逅流移千里外，谁念恓惶一片心。”

从明武宗正德四年（1509年）开始，直到嘉靖、万历年间，“海寇”成为明王朝心腹之患。为了加强西宁卫的防御，宣示当局的决心，除改临蕃城为“镇海堡”外，嘉靖元年又在这儿置防守官，并将设于西宁茶马司的交易地点移至镇海堡（清初又移至多巴）。后来明经略尚书郑洛还专门向皇帝上《设镇海游击疏》，疏中说：“西宁地方广阔千里，原无边界，又多隘口，极难防御。其镇海、总寨二堡，逼近虏穴，均当西北要冲，而镇海堡切邻青海，为虏窟巢，……原设防守一员，……兵亦寡羽。今若增添，……如秦人之鹿，犄角而攻；譬常山之蛇，首尾相应。”皇帝准奏，万历二十一年改设为级别更高的游击，镇海营游击统兵曾达 1 656 名。两年后这儿便爆发了有名的“湟中三捷”之一的“西川大战”。

“海寇”之患消除后，镇海堡的军事战略地位并未改变。崇祯十年，驻镇海堡监督买马的太监张守礼因措置不当，激起民变，十月二十七日，镇海堡农民马安邦等“聚众反明”，围攻游击署，“兵备孔闻籍同妻女自焚死，太监张守礼、守备孔允、中军李本隆、百户张尔靖等死之。”十一月，起事民众被西宁副总兵莫与京和掌教冶秉乾等镇压。据《西宁府新志》记载，明末镇海城的谈诚是一方名士，当时就被人称为“谈善人”。谈诚，字则明，明西宁卫卫学廪生，平生“淳朴敦厚，乐善好施。崇祯十四年，岁歉收”，他以家藏粮 500 余石周济灾民，为寒者施衣裤，饿死者施棺木，救民无数，不求回报，誉满西川。父老耳口相传，迄今不绝。

正如《秦边纪略》中所记：“镇海营，茶马互市之通衢也。东距西宁，南连银塔（即塔尔寺），北近多巴而接西川，西逾湟河而通石峡（即今湟源峡）。……以是为西宁门户焉。款于斯，战于斯，……天险与夷共之。”在这儿，通过茶马互市，国家得到税收，增加财政收入；但由于“镇海（营）渡河而西，皆属达赖黄台吉、麦力干黄台吉，天险与夷共之”的原因，这儿又常发生战事。清王朝建立后，又将这里的军事级别提高为参将，以加强对西宁西边的防卫，但不久，就发生了罗卜藏丹津发动的反清叛乱。据魏源《圣武记》记载，罗卜藏丹津之乱中，镇海堡是两军对垒的主战场。清雍正元年（1723 年）十月，罗卜藏丹津兵分数路，攻打西宁南川申中堡、西川镇海堡等。十月二十日，罗卜藏丹津洪台吉派出 3 000 人增援围攻镇海堡的多巴囊素阿旺丹津，阿旺丹津得援兵后，率部猛攻镇海城，守城兵在城头顽强抵御，战斗异常激烈，五天后，清军副都统武格、副将王嵩、参将宋可进等率绿营兵和察哈尔兵陆续开来，双方主力经七日决战，参与叛乱的多巴囊素阿旺丹津被擒，叛军死伤600余人后才退入西石峡。事后，因塔尔寺喇嘛在罗卜藏丹津之乱中从叛，川陕总督年羹尧“欲全屠之”，多亏镇海营某千总苦苦哀求，年羹尧才“仅杀八人，余获得免”。平乱后，清廷鉴于丹噶尔曾是这些叛乱者的巢穴，加之地理位置险要的原因，于是在丹噶尔筑城，并将镇海营参将署移往丹噶尔，以加强对这儿的防守，另设中军守备在镇海营城内驻扎，仍留有马战兵139名，步战兵57名，守兵85名。

镇海营参将署移往丹噶尔后，鉴于此地特殊的地理位置，乾隆十一年，经西宁道佥事杨应琚、知府刘洪绪申报批准，在镇海堡设立镇海驿、在丹噶尔设立丹噶尔驿，并规定镇海驿由丹噶尔主簿管理，配驿夫两名，马两匹。同时在原有的十二间镇海旧仓（粮仓）的基础上，添置了三间新仓。这一时段里，镇海堡迎来了一段平静的时光，曾任清王朝驻藏大臣、刑部侍郎的斌良奉旨祭海时曾作有一首题为《镇海堡》的诗：“老鹘苍头耀锦丛，征车曲绕水西东；眼明群玉峰千笏，知是晴云是雪峰。”

清宣统三年十月十三日，乔寿山等在距镇海堡仅十余里的西宁元山尔庄大庙设坛祭旗，积极筹备反清起义，以响应武昌起义。但不幸被驻守镇海堡的千总白尚珍侦知，旋即报告西宁府总兵张定邦，十月十四日黎明，农民起义在今西堡乡葛家寨惨遭镇压，130多名起义者为之献出了宝贵的生命。

清平寨·黑城

出西门过渔场台，沿宁果公路南行，就是南川地界了。南川的上段又分大、小南川，大南川实际上指从凤凰山山脚起，到马鸡沟峡口为止的近百里川道。这里麒麟河纵贯其中，林木冉冉，村落相望，更有大名鼎鼎的牛心堆、承风戍（一说在今贵德县尕让乡千户村一带)、马场苑、明边墙，访古寻幽走南川，首先不能不说说清平寨。

过牛心堆（今名孤山儿）不远，右侧平畴中兀立着一座古城堡，土墙苔染，黛色一片，当地人称黑城。现城堡中住有数十家农户，以城堡作为村名，人称黑城村，现为湟中县上新庄镇黑城村。不要小看这小小的古城堡，它就是《宋史》上有名的清平寨。说起它的来历，还得从它特殊的地理位置说起。

南北朝至隋唐时，从西宁赴青海湖，进而去海西，人们往往选取南川道，翻越拉脊山，再过今日月山垭壑。因通过西石峡（今湟源峡）、药水峡赴日月山，狭窄路险，常会水冲路断，商贾僧侣多不取此道，这在道宣的《释迦方志》中有详细的记载。由于南川道走的人多，马鸡沟峡中终日行人不绝。为了保障道路安宁，给行人以憩足用餐的方便，进而控制门担峡大

南川黑古城南门残迹

道，当时统治青海东部的唃厮啰政权在两峡口选址修筑了一座城堡，称“溪兰宗堡”。溪兰宗堡呈正方形，边长300米，墙为“夯土筑，北向门”。

北宋崇宁三年（1104年），后任威州团练使的王厚进军河湟，在攻取青唐城（今西宁）时，青唐王子溪赊罗撒“挈其长妻逃入溪兰山中，再从溪兰宗山退至青海湖”。据考证，溪兰宗山即今拉脊山。随后，王厚“乘胜围溪兰宗堡”。王厚围攻溪兰宗堡时发生过激战，部将苗履、姚雄、高永年等“领劲骑”，经反复争夺，歼敌2 000后，才收复了该堡。宋王朝即在改青唐城为“西宁”的同时，改溪兰宗堡为“清平寨”，并设知寨、兵马押使、主簿各一员，以管辖马鸡沟口、门担峡口这一地形险要的防御之地。史载北宋王朝的西宁州辖地“南至清平寨五十里”，可见当时这里是卫护西宁州的军事前沿要地。

尽管元朝以来，这里又发生过血腥的南川之战，明边墙也从清平寨的西侧经过，附近曾设过马场苑，但经过数百年的风风雨雨，到清乾隆时，垛堞罗列的清平寨只剩下一些断壁残垣，连杨应琚亲勘其地时也说，只“有旧城基，不知创始”。衰草萋萋，杂树丛丛，询之当地父老，连一个传说也未留下。

清初，西宁地区沿用明制，仍设卫所。清廷分陕西省为陕、甘两省，青海东部隶属甘肃管辖。清世宗雍正二年（1724年），清政府平定了罗卜藏丹津叛乱后，决定改西宁卫为西宁府。西宁府下设西宁、碾伯两县和大通卫，贵德改为由西宁府管辖。为加强和保证赴贵德通道的安全，进而控制门担峡和磨石沟要塞，乾隆三年，西宁道佥事杨应琚议请在原清平寨旧址的基础上，就险建城，设官增兵，改筑为新的军事防御要地，并责成西宁县知县靳梦麟等监工。在经过一年的筹备之后，筑城工程于次年四月十五日开始，新墙就加筑在旧墙残垣之上，除正墙土筑之外，“女墙用砖，设南北二门，周长232.8丈，高2.2丈，根厚1.8丈，顶厚9尺。”也许是充分利用了清平寨旧墙的缘故，所以当年九月二十六日就竣工了。不知为什么，当时饱学多才的杨老先生虽为筑城专门写了《筑黑古、巴燕戎等九城堡碑记》，并未给该城堡起个像威远堡、镇海城这样威风八面的名字，却在

《西宁府志》上写进了一个土而俗的名字——黑古城。

黑古城筑成后，当时就从南川营移来了一名都司、一名把总，统率若干名兵丁在此驻扎，巡防守护，为保护当地民众生命和财产的安全做出了一定的贡献。杨老先生说，登城“起视四野，牛羊满野，一童子牧之矣”，确实较真实地反映了重修黑古城后这一带安定的社会环境。

伏羌堡·徐家寨

离西宁沿宁果公路南行近20公里，是去贵德和湟中县城的分叉处，那里川原平阔，土地肥沃，附近有村，名徐家寨。徐家寨村南依回龙山，北接清水河。据说规划中的城南新区与湟中交界处即在这里。回龙山为拉脊山北麓一条支脉，蜿蜒起伏，状若游龙，行至徐家寨地界，戛然而止。山梁两侧，俱为平坦川地，村桥烟树，阡陌相连。人们把这儿比作龙尾，数百年前，依山势起伏，在山脊修成一进数院的玉皇阁，松柏掩映，屋脊时显，蔚为壮观，人称“回龙观”。这里的寺庙被毁后虽为近几十年重建，但它创建的历史悠久，在清乾隆《西宁府新志》中就有记载:“集福观，在南川宁远堡南灵华山。”看来这里的人介绍的回龙山古时曾称“灵华山”。回龙观里虽供奉着法力无边的诸路神仙，但随着人世的沧桑，也曾几度兴衰。玉皇阁西侧的山脚下，考古工作者于20世纪末曾发掘出一座汉墓，出土百余块汉晋时期的画像砖，现藏于湟中县博物馆，弥足珍贵。前些年，有关部门在汉墓上建起一间房屋，以遮盖圆拱墓室，希冀起到保护作用，不知现在还在否?

徐家寨因南通马鸡沟峡，西接蚂蚁沟，东连赴东沟滩、班马坡、峡门大道，扼南川要津，自古就是兵家必争之地。如今海内升平，人们怎么也想象不出，千余年来，这里曾多次充满过战争的硝烟。

隋唐时期，为了消除吐谷浑对丝绸之路南道的威胁，中央王朝曾数次出兵青海，尤其公元635年唐军兵分五路合围吐谷浑，唐西海道行军大总管李靖与吐谷浑可汗伏允大战于牛心堆（离徐家寨约 4 公里），从而拉开了吐谷浑逐步走向衰亡的序幕。安史之乱后，唐王朝失去了对河湟地区的控制。400 多年后的崇宁年间，北宋王朝决定再次收复青唐，命令王厚任熙、河、兰、会路经略使，统兵十万，于 1103 年六月攻占湟州（乐都），次年四月攻鄯州（西宁），龟兹公主率众出降，王厚、童贯率军向山南进军，并在南川溪兰宗堡（今上新庄黑古城）进行了一场恶战。五月，在改鄯州为西宁州的同时，设倚郭县于南川今徐家寨，并督军民筑起了一座南北长 400 米，东西宽 300 米，只开东门的城堡，以管理捏耳朵峡北的大小南川地区。

宋军攻占河湟后，由于种种原因，与西北方强敌西夏取得了暂时的妥协，西宁州也赢得了一段安宁的时光，西宁州知州赵隆曾“督军民开垦荒地，开渠引水”，包括南川在内的整个西宁地区曾一度出现了欣欣向荣的景象。也许是倚郭县离西宁太近的缘故，也许是设官建置增加费用的缘故，倚郭县设立三年后即被撤销，因该地特殊的地理位置和刀光剑影的历史，城堡被定名“伏羌堡”，亦称“伏羌城”。

明王朝建立后，改设西宁卫，鉴于伏羌堡地理位置重要，对旧城堡稍加修葺，设守备官，以负责南川军务。明洪武二十五年（1392 年）五月，太祖朱元璋封徐勇为西宁卫前所流官百户，驻守伏羌城。此后徐氏后裔就倚城而居，遂成望族。尊者易显，后来人们遂改称其地为“徐家寨”。明代后期，边患又起，南川又成蹂躏之地，战事不断，伏羌堡作为明边墙内重要的军事防御和军备储备之所，为取得南川大捷发挥了重要作用。

明崇祯十五年（1642 年），李自成为扫荡明王朝在西北的地方势力，派贺锦西上甘陇，以牵制边将对京师的援助。西宁生员胡琏器因贺军骁勇，秘与西宁土司祁兴周等设计，在伏羌城下设陷阱及绊马索，然后诱贺锦等至南川。据史料记载，祁兴周等在徐家寨村外“杀大顺军数千”。曾转战江、淮、豫、楚等地，威名远扬的五营主要领袖“左金王”贺锦，也不幸殒命在小小的伏羌城下。

在冷兵器时代，伏羌堡作为军事要地，在清代亦受到当局重视。清乾隆十二年，在这里设立了协路 24 营之一——南川营，常驻马步军 198 名，并派有游击、千总、把总各 1 员管辖。当时有的协路营只有都司负责，而南川营却委派了级别高于都司的游击统领，可见当局对南川营的重视。也许是清王朝是从关外入主中原的缘故，忌讳“伏羌”二字，不久即正式改“伏羌堡”为徐家寨了。

南川营在清代，除道光年间因陕甘总督富呢杨阿巡边遭劫而曾增添过营兵外，随着军事地位的降低，守兵也逐渐被裁减，至光绪年间，只剩下 104 名。清王朝灭亡后，民国三年（1914 年），奉当时中央命令，一律裁撤绿营，西宁府所辖镇标五营和协路各营编为宁海巡防各营，归甘边宁海镇守使马麒统管，至此，作为军事要塞的伏羌城——南川营，也就成了一个普普通通的村庄——湟中县鲁沙尔镇徐家寨村。

石峡堡·曹家堡

曹家堡西距西宁 26 公里，今平西高速公路、兰青铁路均通过其地，尤其曹家堡机场建成后，这里成了西宁通往全国各地的航空港，曹家堡这一地名顿时全国知晓。如今从西宁出发，上高速，只需大约 10 分钟，就可到达此地。漫步绿树碧野之间，看一幢幢农家造型别致的小洋楼掩映在花团锦簇之中，你很难想象，这里就是几十年前“春已暮而草始青，秋未高而雪已降”、“山鸣谷又应，沙雪正飞扬”的荒凉的曹家堡滩。

曹家堡位于平安盆地湟水北岸，因西距小峡不远，古称“石峡堡”，清《西宁志·兵防志·堡寨》中记载：“石峡堡，城东北五十里。”曹家堡处在东起红崖子沟沟口，西至小峡的 30 里旷原上，今属互助县管辖。以前，眼看着湟水在脚下静静流淌，这里却是一片旱原，土地贫瘠，举目荒凉，正如 20 世纪初甘青名士周希武路过此地时所说：“自白马寺至此，30 里中荒地弥望，唯白马寺、曹家堡附近，略有垦地。”当年甘青大道在这儿依湟水北岸西行，自白马寺至小峡，其间只有曹家堡、玛什藏两处有些人家。

由于土地枯焦，村中也多是些穷苦人家。清末西宁名士基生兰在他的《冬日风雪中过曹家堡滩》一诗中用白描的手法，给我们刻画了一幅风雪行旅图："严冬经旷野，天寒道且长；西风砭人骨，刚劲胜锋芒；西行三十里，始克到村庄。"赵充国屯田湟中时，平安至西宁的湟水沿岸是屯田的重点地区。估计那时就曾在这里开渠引水，以灌溉新开垦的土地。周希武在他的《宁海纪行》中就说："逾水（今红崖子沟水）十里，至曹家堡，十里过小水，至高寨，寨西有水，出北山，南注湟，名他拉池沟（今称哈拉直沟）。……湟水以南30里中，烟树村落，络绎不绝，不知隔一衣带水，而土质腴瘠，相悬若此，何也？土人云'前虽开渠，以灌荒地，其功未竟，今已湮矣'。"曹家堡滩川原开阔，湟水流于其侧却未被利用，使关心民生的周希武极为惋惜："惜哉，此守土者之责也。"

清光绪十六年（1890年），青海近代史上著名的抗日将领曾国佐将军就诞生在曹家堡。他的父亲曾积德曾从董福祥的甘军到北京，参加过抗击八国联军的战斗，后在扈从慈禧、光绪西逃西安时，因保驾有功，被清廷授予五品蓝翎衔。曾国佐从小勤奋好学，12岁入西宁蒙番学校学习，受其父亲尚武报国精神的影响，17岁报考兰州武备学堂，毕业后被保送到河北保定陆军军官学校深造，在此期间加入了孙中山领导的同盟会。毕业后，在宁夏镇守使马鸿宾部曾任副营长、旅参谋长、团长，"九·一八"事变后，于1933年调赴长城一线抗击日军，在河北省迁安县西北的喜峰口与日军英勇作战，后以战功升任29军37师110旅旅长，驻守北平（今北京）西苑。1937年卢沟桥"七七"事变发生后，日军炮击宛平城，曾国佐和旅长何基沣亲临前线，指挥全旅迎头痛击侵略者，打响了抗日第一枪。直到北平沦陷，曾国佐等才被迫撤离宛平。之后，他任国民政府第一集团军第77军179师副师长，与日军激战唐官屯、苦战泊头镇，转战黄河两岸，人民歌颂他："曾师长，青海人，杀倭寇，立功勋。"可惜在长期叱咤疆场的日子里，他不幸身患胃癌，就在抗战胜利之际，于1945年病逝于宁夏，终年仅55岁，后被追赠为陆军中将。

20世纪二三十年代，马氏家族统治青海，他们巧取豪夺，霸占了西宁及附近各县的大量农田，曹家堡滩1万多亩未开垦的荒地也未能幸免。1938年，马步芳为了灌溉所霸占的田地及新开垦的曹家堡滩土地，假借省政府之名，责令青海省建设厅拟定兴建平安渠、长胜渠、阁公渠等总长64公里的渠道工程计划。曹家堡渠经1938年初测，1942年复测，终于拟定计划，呈报国民党政府审核。此计划中，曹家堡渠以其线路之长、工程之艰苦，当时号称是青海省最大的水利工程。为了标榜自己，马步芳竟以"芳惠渠"命名该工程，意即人们勿忘他的"恩惠"。在此前后，他在西宁开办的"芳惠医院"、"芳惠幼稚园"等，均出自此意。国民党政府收到青海水利工程报告后，当即于1942—1943年由黄河水利委员会先后派杜韫香、杨纯、吴耀庭等工程师来青正式勘测，最后拟定施工计划及工程预算。1944年，芳惠渠工程正式被国民党政府黄河水利委员会批准立项，并决定由中国农业银行贷款，同年9月16日正式动工兴建。

曹家堡渠（芳惠渠）自西宁东川傅家寨开沟引湟水，经小峡、高寨，直达曹家堡滩的泉水湾。据史料记载，渠道全长21.07公里，共开挖土石方量达18万立方，其中石方量就达3 000立方。尤其渠道经过小峡的一段，石崖高耸，凿山开道，工程艰巨，实属不易。经过四年的努力，至1947年8月下旬，曹家堡渠共耗资3.65亿元（旧币），全渠所有的渠道、渡槽、桥梁、涵洞全部完工，当局于当年9月10日举行了"放水典礼"。

曹家堡渠建成后，源源不断的湟水终于流到了千年旱原，曹家堡滩13 000余亩荒地顿时变成了旱涝保收的水浇地，马步芳即调拨100多户回族在临渠一带安置，并指派孟全禄负责全渠管理事宜，马氏家族又从中捞取了不少油水。但从客观上讲，曹家堡渠的建成，彻底改变了曹家堡滩"山鸣谷又应，沙雪正飞扬"的苦寒面貌，为"一川古木含秋雨，几片残霞带夕岚"的今天奠定了基础。

曹家堡渠建成整整两年后，中国人民解放军的先头部队从化隆经平安进入西宁，世世代代做牛做马的劳苦大众终于掌握了曹家堡渠的管理权，人民政府及时维修了渠道及附属设施，并改渠名为"和平渠"。如今，涓涓东流的渠水滋润着平坦的曹家堡滩大地，这儿已有了东庄、西庄、东村、西村、中村等七八个村庄，放眼四顾，这里到处绿树成荫，田畴相连，完全可以和曾被周希武在《宁海纪行》中称赞过的“烟树村落，络绎不绝”的湟水对岸的三十里铺相媲美。曹家堡滩——这一原来甘青道上的荒凉地方，伴随着大西宁的开发与拓展，必将会迎来更为辉煌的明天。

高台堡·汉庄

汉庄今已属海湖新区的地界了。当你沿西川南路西行，过彭家寨一路缓坡，步行不远，就是汉庄。汉庄西邻水槽沟，过沟即是张家湾。千百年来，由于水槽沟洪水的切割，与张家湾相比，汉庄地处高阜之上，其东彭家寨地势也较低，一台高耸，所以史称汉庄为“高台堡”，这在明万历二十三年（1595年）兵备道安邑刘敏宽所撰的《西宁卫志·兵防志·堡寨》一节中就有记载，说“西川，去卫治（指西宁卫）西为高台堡。”

明清间，司民者“相其流泉，度其原湿，顺水之性，因土之宜”，率民在湟水沿岸修成一些灌溉水渠。清初，由分守西宁道陕西布政司右参议苏铣于清顺治十四年（1657年）仲冬撰修成《西宁志》，其中《水利》一章中，就记载西宁卫有伯颜川渠、那该川渠、车卜鲁川渠等20条渠，说“伯颜川渠，分渠有九，起自城西六十里。”并详细记载了各分渠灌溉的农田亩数。另据清乾隆《甘肃通志》记载，伯颜川渠在西宁县西六十里，即西川河渠。西川古称伯颜川（疑即巴燕），伯颜川渠即指引湟水灌溉农田的水渠。伯颜川渠最远起于西石峡口的国寺营，距西宁也是60多里路程，过去受技术条件和建筑材料等限制，只能利用水流自然落差来引水灌溉农田，一遇到断崖深沟，水流就无法通过，只能分段修渠，这就是伯颜川渠“分渠有九”的主要原因。彭刘渠是伯颜川渠中的一段，该渠起自石灰沟口（今湟中西堡乡），流经张家湾，由于高台堡一阜高耸，眼看渠水村下流，高台堡农田不得其利，人们只能望渠兴叹，称这里的田地为“旱田”，故后人又称高台堡为“旱台庄”，清乾隆《西宁府新志·堡寨》一节尚记此地名，也许人们嫌“旱台庄”一名不雅，简称为“旱庄”，后更雅化为“汉庄”了。当年旱台庄北侧坡下有一小庄，村名叫谈小庄，清乾隆《西宁府新志》中记为“谈小庄，城西二十里，附南百步旱台庄”。渠水绕过旱台下，蜿蜒流经谈小庄，所以清乾隆《西宁府新志·水利》中把这一段水渠称为“谈小庄渠”，说它“在县（西宁县）西十二里，自石灰沟起，至庄（谈小庄）东侯家水沟止，长七里”。后来随着汉庄村落的扩大，谈小庄早已被“吞并”了。

解放后，随着勘测技术的提升、修渠材料的改进、“倒虹吸”设施的应用，伯颜川主渠从国寺营开始，一路经银疙瘩、王家庄、镇海堡、大崖沟、双寨、韦家庄、小寨、阴山堂，过张家湾，沿彭家寨、经西山湾，横跨南川河，流经整个西宁市，改称为“解放渠”，但汉庄除了采用“电灌”外，仍然没有沾上自然流淌渠水的光。但随着青海水电设备厂、区调大队等单位落户汉庄，村貌有了极大的改变。现在，汉庄已是全省有名的郁金香种球繁育基地、花卉培育基地，有媒体称，郁金香成了汉庄盛开的“富民花”，加上村上茶园经济日益走上规模化，现已成为了西宁又一个游客观光休闲的去处。汉庄，这个西川南路上的普通村庄，将随着海湖新区的开发建设，即将又成为高楼林立的街区一部分了。

兴屯堡·新墩

离西宁沿 109 国道西行 23 公里，有村名新墩，有人亦称其为“大水滩”。这里地处十字路口，北连多巴，南通甘河，西接通海，东近双寨，西宁武警学校、西川油库等亦在附近，左右侧还有两个小村，名大崖沟和甘河门。新墩虽地处要津，但十多年前，这里只是一个小小的农村，路南侧尚是一片土墙泥屋，尽管村前村后是西宁西川肥沃之地，但人们日出而作，日落而息，过着刚够温饱的生活。改革开放以来，乘着改革开放的春风、109 国道的改建，多巴设镇，尤其甘河工业园区成立后，这里作为进出园区的交通枢纽，大货车、小轿车，前后相拥，新墩村祖祖辈辈守了数百年的破旧院落纷纷消失，砖墙小楼竞相冒出，店铺林立，牌幌相招，货真价实地成了一座小城镇。现在，村庄早已扩展到 109 国道两侧，和多巴连成一片，村容村貌日新月异，生于斯、长于斯的康缠人，数个月没来，竟找不到当年常走的路径。那个庄廓墙上爬满“雀儿烟”（一种苔藓），树梢头上盘有喜鹊窝，巷道里牛哞犬吠的大水滩，早已消失在人们的记忆深处。

新墩，有人写作“新屯”，更有人在路边做起了广告，注为“新东”，但追根溯源，新墩应称为“兴屯堡”才对。得名的来历，还得从明朝“海寇”之患说起。

明正德年间，亦卜剌、阿尔秃斯部因反抗达延汗失败，率部西迁至青海湖一带驻牧。后来，卜儿孩部亦因内部纠纷，进入青海湖地区。嘉靖年间，俺答、永邵卜部相继进驻青海湖。为了霸地掠财，他们以青海湖地区为根据地，不断攻掠甘青边地，形成了明代中期以后长达数十年的“海寇”之患。万历年间，其势力达到顶峰，号称拥有十万之众，西宁周边烽火不断，“不三月而五犯内地，此劫彼掠，岁无宁日。”形成了“九边之患，秦为最；秦之患，西宁为最”的局面，朝野震惊，庙堂西顾，明王朝先后派出兵部尚书郑洛、永凉兵备道田乐等出兵西陲，先后发生了“焚仰华寺”、“湟中三捷”等明史上重大的历史事件。兴屯堡正是在这大背景下设立的。

当时的形势是“海寇”入侵西宁，常走的路线是南川捏耳朵峡和西石峡，“倾巢海寇伺康缠，猛士云屯奋欲前”，今汉东镇一带常为战场。为加强防御，早在明万历元年，都御史廖逢节就在大康缠沟口修筑康缠堡（今多巴镇康城寨），驻兵把守。西川左侧乱山纵横，除大小康缠外，乾沟（今甘河滩镇坡家一带）、实惠沟（今西堡乡）鳞次于南，尤其乾沟直通多巴，地理形势尤为重要。为防乾沟来敌，与康缠堡互为犄角，明万历二十年（1594 年），兵备副使余良枢、参将达云率兵修兴屯堡于乾沟口。余良枢为江西奉新人，达云为甘肃武威人，二人在抗击“海寇”之战中，树绩良多。尤其达云骁勇善战，“名震西陲，为一时边将之冠。”是《明史》中有名的人物。

据青海省现存最早的志书《西宁志》记载，兴屯堡修成后，当时称为“干（乾）河新筑堡”，在城西四十八里，它既可以和康缠堡互为照应，又扼乾沟沟口，作为西川镇海城（今通海）的两个前卫据点，为取得西川大捷发挥了重要作用。

“海寇”之患结束后，兴屯堡的作用也随之消失，当年为避战乱、依堡而居的农户渐成村落，遂以“兴屯”为村名。数百年岁月流逝，现在即就是村上最老的长者，也说不出当年的堡墙何在？兴屯变“新墩”，只是“青山依旧在，几度夕阳红”。

鸳鸯沟·火烧沟

鸳鸯沟位于海湖新区湟水森林公园东侧，从彭家寨南行进沟，全长 20 公里，沟脑在湟中县城的通宁路附近，即在湟中职校北约数百米处，沟口在西宁市彭家寨东南。由于多年的山洪冲刷，鸳鸯沟的洪水在彭家寨、刘家寨两村间的平地上划开了一条大沟，过去人们称为“深沟儿”，然后撕裂了西川平整的土地，在苏家河湾村东北方向冲进了湟水。鸳鸯沟是一个很古老的地名，早在清朝建国不久，分守西宁道陕西布政司右参议苏铣于顺治十四年仲冬修成的《西宁志》中，就记有明代在这儿修筑的鸳鸯墩，说“鸳鸯墩，在城南二十里。”鸳鸯墩至今仍矗立在湟中总寨西面的高山顶上，它的脚下就是鸳鸯沟的张李窑村。清乾隆年间编纂的《西宁府新志》中，也有鸳鸯沟的名字。《西宁府新志·建置·堡寨》中说：“彭刘堡（即今彭家寨和刘家寨），附南十里鸳鸯沟火烧沟窑庄、狼沟窑庄。”“新东堡（即今湟中县西堡乡东堡），附南三里鸳鸯沟李家窑庄、五里水滩窑庄。”“两其堡（即今湟中县西堡乡两旗村），附南二里鸳鸯沟井家窑庄。”“赵家庄（即今湟中县鲁沙尔镇赵家庄），附南三里鸳鸯沟何家窑庄。”“杨家寨，附南十五里鸳鸯沟井尔庄（即今大东村）。”

鸳鸯沟是这条山沟的总名，火烧沟只是鸳鸯沟中一处地名。你只要进沟口前行约十里，沟两侧有两个自然村，西面的村庄地势较平坦，人口多，叫火烧沟村。探究村名的来历，估计是一次偶发事件引起的。火烧沟呈东西向，高山大沟，或许当年突发山火，将山坡深沟烧为一片焦土，后人称其地为“火烧沟”。后有人看到这里尽管这里干旱缺水，但沟两侧坡地较为平缓，山场宽阔，于是择地建屋，筑窖存水，后遂成村落，就以原名为村名，叫“火烧沟”。东面半山坡上的村庄山高坡陡，人口较少，叫井尔庄，后来统称为“火东”和“火西”了。其实，火烧沟村只是沟中众多村落中的一个，它的南侧还有孔家窑、水滩窑、张李窑、阴崖、阴坡、狼沟、史家窑、鲍家沟等自然村落。

经多次行政区划变化后，鸳鸯沟中狼沟以下归西宁市管辖，狼沟以上归湟中县管理。其中，孔家窑庄和水滩窑庄已简称为“孔家”、“水滩”，归湟中县鲁沙尔镇管辖；张李窑、鲍家沟、青山归湟中县西堡乡管理；火烧沟村划归西宁市城西区管辖。正因为前些年火烧沟成为城市帮扶对象，“近水楼台先得月”，与沟中其他村落相比，这里既有城里人不时帮扶济困，又有政府出面及时解决问题，条件要好得多，一时声名大振。有例为证：本来，火烧沟与海湖新区风马牛不相及，是两个不同地方的名字。海湖新区里有条风景优美的绿化景观带，那里引来的解放渠渠水，随沟哗哗流淌，其间曲径小桥，叠水成瀑；巨桥横跨，彩灯耀珠；芦苇遮堤，浮萍流连；芳草碧树，掩映两岸，让到过这里的人一呼三叹。但不知为什么，却把这么一处优美的景区也称为“火烧沟”！

徐家堡·双寨

西川南路上有个村庄，名叫“双寨”，它西邻新墩，东连韦家庄，是一个比较大的村子，与黑嘴儿村隔湟水相望。从大小石门流出的金纲水在村东流过，村庄四周平衍，土地肥沃，与其他村庄相比，比较富足。当你离西宁沿西川南路西行，过韦家庄，前面便是一溜慢上坡，双寨村其实就在高阜之上。双寨地处富庶的西川中部，赴湟源峡的西川南路正好穿村而过，由于特殊的地理位置，很早这里就有人建宅居住，村名徐家堡，从村名可知，当年这里由徐氏家族开土分茅，渐成村落的。

据清初由分守西宁道陕西布政司右参议苏铣于顺治十四年（1657 年）仲冬修成的《西宁志》记载，早在明万历元年（1573 年），由于地方不靖，战火连年，由都御史廖逄节奏请朝廷在边塞要隘“帮筑城堡”。此议得到准奏后，廖逄节即组织民众在官军协助下修筑寨堡，增设防护设施，此类工程遍及今湟中、大通、互助、平安、乐都和民和。当年共增筑 134 个堡寨，东到距西宁 200 里的高泉堡，北到距西宁 80 里的庙沟山城，西到距西宁 60 里的康缠堡（今多巴康城寨），南到距西宁 40 里的高峰山城，其中也包括徐家堡。徐家堡南通甘河滩，连接金纳峡、门担峡，地处西川南路交通要道，所以也处在这次修筑之内，在 134 堡中名列第 2。因西宁南川还有个“徐家山城，城南四十里”（即今徐家寨），所以《西宁志卷四·兵防志·堡寨》一章中记为“徐家北堡，城西四十里”。由于西川南路正好从徐家堡穿村而过，当年修堡时，人们在路两侧各修有一小堡，分称徐家北堡和徐家南堡，以期战时互为犄角，重在策应，不想这一设施竟使徐家堡村名改变，就像北川的双庙成为村名一样，人们竟以“双寨”取代了原来的村名——徐家堡。

20 世纪 60 年代初，青藏铁路从西宁延伸到海晏县，铁路正好从双寨村南通过，因而这里设有“双寨”车站，后来去青海钢铁厂（厂已撤，厂址在今甘河工业园区）的铁路叉线也从双寨车站引出，在过去公路交通不便的岁月里，双寨车站作为一处铁路客运站，知名度还是很高的。

改革开放后，双寨村利用当地交通便利的条件和土地资源，办起了砖瓦厂，红红火火的砖厂增加了村民收入，改善了村民的居住环境。近些年，村上农户已达500多户，2 000多人，虽然家大业大，但富裕起来的农民却把目光看得更远，曾成立了“青海祥瑞花卉苗木有限公司”，利用村上土地肥沃、水资源丰富、气候温湿、劳动力充足等有利条件，大规模生产康乃馨、唐菖蒲、香水百合等观赏花卉，因而成为青海最大的鲜切花育种基地，所产花卉运往西宁、兰州、宁夏等地市场销售，享有极高的市场声誉，年收入达300余万元。2008年北京奥运会期间，双寨“青海祥瑞花卉苗木有限公司”供应优质唐菖蒲5万株，曾被评为二等奖。富裕起来的双寨村现在不但是湟中县“小康示范村”、省文化厅命名的“小康文化村”，而且还被西宁市确定为“社会主义新农村建设试点村”。

二驴抬杠(耕地)

马坊口·塘马坊

西宁市区和近郊有几个很相似的地名，叫做“马坊”“马坊口”“塘马坊”。“马坊”在西川湟水河北岸，是东邻盐庄、西邻三其的一个自然村；“塘马坊”在南川，地处宁果公路边上，也是一个自然村，原属湟中县总寨镇管辖，目前已成为新建的城南新区中心；“马坊口”却在市区内，地处今西宁五中操场一带。现在除了马坊以外，马坊口这个地名已经消亡，塘马坊也即将消亡，说起这些地名的来历，还得从几百年前的西宁历史说起。

在元末群英争霸的烽火中，安徽寿州人莫得投奔朱元璋，后在随军征战中，因屡建功勋，朱元璋登上皇帝宝座后，莫得被册封为西宁卫世袭指挥佥事，坐镇西宁。据现存《古湟莫氏宗谱》中由晚清西宁著名书法家和诗人张思宪所撰写的序来看，西宁筑城时，莫得曾在长兴侯耿秉文的指派下，负责这一工程，因忠于职守，所筑墙体坚固而受到嘉奖，并恩准在城内选址建造莫氏府第。莫得所选地址即在今城内莫家街，200多年后，到莫与京一代，莫氏家族达到了显赫的顶峰，莫家街的地名也一直沿用至今。据《高原古城地方志通讯》记载，今莫家街中段偏南为当年莫家养猪的地方，后人称此地为“猪圈台”；南段原为莫家养马的地方，所以后人称此地为“马坊口”。随着城市房舍主人的变换和屋舍的改建，“马坊口”这一地名早已消亡。

塘马坊的得名与明清两朝的塘和卡汛的设置是分不开的。塘和卡汛是当时驻军警备的两种大小不同的关卡，俗说“十里塘坊五里墩（烽墩）”，一般设在交通要道或地形险恶之处，或间距有一二十余里的路程，派有兵卒把守，类似于今天的检查站。如果有人需要外出，“令行户邻里取保具结，报官给照（执照），令塘汛验收始往。”今四川绵阳市涪城区就有个塘汛镇，是个很有名的地方，说起它的得名，就是过去在这儿设置了塘汛的缘故。当年西宁周边也设有许多“塘”和“卡汛”，受当地协路营的管辖，《循化志》《西宁府新志》中就记有许多塘汛的名称，如巴暖营所辖就有艾湾岭塘、巴州塘、阎王匾塘等；千户营所辖就有西柏坡塘、拉脊山塘、押加沟塘、群加沟塘等；还有清水塘、孟达塘、阴山塘等许多塘。不过，随着历史的变迁和军事形势的改变，“塘”已经从地名中消失了，保留下来的“塘”，也由于人们书写的随意性，现在已写成“堂”了，如“阴山堂”“柏树堂”，只有化隆的“二塘”等地名还保持着远去的历史痕迹。

西宁南川土地平整，川原开阔，人民比较富足，加之南山有多处峡口，是通往贵德、青海湖、果洛地区的交通要道，进亦易，退亦易，所以自古以来成了匪徒抢掠的重点目标。正如明末清初梁质人的《秦边纪略》所记载的那样，西宁卫因“万山环绕，三峡重围，重岗复岭”的缘故，当年“西宁之受祸者，南川居多焉”。在过去交通不便的岁月里，为了加强南川的防守，这里“墩台相望，靡不周至”，其中设在今徐家寨的南川营和总寨的南川总堡，就是南川防御体系中的重点环节，这在《西宁志》、《西宁府新志》中都有记载，说“南川总堡，城南二十二里。”设“塘”的地方，一般都搭建有士卒住宿休息的屋舍，称为“塘房”，如《循化志》中就载有每处塘房的间数：如孟达塘房三间，清水塘房三间等。塘马坊因紧靠南川总堡，除建有士卒住宿的房舍外，另建有圈养总堡营马的马厩，所以人称“塘马坊”。谁能料想到数百年后，当初圈养总堡营马的地方，最近又成了西宁市城中区政府公务员办公的地点！

康缠堡·康城寨

自从甘河工业园区辖区扩大后，汉东川划为甘河工业园区“西区”，伴随着现代社会经济的发展和农村改革步伐的加快，原来的汉东、扎扎、田家庄、杨家滩、拉卜尔等十多个村庄即将渐渐消失在人们的记忆里。人们说，古村落是我国宝贵的文化遗产，被誉为经典的民间文化生态“博物馆”，其中蕴含着深厚的历史文化信息，是中华民族优秀传统文化的重要载体和象征。但随着这些村落的消失，其所蕴涵的大量文化信息、形态也将随之消失。这个损失将是无法弥补的。所以，加强对这些村落历史的研究，留下一份珍贵的资料，更显得十分迫切。

汉东川就是史书上多次出现的“大康缠”。说起“大康缠”，还得从罕东部落说起。元末，在西宁州西北直至青海湖及今贵德黄河北岸的一大片区域里，有一支以游牧为生的罕东部落。明洪武二十五年（1392年），凉国公蓝玉率兰州诸卫将士征罕东，罕东部众逃散，西宁卫名僧三剌为书招降，散亡牧民又重聚故地放牧。洪武三十年，罕东首领锁南吉剌思入贡，明太祖朱元璋下诏设立罕东卫，以锁南吉剌思为都督佥事。洪熙初，西宁土官李英奉诏西征安定、曲先卫，罕东卫指挥绰里加率部众随军出征。战事结束后，绰里加怕曲先卫等前来报复，请求“移近西宁以居”，因得明宣宗准许，遂在今西川一带居牧。明洪熙、宣德以后，因种种原因，大部分罕东人离开原来的牧地，越过祁连山，来到玉门、安西、敦煌一带游牧，随着牧地中心的转移，罕东卫亦移到玉门、安西附近。罕东卫移往敦煌、安西以后，仍有17 300余人留居今汉东堡一带。随着正德初年蒙古亦不剌掠西海、犯西宁，罕东部众又“散徙”，仅剩50余人，只得依附邻近较强大的西纳、申中部落。驰骋青海湖畔、日月山两侧数百年的罕东部落终于在岁月的研磨中消亡了，只留下了以部族名命名的“汉（罕）东堡”这一地名留传至今。

罕东部落消亡后，原辖地被笼统地称为“康缠”，地域包括今湟中西部的甘河、汉东、大才、维新、共和和盘道（折科）地区，由于地域跨度较大，人们把汉东和甘河（原坡家）称为大康缠，汉东川以西称为小康缠，在明万历年间“湟中三捷”之一的西川之战中，明军与西海蒙古交战的主战场即在大康缠，所以“康缠”一词曾多次出现在史料中：“康缠边外惊尘绝，白石崖前酋影灭。”“倾巢海寇伺康缠，猛士云屯奋欲前。”……

当年西海蒙古入侵西宁时，常走的路线是南川捏耳朵峡和西石峡，西川南侧乱山纵横，路出多岐，为加强防御，明万历元年（1573年），都御史廖逄节就在大康缠沟口修筑康缠堡，驻兵把守。事实证明，康缠堡与干河沟口修筑的兴屯堡（今多巴新墩）互为犄角，在西川之战中发挥了极好的作用。

康缠堡背倚大山，左邻李家庄、通海村，右接大崖沟、大水滩（即新墩），前临肥沃的西川原野，土地平整，利于灌溉，当年边患消除后，康缠堡与兴屯堡的军事价值随之消失，当初一些战乱中为求安全、倚堡而居的农民遂成为村民，军事据点很快成为村落。由于堡寨不分，称呼时音变，加之“缠”字难写，以讹传讹，康缠堡渐渐被称为“康城寨”了。如今，迁出汉东川的大批农民已入住西川湟水河南岸、康城寨北的一大片住宅区内，小区被冠名为“康川”，大概也是康缠、西川地名的浓缩吧！

小泉堡·小寨

离西宁沿 109 国道西川南路西行过实惠沟桥，再过铁路箱涵，路标 20 公里处有村名“小寨”，属湟中县多巴镇管辖。西宁周边以“小寨”为村名的比较多，如东川的王同堡就称小寨，北川二十铺镇有村名小寨，大通景阳镇有村也名小寨，互助红崖子沟乡有村也名小寨。其实，数百年前，多巴所属的小寨村名称“小泉堡”，这在明《西宁卫志》和清初《西宁志》中都有明确记载。《西宁卫志·堡寨·西川》一节中说：“去西川三十里，又五里有乌思巴堡（今堡子），又五里，有小泉堡，五十里有韦家堡（今韦家庄），又五里，为甘河新堡（今新墩），六十里有康缠堡（今康城寨）……”《西宁志卷四·兵防志·堡寨》一节中说：“小泉堡，城（西宁城）西三十里”，与徐家北堡（今双寨）、深涧堡（今张家湾）相邻。明万历元年（1573 年），由都御史廖逢节议题，在小泉堡“帮筑城堡，志书（指《西宁卫志》）未载，今增入”。可见，小泉堡曾经筑有城堡。小泉堡城堡高三丈五尺不等，加帮底阔七八尺与五六尺不等，顶阔一二尺不等，添筑敌角护门、墩台、悬楼、敌角门楼，俱不支钱粮。可见，城堡的维修与管理，官府只是尽催促、监督的责任，完全由村民自己管理维护。小泉堡城堡旧址在村中高阜之上，今青藏铁路路北，20 世纪中叶尚可见到残基，今已全毁。

小泉堡南依大山，北近湟水，西邻韦家庄，东隔实惠沟河与阴山堂相望。堡前土地平衍，土质肥沃，由于西侧双寨、韦家庄两村地势较高，这里相对低下，水位高，掘地不深，即见清泉，当年村寨定名“小泉堡”是有道理的。后改称小寨，是因为与徐家南北两堡（双寨）相比，显得规模小，渐渐改称为“小寨”了。

20世纪50年代后期的“大跃进”中，小寨村北的耕地里，有单位建起了高数丨米的炼钢炉烟囱，烟囱上大书“鼓足干劲，力争上游，多快好省地建设社会主义”的标语，但好景不长，厂房还未建成，“钢铁元帅”就下马了，所遗的那座孤零零的烟囱一直矗立到“文革”结束，才被村民所推到。但村东建起的“西川砖瓦厂”和“养鹿场”一直保留了很长时间。

西川砖瓦厂和养鹿场并没有给村上带来多大的实惠，但改革开放后的30年却让村庄彻底变了样。乘着改革的春风，富有经商意识的小寨人瞄准了青海油菜籽资源丰富的优势，纷纷购置榨油设备，跑万家，串千村，收购油菜籽，广泛联系客户，出售清油和麻渣，许多人从中尝到了甜头，拿时髦的话说，从中捞取了创业的第一桶金，成了当时有名的“万元村”。如今，小寨已成为青海东部农业区依靠发展“油龙经济”致富的典型，仅2009年一年，全村就加工油菜籽20多万吨，已占我国西北油菜籽生产区青海省加工份额的50%，不仅将清油远销到甘肃、四川、陕西、内蒙古和西藏，还吸纳全村1 000多人从事油料加工。据青海新闻网介绍，累计营销收入达3.6亿元，实现利润1 800多万元。至今，年加工油菜籽万吨以上的专业户就有7家，年加工3 000吨的就有17家。小寨村真正实现了企业＋基地＋农户的产业化经营，已经成为了青海省有名的“油菜籽深加工车间”和“最大的粮油生产集散地”，难怪只要你路过村前的109国道，远远就会闻到那沁人心脾的油菜籽清香。

新增堡·多巴

多巴在西宁城西的大西川中，东距西宁仅25公里。就像古时的伯颜川今叫西川一样，多巴曾经有过的名字如临羌新县、林金城等早已淹没在历史的风尘之中，如今人们只把它叫做“多巴”。清末西宁才子基香斋在《湟中怀古》诗中说：“开辟湟中忆汉家，边城近海即天涯。”多巴虽是近海之地，但它西接西石峡，背靠西纳川，前瞰大西川，湟水和临羌溪水交汇于镇北猪头山山脚下，沃野四拱，清流蜿蜒，自古是西川形胜之地，可惜的是2 000多年来，“平畴万顷绿纵横，此地当年苦战争”，猪头山下是肥沃的湟水谷地，自古是兵家必争之地。早在2 000多年前，这里就是先零羌的天下，后先零羌首领杨玉叛汉，“汉遣后将军赵充国平之”，此后，从平安到这里成了营平侯赵充国屯田活动的中心。据1982—1986年青海全省文物普查发现，多巴地区是青海境内汉墓分布最密集、数量最多的地区之一，汉墓群东起吴仲、巴浪，西至尚什加，北至西纳川河东岸的端巴营，南达今通海，20世纪五六十年代，这里尚巨冢累累，东西相望，历半个多世纪的沧桑巨变，现存的已寥若晨星了。经考古发掘，这里出土了大量的陶仓、陶井、陶罐、陶壶、陶灶和铜刀、铜弩机、货币等文物。这些文物无可争辩的证明，多巴地区是汉王朝在湟水中上游一带的活动中心。猪头山下的破塌城是目前我省除西海郡及下属四城之外的汉代古城，即临羌新县。经2 000多年的风吹雨打，到五六十年代时，此城基本上仍保留有全部轮廓，当时东、南、西各有一个“豁口”，正方形，边长约250米，1986年曾被批准为省级文物保护单位，可惜的是现在已面目全非了。多巴地区现存有两座古城遗迹，这和《十三州志》作者、北魏人阚骃所说的“（临羌新县故城）在郡西一百八十里，湟水经其南，城有东西二门，西北隅有子城”相符，其西北的子城被当地人叫做“蕃城子”。据史料载，魏晋间西平郡临羌县迁于此地，史称临羌新县。之后，史书中常出现临谷城、历精城、林檎城、林精城、林金城、宁西城，均是临羌城的转音。破塌城南距湟水1公里，东距西纳川河（古临羌溪水）800米，西北依猪头山，这里曾出土了9枝铜灯、铜镜等重要文物，文化沉积层厚，证明过去人们在此城居住时间之长。

由于是“临边之地，文献罕征”的原因，有关多巴镇北白象山的文字记载，只见于清乾隆年间成书的《西宁府新志》中，其中载：“白象山，西去县治（西宁县）三十里，以形拟名。”书中还说，新增堡即今之多巴。

白象山确实像一头肥硕的大象，矗立在大西川中。从镇海堡北望，由于山之西为羊圈沟所断，此处独立成山，它头东尾西，体态雄壮，脊背浑圆；一扇大耳，垂于头侧；一只小眼，在耳前偷偷窥视。脑袋凸起，似在拱行。更令人叫绝的是泪眼模糊，长年清流不断，似乎腹中有诉说不尽的冤屈，难对人言。民谚说，猪生九胎，必生一象。在今天看来，这是绝对不可能的，但老百姓把白象山叫做“猪头山”，猪和象确实有些相似，把它称为猪头山也是对的。

据当地老百姓说，猪头山上的猪眼中流的是药水，人如果有胃病，如消化不良、胃酸等，只要喝上几次此药水，就会立见功效。可惜此水只是猪眼中流出来的，虽清流如丝，但量不大，更显得弥足珍贵。所以求药水者常提塑料桶在此等候多时，才能满足要求。真是“物以稀为贵”，不然就像上新庄的药水泉一样，这儿还要修个游泳池哩。浑圆浑圆的白象山脊背上筑有一座土墩，高数米，墩周尚植有几棵杨树，每当盛夏，这里绿荫婆娑，在光秃秃的山脊上显得分外耀眼。也许人们把这儿当作了“山神”的所在地，在每年特定的日子里来这儿焚香诉愿，祈求平安。但史料中却明明白白地记载，这儿是400多年前的“伯颜川墩”所在地。《西宁卫志》在“兵防·烽墩”一节中载，“伯颜川墩，城西五十里。”烽墩，即常说的烽火台，周幽王为让褒姒高兴，千金买一笑，“烽火戏诸侯”，留下了千古笑柄，但青海西宁周边的烽火台却筑于明代。当年为防“海寇”之患，“孤悬海外”的西宁卫不惜动用巨大的人力和物力，在湟水谷地四周高山之巅、视野开阔之地修筑烽墩，以起观敌情、通信息的作用。史载当时西宁卫“领烽墩七十有四，（有）守瞭军三百四十五名”。

据《青唐录》记载，“北宋崇宁三年夏四月十二日，王师入青唐城，十三日，复林金城、溪兰宗堡，置兵将守之。”“五月甲申，改鄯州为西宁州，林金城为宁西城，溪兰宗堡为清平寨。”可见当时还没有“多巴”这个地名。由于林金城是西域商人来往贸易的重要物资集散地，所以《宋史·吐蕃传》说：“唃厮啰居鄯州，西有临谷城通青海，高昌诸国趋鄯州贸易，以故富强。”元明朝间，隆卜族所属多巴族入住此地，据《西宁卫志》记载，后来西纳族的多巴禅师居其地，遂有“多巴”之名。怪不得成书于清初的《秦边纪略》说：“多巴在湟水之西，其地名不著于昔，盖新创也。”顺治时此地已是“皆高堂大厦，且有仓厫，小河激水转硙（水磨），男耕女织，且有老学究授四书、毛诗章句者。……土屋相连，居然大市。”时至如今，风光如旧，多巴仍是西宁西川最繁华的地区。

陶家寨·大堡子

西宁西川北路有个较有名的村庄，名叫大堡子。它东距省城15公里，西距多巴约10公里，早在20世纪五六十年代，省上一些厂，如第一机床厂、3419厂等相继在这里建成。作为1949年后西宁早期的西川工业区，大堡子早就为人们所熟知。西宁地名中以“堡”作名，已有近千年的历史。这些堡一般建在险关要隘、交通枢纽之地，作为军事据点，是过去封建王朝地方防御体系中重要的一环。大堡子原名“陶家堡”，是由陶氏家族最初聚族而居，并以族姓命名的。西宁周边以“陶家堡”为村名还有多处，如城北区二十里铺就有陶家寨，互助沙塘川也有个陶家寨。据《西宁卫志》记载，西川陶家堡是西宁周边63堡寨之一。它东通西宁，西连多巴，背靠云谷川，地处枢纽之地。当年这里筑有土城，高三丈五尺，加帮底阔七八尺，顶宽一二尺，修筑有敌角护门、墩台、悬楼、敌角门楼。修缮费用由堡民自筹，官府

卡约文化铜鬲

"俱不支钱粮"。

陶家堡建成后，因子孙繁衍，陶氏家族分支子孙在其西五里处另筑起一座小堡，为区别起见，老堡称为陶家大堡，新堡称为陶家小堡。之后人们又嫌叫起来啰嗦，简称为陶大堡、陶小堡，也有人更简称为大堡子和小堡子。陶大堡因地处西川多巴至西宁大路的中段，路人行进到这里时已经人困马乏，正好是歇足加餐之地，所以很早这里路侧就建有车马店、饭馆和小卖店铺，与当时冷清的陶小堡相比，这里过往人多，所以显得热闹多了。随着岁月的流逝，多代人口繁衍，当年的小堡子又发展成为一个大村，即今西川陶家寨，今又分为陶南、陶北两村，是属于大堡子镇的两个自然行政村。青海人一般称小孩乳名，往往在名字后缀以"儿""子"等词尾，带有昵爱之意，如"尕姐儿""尕宝儿""添寿子""来财子"等。后又把这缀在村名之后，形成了河湟地名中的特殊现象，如"尕庄儿""圆树儿""寺台子""圆堡子"等。人们常说："儿子大了，老子罢了"，既然陶小堡成了陶家寨，陶大堡只得屈尊让位，干脆就称"大堡子"，与"陶"字彻底绝了缘。

如今的大堡子已完全融入了城区，作为省城柴达木路街区的一部分，尽管西川北路穿村而过，但路两侧店铺林立，熙熙攘攘，终日人声鼎沸，漫步其间，再也难以寻觅到一丝当年的田园风光了。

新园堡·新平

新园堡位于西宁西川石灰沟中段，只要沿西宁西川南路西行十余公里进沟，再前行8公里，路左侧村庄便是。也许人们嫌"石灰沟"其名不雅，一些资料中称为"实惠沟"。石灰沟土层肥厚，水源丰沛，灌溉设施健全，是湟中有名的产粮区，所以称为"实惠"沟，倒也是名副其实的。新园堡与实惠沟西堡、寺尔寨毗邻，从村名看，古时有人披荆斩棘，在此卜地建屋，人称其家为"新园（院）"，之后不断有人迁来就近安居，遂成村落。但新园堡村名虽新，却是一个历史悠久的村庄，在清分守西宁道陕西布政司右参议苏铣于顺治十四年（1657年）仲冬修成的《西宁志·兵防志·堡寨》中就有关于它的记载："乌思巴（今堡子）、两其（今两旗）、葛家（今葛家寨）、新园……（堡墙）高一丈二三尺与八九尺不等，连旧城墙共高三丈五尺，加帮底阔七八尺与五六尺不等，顶阔一二尺不等，添筑敌角护门、墩台、悬楼、敌角门楼，共七百八十八座，俱不支钱粮。"可见，当年时局不靖，新园堡的守护费用全由堡民自理，"官府俱不支钱粮"。《西宁志》中所载堡寨城堡都为明代嘉靖、万历年间为防"海寇"之患而建，可见新园堡村的形成，大约已有500年的历史了。后由于人们书写时的随意性，常被写为"新元堡"，也许是人们嫌其名不雅，解放后的1950年，改称为新平村。

新平村所在地地貌较为特殊。它西邻实惠沟河，东邻上西河，上西河发源于塔尔寺，属于季节性河流，由于实惠沟河和上西河的常年冲刷，自鲁沙尔西山至新平村，形成了一条长约9公里、高出河床数十米的垣台，有名的葛家寨、东两旗、东堡等村庄大都就建在这条垣台上。垣台状如游龙，一直延伸到新平村所在地，由于两河在此交汇，垣台中断，断崖十余丈，翘首北望，新平村就坐落在垣台的终端，人们在垣台上筑墙架屋，居家生活。断崖处建起龙王庙，人们称其为庙嘴山。庙嘴山山坡上花草密布，松树成林；山右侧有一泉，人称大河泉儿，汩汩清泉，终年流淌，村民就近即可享受游览山林之趣，泉水之乐。山上庙宇分前后两院，建有南北两大殿，东西两排厢房，山门、影壁俱全；南门外一块十多亩的平地，人称台子场，是村民集会、演社火、民兵操练的场所。据在世老人讲，新平村城堡被人们称为"寨子"，到20世纪"文革"期间，堡墙虽已残破，"狼烟已随风尘去，夕阳寒鸦吊残垣"，但南、北寨门尚存，其中北寨门上还有寨门楼，那是供奉汉传佛教王母娘娘佛像的地方，人称"冬寝宫"；隔上西河的东山腰还建有夏寝宫，人称娘娘庙，庙内有树龄200多年的三株苍松和官院（村公所）。

据村上《族谱》记载，村上李、张、陶、鲍四大姓先祖皆为明洪武年间从南京迁徙而来，为了生存自保，防御匪患，自古就有自愿组练团勇，保卫乡梓的传统。因此民风淳厚、强悍，加之这里得天独厚的地理条件，寨堡防御设施十分完善。冷兵器时代的刀矛到清末时已渐渐被取代，庙嘴山上已架有铸铁火炮，团勇执有火铳、鸟枪和抬枪等火器，由于同治年间一次防御有功，塔尔寺九世阿嘉活佛曾亲奖两门铜铸火炮和数支抬枪，并亲临村上，主持庙嘴山上铜炮安放仪式。炮管上刻有汉藏铭文，彰显了民族团结、共保地方安宁的意愿。可惜这两尊铜炮在20世纪“大跃进”年代里损毁，劫后余生的两杆抬枪现存于湟中县博物馆。

新平村另一特色是村上有个历史悠久、演技高超、人才辈出的秦腔戏班。据西宁市秦腔剧团原编剧柴景春先生所撰《西宁市秦腔班社琐谈》一文介绍，清同治年间虽是多事之秋，然而秦腔戏班仍在演出，“涌现出了像湟中县西堡乡新园堡、土门关乡贾尔藏等业余秦腔剧团。”村上剧团保存有200多本由艺人口授、雇人手抄的戏文和完整的戏箱，当年手抄一本戏文，需付酬金小麦一斗，可以想象，在当年经济条件落后、财力匮乏的岁月里，如果没有村民的倾囊捐助，热情支持，是难以置办起这些东西的。直到20世纪三四十年代，村上先后涌现出了像鲍惠忠、陶永玉、贺德孝、李善堂、周吉满、张秉忠、鲍占金等一大批艺人，他们除主业以外，利用空闲时间，或组班演戏，或应聘到西宁市、河湟近县专业剧团、戏班登台演出，从而使新平村戏班声名远播。据说因村上戏本多、内容丰富、保存完整，解放前后一段时间里，西宁专业剧团还常来借用和翻抄。这些戏文和戏箱一直由村民精心保存到“文革”，但在那个混乱的岁月里，却被当作“四旧”焚烧，有人冒着被批斗的风险，从火堆里“偷”出了一身“大靠(戏装名)”，1977年后，他将这身“大靠”交给了剧团，剧团在整理中发现，“大靠”背面竟有“大清同治十年冬十月吉”和四位捐赠者姓名的字样。同治十年为1871年，对于这些150年前后物件的损毁，只能使人扼腕长叹！新平村作为一个文化示范村，至今仍活跃着一批文艺爱好者，随着历史的潮流，他们会将已有500年历史的新园堡——新平村带进更具活力、更有特色的新时代。

罗家湾·乐家湾

乐家湾，原名罗家湾，系西宁东郊湟水南岸的一片荒滩，沿水边低地，很早就有农民开垦居住。拓荒之初，因姓罗者居多，且临河湾之故，名为罗家湾。西宁像这样命名地名的，湟水沿岸不知还有多少处：如张家湾、苏家河湾、刘家河湾（今人民公园）、李家河湾（今省党校）等。罗家湾是个历史很悠久的村庄，早在明万历二十三年兵备道刘敏宽所修的《西宁卫志》中，就载“东去卫治二十里有罗家湾堡”；清顺治十四年由分守西宁道陕西布政司右参议苏铣所撰的《西宁志》中，就载有“罗家湾堡，城东十五里”；1914 年，陇上名士周子扬路经此地，曾在《宁海纪行》一书中记载，罗家湾当时只有十余户，但到 20 世纪 30 年代时已分为上下两庄。

罗家湾地区因南山列屏于后，湟水荡波在前，其四周土地平坦，且临甘青大道，西接西宁城垣的缘故，自古是兵家注目之地。《西宁府新志》曾记载，据说此地曾是汉将安营处，所以称为“汉将营”，20 世纪 40 年代国民党西北考察团团长罗家伦曾在《征车抵西宁》一诗中，提到汉将营：“河湟重镇建名城，鼓角曾闻霍赵营”。这里提到的“霍赵”，即指西汉武帝、宣帝时开拓湟中的霍去病、赵充国。《水经注》载：“湟水迳西平城后，又东，合葱谷水，又东，迳东亭北，东出漆峡（小峡）。”据周子扬判断，东亭即在罗家湾。是否古时在此设亭作为最低一级的行政管理机构，还是路边建亭，以供达官显贵以酒饯别、行人商贾憩足之所，不得而知。假如真像灞桥折柳的十里长亭一样，夕阳下，古道边，也许在这送别之地的黄土里，曾滴下过多少多情儿女的眼泪。

罗家湾作为西宁近郊一个普普通通的村庄，真正扬名青海是青海建省后的 1931 年开始的。1931 年，正是马麒去世，其弟马麟接替大权，出任青海省政府主席之际，当局决定在罗家湾南山根一带，征地修建飞机场。乐家湾飞机场修建工程紧紧张张地进行了一年多后，平整了长宽各 1 000 米，面积达 100 万平方米的一块空地。次年，国民党政府交通部计划开通上海至迪化（今乌鲁木齐）民航班机，该航班途经西宁，为此电告青海省政府在原来的基础上扩建飞机场。马麟责成省建设厅、新编第九师司令部（该师驻南大街火神庙）和交通处三单位会同修建，同年6月5日，强征民工350人、泥水匠90人、骡驮水桶40副、骡车10辆，并准备石灰、胡麻草、麦草等原料，用砂石、胶泥修筑场地，将原来的飞机场扩为长宽各1 600米，面积达256万平方米的场地，场地中心“涂直径40米的白圈，场地四周用石灰涂成断断续续的白色长方形虚线，每块长5米、宽0.5米，用于指导飞机降落”，至此，乐家湾机场宣告基本竣工。1933年4月，欧亚航空公司经理李俊景为开辟航线，从南京首航西宁。当时，他乘坐的飞机在西宁城垣上空旋转三圈后，降落于乐家湾飞机场。那是西宁人第一次在家乡见到飞机，万人仰望，欢声雷动。随即西宁航空站成立，大通人赵有德被委任为首任站长。

河西战争中马步芳因对红军西路军进行了疯狂堵截，战事结束后，又将被俘将士进行了凶残杀戮，因而博得了蒋介石的信任，终于取代马麟，由青海省代主席升任为青海省主席，成为蒋介石在西北的一支重要的反共力量。1937年秋，为了巩固自己的统治，加强西宁地区的军事力量，马步芳又把罗家湾划为驻军区，强令罗家湾农民迁移到四周贫瘠之地，在划定范围内平整校场，修建军事首脑办公区和士兵营房，威严的军营大门被定名为“长胜门”。并驱使被俘西路军战士在军营南侧的车骑沟开挖窑洞，以供大量被拔来的壮丁居住。同年，新二军军部从城内兵部街迁往罗家湾，一时间罗家湾地区成为西宁地区最大的军事禁区，哨楼高耸，营房林立，军号声不绝，路人为之侧目。之后马步芳又将罗家湾改名为“乐家湾”，以示这里像欢乐的家庭一样，让广大被强征来的士兵在这“欢乐的家庭”里接受严格的军事训练，将来好为他效忠卖命。青海《花儿》里唱：“马步芳修下的乐家湾，拔走了心上的少年；淌下的眼泪和成个面，给阿哥烙给个盘缠。”凄凉的唱词印证了这里并不是真正的“乐家湾”。但从此“罗家湾”易名为乐家湾，原名却被渐渐淡忘了。

乐家湾军营建成后，作为马氏家族的政治和军事资本，在马步芳心目中占有极其重要的地位。只要他人在西宁，三天两头都要来到这里，事必躬亲，亲自训话，亲自指导训练，亲自督查军演，亲自检查营区卫生，天长日久，甚至连营区一些中下级军官的姓名、籍贯都牢记于心。据有关史料记载，他在一次巡视中，看到一位副团长衣领很脏，就当着士兵的面训斥：“穿戴得就像个卖油郎，你当什么团副哩，去挡牛羊还差不多。”果然不出几天，那个团副就被调往尕玛羊曲牧场了。据父亲讲，有一次上早操时，马步芳看到一位连长因故殴打一位士兵，为杀鸡给猴看，这位连长让其他士兵列队观看，这使马步芳很生气。他立即命令其他士兵将连长按倒在地，让士兵用该连长打人的皮带狠狠抽打，以消士兵的怨气。其实这只是马步芳收买人心的一种手段罢了。

1937 年抗日战争爆发后，全国同仇敌忾，群情激愤。国民党军事委员会要求青海也派出骑兵师出关参战。马步芳接到命令后，以原青海海南警备司令部所属第一旅为基础，拼凑原驻防在河西走廊的马步青部的一部分，并征调大通、互助、湟源三县的民团，共 8 000 多人组成青海骑兵师，下辖三个旅。调派原海南警备第一旅旅长马彪为师长，赵仁为参谋长，龚浔为政治部主任，马元祥、马禄、马秉忠为旅长，率兵在乐家湾进行高强度训练。同年 8 月，国民党军事委员会颁令该师为暂编骑兵第一师，开赴抗日前线。9 月 1 日，欢送的单位职员、城乡父老手执红旗，从东郊大校场一直排到乐家湾，场面极为壮观。当日，马步芳身着将军装，在这里对暂编第一师全体官兵做了动员讲话，并按旅团序列进行检阅，然后在军民的热烈欢呼声中，骑一师誓师出发，开始了青海骑兵师东下抗日的悲壮历程。据张国祥《东征从军记》一文记载：当天马步芳骑着高头大马，与随从的 40 多名官员一起，一直将骑一师送到了小峡外，互致告别后，还策马登上路边小丘，直到目送看不见队伍为止，真有点“素骥鸣广陌，慷慨送我行”的味道。

1938 年冬，马步芳为了适应扩军、提高部队素质和抓紧培养中下级军官的需要，仿照李宗仁、白崇禧割据广西的所谓“新县制”办法，在乐家湾修建基地，举办了“骑五军、八二军军官训练团”。训练团除轮训现职军官外，亦从学生和卫士中培训下级军官，如 1940 年秋，他从昆仑中学中一

蒋介石巡视青海时与马步芳合影

次就选拔570多名青年学生，仿照蒋介石中央陆军军官学校的办法，实行严酷的军事训练，后来这些学生大部分在战争中为他充当了炮灰。到1943年，骑五军、八二军两军合编为第四十集团军后，训练团随之改为“第四十集团军军官训练团”。1947年，随着整编八二师奉命开赴陇东，“军官训练团”才被撤销。

1942年夏，正当抗日战争正处于艰难时期，蒋介石为固守西北，指示蒋经国、蒋纬国兄弟二人从重庆乘飞机翻越秦岭来西北考察访问。8月，为蒋介石来西宁视察做准备，蒋经国、蒋纬国兄弟二人先期自河西乘车来宁，在西宁，他俩在马步芳的精心安排和陪同下，专赴乐家湾军营进行参观，回去后，蒋经国就西北考察的感受，写成《伟大的西北》一书，书中写到“乐家湾军营整洁，（马家军）骑兵技术很不错，将来在抗战建国中，一定会有更大的贡献。”26日，时兼任国民党军事委员会第八战区司令长官的蒋介石从兰州乘飞机来西宁；27日，宋美龄亦飞来西宁，随同的有钱大钧、朱绍良、胡宗南、戴笠、白崇禧等高级官员。为迎接蒋介石来宁，马步芳事无巨细，亲自检点，除西宁街道遍盖黄土、洒水除尘，临街商户摆出盆栽鲜花外，马步芳亲自挑选官员在省府值班，自己则身着戎装，在三堂恭候。在乐家湾飞机场，蒋介石检阅了马步芳部队。马家军以军容整齐，士气高昂，受到蒋介石的赞许。为了拉拢这支以屠杀西路军而博得蒋介石信任的地方军，蒋介石除犒赏银元10万元外，强调“青海乃主义之前卫，国防重镇”，称誉“马家军为岳家军”，希望马步芳“精忠报国，以岳飞期许。”留青三日后，从乐家湾飞机场乘飞机飞往酒泉，到新疆视察。

蒋介石视察青海后，马家军的实力给他留下了很深的印象，第二年的9月26日，国民党军事委员会下令在青海成立第八战区第四十集团军总司令部，马步芳被任命为总司令，马步青为副总司令，下辖骑五军、八二军，驻军乐家湾。

1945年8月16日夜，寂静的乐家湾兵营里突然响起了杂乱的枪声，驻军八二军参谋长金耀星饮弹毙命，这就是震惊河湟的“乐家湾兵变”。正在重庆开会的马步芳闻讯大惊，旋即返青，随即对八二军炮兵团营长马乙思哈等参与者进行了血腥的镇压，首谋席老三、吕赛什典等被捕后受尽严刑，被排枪击毙，乐家湾公路两旁的民房也被夷为平地，300多名无辜的群众亦受株连，多数因此丧命。“乐家湾兵变”虽只是马家军内部争权夺利矛盾激化后的一场火拼，但一叶知秋，从中可以看出，旧政权即将崩溃前众叛亲离的飘摇局面，同时也说明了曙光来临的时间不长了。1946年，为了加强对地方的统治和防范，青海保安司令部成立，马步芳兼任司令，司令部即设在乐家湾。

内战爆发后，不自量力的马步芳秉承蒋介石的旨意，于1947年3月26日，派整编八二师所属一百旅由旅长谭呈祥率领，从乐家湾出发，赴陇东参加内战；4月1日，骑兵第八旅相继从这儿出发，马步芳在乐家湾为此举行隆重的欢送大会；4月4日，任陇东兵团总指挥的马步芳独子马继援率部，分乘150多辆汽车，浩浩荡荡地从乐家湾东去，成千上万无辜的河湟农家子弟，从此永别故土，充当了马氏家族的炮灰，最后埋骨在甘陇的黄土里。

1949年8月兰州会战中，马步芳家族惨淡经营了数十年、赖以维持统治的军队全军覆没，被夸为“岳家军”的残部如鸟兽散，各自奔命。马步芳不等解放军渡过黄河，就已逃之夭夭。逃跑中的马继援取道甘肃永登、互助，从互助北山郎士当峡回到西宁，据已故李文实先生生前回忆：“马继援快进乐家湾兵营长胜门时，岗楼上的哨兵不知何故，忽然开了一枪，子弹从马继援车顶上呼啸而过，这使他更加心惊胆战，不敢在乐家湾久留，随即返回馨楼。”马继援回馨楼后，看到人去楼空，一片狼藉，百感交集。当晚他蜷卧床上，让随从找来一张熊皮铺在地上，陪自己度过难熬的一夜。据史料记载，第二天早晨，他绕馨楼转了数圈，之后“上午在西宁街上整个转了一遍，下午从省政府步行出东稍门才上汽车，由司机曹德发送到了乐家湾飞机场。飞机上除了给他留的位子外，全部坐满了马氏家族的要人，马继援满眼含泪，一语不发，眼看着十二师师长杨修戎被手执手枪的 129 军新编第一师师长马璋赶下了飞机。”马继援乘坐的是美国陈纳德航空队最后一架飞机离开的，他也是最后一个登上飞机的马氏家族的要员。随着他的黯然离开，马氏家族三代统治青海 40 年的历史，到此才算画上了一个惨淡的句号。

西宁解放

“青山依旧在，几度夕阳红。”据西北野战军一军的孙巩回忆，1949年9月3日拂晓，他们沿着兰青公路疾驰40里，于10时前后分两路包围了乐家湾，并占领了飞机场，还缴获了三架不能起飞的飞机，从此，乐家湾这块洒满人民血泪的土地，又回到了人民的怀抱。

安西堡·大营盘

老一辈的人都记得，西宁西门外通往小桥的大道边，曾有过一座土筑城堡矗立在田畴之中，名为“安西堡”。安西堡筑成百余年后，墙垣早已拆毁，遗址今已荡然无存，其地的一部分已作为西宁市城西区五四大街小学校址，只能看到祖国下一代缤纷的花朵，只能听到孩子们天真无邪的欢声笑语。

1867年6月，清王朝镇压了太平天国起义之后，腾出手来任命左宗棠为钦差大臣、陕甘总督，率湘军兵分三路，赴西北镇压回民起义。五年后，湘军统领刘锦棠率军6 000攻占西宁，然后以西宁为据点，分兵镇压大通、化隆、循化、贵德等地起义军。为了便于指挥，刘锦棠选定城西扼三川要隘之地筹建大本营。青海平定后，清光绪四年（1878年），清军统领安西军提督喻胜荣在原址督工修筑了长宽各两里的一座城堡，因是安西军所筑，所以定名为“安西堡”。安西者，以武力使西宁安定之意也。安西堡墙体宽厚，底宽两丈，顶宽一丈，只设东门，以便与西宁城西门遥相呼应，易守易退。堡内修有营房，安排湘军驻扎。安西堡背扼西川口，左控北川进西宁城要道，右制南川口，地处要冲，足见刘锦棠当初选址的良苦用心。它因是军队驻地，又被老百姓俗称为“大营盘”，直至清末，为“弹压地方”，这里一直驻有一标常备清军。1911年乔寿山发动“元山尔反清起义”时，曾派人联络的大营盘“新军”，即指这一标常备清军，当时由于消息外泄，联络中断，致使起义失败。

清王朝覆灭后，马麒主政西宁，大营盘便又成为宁海军驻军之地。经过数十年的苦心经营，马家军阀在西北成了一支举足轻重的力量，因而引起蒋介石的疑忌。1934 年，国民党政府为了在青海培养亲蒋势力，曾与青海当局交涉，欲在大营盘筹建中央政治学校西宁分校，以加强对青马的监视。马步芳对此心知肚明，虽然如鲠在喉，很不愿意，但自度难拒，只得将驻军迁出。同年 10 月 15 日，西宁分校在大营盘正式成立。据赵仰仑老先生回忆，当年西宁分校实行公费，每年只招收一期简易师范班，学制四年，面向全省招生。该校兼收女生，这在青海教育史上尚属首例。虽名为国民党“中央政治学校西宁分校”，但从建校之日起，就具有师范教育和民族教育的性质和特点。

学校成立后，国民党军统委派周觉生出任学校主任，并秘密配备电台，在这高墙深院内与南京架起空中通道，通报青马的一举一动。但不久消息外泄，周觉生等因身份暴露，处境十分尴尬，只得相继离青。1940 年，学校被国民党教育部接管，更名为国立西宁师范学校，1946 年又改称为国立西宁边疆师范学校。1942 年后，康世诚、杨质夫曾先后担任学校校长。杨质夫是青海省互助县红崖子沟老爷庄人，为青海近代知名学者。据赵仰仑老先生回忆，杨质夫早年曾在西藏哲蚌寺学习，精通藏文，后拜著名学者喜饶嘉措为师，所著《汉藏大辞典》迄今仍有很高的学术价值。和他在一起的还有林常盛、靳重言、马源、仓传舟、吴均、陈希夷、祁俊山等老先生，一个个不但学识渊博，而且治学严谨，所以学校在社会上享有较高的声誉。从分校创立至 1949 年中华人民共和国成立前，已有近千名学生从这里毕业，为培养当地人才做出了不可低估的贡献。

解放后，国立西宁边疆师范学校曾一度称为“青海师范”，并继续办师范附小部。青海师范后与省工业学校互换校址，省工业学校占据“大营盘”西院，师范附小与其共用操场，不久两校合并，原师训部校址被工业厅所属多家单位占用，学校与操场之间设立棉纺厂驻宁办事处，操场西变为综合电机厂家属院，学校北又被省一建占去大片土地。1964 年，青师附小更名为五四大街小学。经几十年修建，一条商业巷又将学校分为东西两部分，这里已成为西宁市繁华地区，终日行人如织。当年曾在这里任教的老先生们有的尚健在，据赵仰仑老先生回忆，现在的五四大街小学的校址不足原大营盘“国师”校址的十分之一，但这古老而年轻的土地迎来的却是更有希望的明天。

东科尔街·万安街

万安街是湟源县县城所有街道之“母”，先有万安街，后有丹噶尔城，就是这条今天看来很不起眼的背街僻巷，在丹噶尔城未筑之前，扮演了北极山下最初的商业繁华！据《丹噶尔厅志》记载，湟源地区“五代至宋、元，为唃厮啰等所据，号为西番。明正德四年（1509 年），蒙古亦卜剌等南侵，遂据青海游牧”，所以又被蒙古各部管辖。但说起亦卜剌南侵一事，还得从达延汗说起。

明成化年间，蒙古达延汗（小王子）统一了鞑靼，失势的亦卜剌部只得拥众西奔，经过六年的打拼，终于于正德十年前后占据了青海湖地区。原驻牧于这里的“番人多远徙，其留者反为所属役”。之后，蒙古卜儿孩、整克、大同、俺答等部也相继进入青海湖地区，到万历初年，进入青海湖地区的东蒙部落多达 29 支，史称“环海尽虏矣”。他们除了互相攻伐之外，多次攻入西宁卫属地，烧杀抢掠，给人民带来了无尽的苦难，所以史称其为“海寇”之患。

《秦边纪略》一书的作者梁份是明末清初人，他曾说：“凡书可闭户而著，惟地舆（之书）必身至其地。躬亲力行，不辞艰辛，亲历西北，实地考察而撰次成书者能有几人?”可见其治学之严谨。他为了写成《秦边纪略》一书，足迹遍及西北各边塞，因此书中所记可信度较高。据《秦边纪略》记载，当年“镇海（指镇海堡，即今湟中县通海村）之西七十里，称为东、西拘尔湾，夹湟水之涯涘也，旧为内地，安插黑番，尽为要荒。

(今）皆属达赖黄台吉、麦力干黄台吉矣。”看来，当时的湟源地区名叫“东、西拘尔湾，皆黑番堡寨”，是属于西海蒙古的天下。为了阻挡“海寇”的侵扰，明王朝不惜动用大量的人力物力，沿与西海蒙古交界的山峡平川，大筑边墙、烽墩、峡榨等军事防御设施。当年所筑边墙（今已被国家确认为是明长城的一部分）从互助北山起，过东闇门（今互助南门峡）、大通桥头（西闇门），翻娘娘山（小山峡闇门），越西纳川（喇课闇门），经剌沙闇门、西石峡东口（西石峡闇门），一直延伸向东南方向的湟中共和（第四沟闇门、小康缠闇门）、汉东（大康缠闇门）、大班沙尔闇门、小班沙尔闇门（今鲁沙尔镇南门村，俗称“土南门”），从塔尔寺后山越红崖沟、加牙阳坡，经上新庄镇黑城村西，然后进马鸡沟峡，上拉脊山，奔向贵德。“乾河（今甘河）等山口，旧皆有边，循墙挑壕，斩断山崖，筑砌石台，以备夷骑。”其中尤其以剌沙、西林（纳）最为要害。西石峡是防范“海寇”的前哨要隘，怪不得《秦边纪略》中说：“镇海营西至石峡，天险与夷（指西海蒙古）共之。”因为“与夷共之”的缘故，据明代万历年间刘敏宽修成的《西宁卫志》记载，因“海寇”的原因，西石峡、剌沙儿峡“遂为要害”，除边墙外，这一带还修有大磨石沟峡榨、白崖子峡榨、白石头下盘道峡榨、洛栏峡榨、锁思党峡榨、剌沙尔峡榨、剌尔宁峡榨、大小寺沟峡榨等军事防御设施。由此可见，明正德、嘉靖、隆庆直至万历年间，西石峡是双方军事对峙的前线，农牧产品的交易，多在今通海和多巴进行。“镇海营，茶马互市之通衢，为西宁门户焉，款于斯，战于斯，所有来矣。”“多巴，居然大市，高堂大厦，且有仓廒，土屋比连，其廛居逐末，则黑番也。驮载往来，居货为贾。”（《秦边纪略》）

明隆庆五年（1571 年），雄踞青海湖地区的俺答汗被明朝册封为顺义王，万历四年（1576 年），他在青海湖南岸的察布齐雅勒（今恰卜恰北）建成仰华寺。俺答汗为了实现与西藏格鲁派宗教势力的结合，他特地派人邀请西藏拉萨哲蚌寺法台索南嘉措前来仰华寺参加大法会。万历六年（1578 年）五月，索南嘉措终于在蒙藏僧众的隆重欢迎仪式中来到美丽的青海湖畔，在这具有深远意义的仰华寺会晤中，俺答汗尊索南嘉措为“圣识一切瓦齐尔达喇达赖喇嘛”，藏传佛教“达赖喇嘛”的称号从此产生。拉萨哲蚌寺前两任法台分别被追认为一、二世达赖喇嘛，索南嘉措即成为第三世达赖喇嘛。会后，三世达赖喇嘛特派随行的东科尔呼图克图云丹嘉措（二世东科尔活佛）作为自己的代表，跟随俺答汗前往蒙古讲经说法。从此以后，东科尔活佛作为西藏高僧、达赖喇嘛的代表，在青海湖周边，包括今湟源地区，具有相当大的宗教影响。

万历十七年（1589年），通过有名的“湟中三捷”之一的“西川大捷”，西石峡一线的军事对峙形势大为缓和，“镇海营西至石峡，天险与夷（指西海蒙古）共之”的状况已不复存在，随着明王朝的灭亡，今湟源地区“商贾渐集，与蒙番贸易，有因而世居者。番族亦渐次开垦，牧而兼耕，各就水土之便，筑室家成村落焉。”看来，湟源地区从遍地黑帐驻牧到农耕村落的逐渐形成，是明末清初的事情。

清顺治三年（1646年），东科尔四世嘉木样嘉措在西藏四世班禅罗桑却吉坚赞处受比丘戒，取法号为多居嘉措，并受五世达赖喇嘛阿旺罗桑嘉措的指派，来青海选址修建寺院。西石峡西口作为农垦区与牧业区的交接点，三峡围拱，二水合流，就勘舆家来说，也是形胜之地。清顺治五年（1648年），多居嘉措就选址在西石峡西口的八宝山下建寺，四年后，一座靠山面水、气势雄伟、装饰华丽的寺院矗立在八宝山脚向阳的二级台地上，因是四世东科尔活佛多居嘉措所建，遂称“东科寺”，藏语名东科尔甘丹却科林（具善法轮洲）。当时，统治青海的西蒙古一代英豪固始汗曾将日月山一带大片土地（包括今共和县倒淌河地区）作为礼物，敬献给了多居嘉措。四世东科尔活佛多居嘉措建成东科寺后，又去甘肃天祝建成天堂寺，康熙四年（1665年）奉旨赴京，康熙帝封他为“禅师曼殊室利”，从此成为驻京呼图克图之一。

清王朝为了国家的一统和边陲的稳定，十分重视与蒙藏上层人士、宗教寺院的关系，除皇室与蒙古王公贵族世代联姻之外，尊崇藏传佛教。东科寺因地处当时农牧区结合部的特殊地理位置，很快成了环湖地区最重要的宗教中心、政治中心和农牧产品交易中心。每逢寺院宗教节日、剪毛屠宰季节，寺内经幡艳丽，油灯闪烁，香烟缭绕，法号长鸣；寺外车载马驮，牛羊成群，粮货山积，人声鼎沸。磕头的、许愿的、还愿的、求财的、化缘的、乞讨的，直把这里变成了一个人山人海！史称这里到处都是“习番语的人”。

东科寺的西面，是千百年来北山大垭壑两侧山洪冲积而成的扇形台地，两侧是经洪水多次改道而形成的东、西沙沟。百多年来，这里是西海蒙古经营的地盘，今又成了东科寺的属地，宽阔而较为平整的冲积台面，正好成了前来这里拜佛、转经、交易的蒙藏人民扎帐圈畜的理想之地。就像因扎藏寺而有了胡丹度（蒙语“买卖处”）、因塔尔寺而有了“寺坡”一样，从扎帐圈畜的扇形台地到东科寺之间长约二里多的朝佛路上，自然形成了买卖供品、以货易货、简单餐饮的摆摊市场，这就为后来的湟源万安街的形成奠定了雏形。自幼生活在湟源县城的魏浦君在他的《丹噶尔歇家在1949》一文中说：“城（指后来的湟源县城）东门外的万安街—东中沙台一带，与规整的城内建设布局浑然不同。这里没有整齐的街巷布置，就连主要街道万安街也是曲曲折折，路面纵坡忽陡忽缓，显然是在没有严格规划设计的情况下，自然地发展起来的自由街市。这说明在很早丹噶尔这个居民点形成时，已形成了初具规模的街市，（它的）位置当在现万安街—东中沙台一带。”据史料记载，当年蒙藏群众把这儿自然形成的街道叫做“东科尔街”，几十年前，湟源周边的乡下老百姓尚把县城叫做“街上”，把西宁叫做“城”，直到近几十年，才改口叫做“县上”。

清康熙皇帝继位后，曾亲统六师平定朔漠，“天威赫奕”，极大地震慑了驻牧青海的蒙古部落，固始汗嫡孙罗卜藏丹津因“稽首归命”，被封为亲王，其余部落头目亦被授与贝勒、贝子、公、台吉等职，“岁支俸银”。康熙五十六年（1717 年），准噶尔王授其部下率 6 000 兵急袭西藏拉萨，杀了藏王拉藏汗，为了稳定局势，康熙皇帝直接命其第十四子胤禵为抚远大将军，由延信拥兵进藏。1720 年，清军攻入拉萨，恢复了治安。在这一事件中，青海和硕特固始汗嫡孙罗卜藏丹津曾随大将军胤禵随征入藏，后被任命为由六人组成的西藏临时政府组成人员之一。西藏战事结束后，从军进藏的主要台吉各自都受到了清朝的褒奖，其中青海右翼实力人物察罕丹津受到最高奖赏，被封为亲王，而早已是亲王的罗卜藏丹津却只得到俸银二百两、缎五匹的赏赐，对此他甚有意见。另据有些史料记载，罗卜藏丹津对在拉萨一些有头面人物出席的场面上，座次的安排认为冷落了自己，“布达拉宫举行大宴，清朝大官被郑重地安排在中间；我们青海人却被安排在后边，配送的食物也是草草敷衍。”（《青海史》）所以一直心怀嫉恨。

1722 年，在我国历史上留下了深远影响的康熙皇帝去世了，皇四子胤禛继位，是为雍正帝。驻守西宁的皇十四子胤禵奔丧离宁，罗卜藏丹津认为青海空虚，朝廷无暇西顾，实现先人霸业、再兴固始汗帝国的时机终于到了。雍正元年七月，罗卜藏丹津在青海湖东南的察罕托罗亥（今倒淌河东北的白头山）与青海诸台吉会盟，自称“达赖浑台吉”，宣布废弃清朝所赐的王、贝勒、贝子、公、台吉等爵号，一律改称旧日名号，共同发动叛乱，起兵反清，一场在青海历史上留下了深深印记的事件，终于在青海湖畔拉开了血腥的序幕。

罗卜藏丹津在察罕托罗亥会盟举起反清大旗后，河湟谷地许多寺院纷纷响应，一时间形势骤变，战云密布。青海各部落及寺院喇嘛 20 余万人以东科寺为据点，冲出西石峡，猛攻西宁门户——西川镇海堡，以及南川和北川各要隘。在清统一全国近 80 年后，罗卜藏丹津以一己之私，发动叛乱，企图割据一方，分裂祖国，本身就失去民心。雍正帝遂下了调集大军征剿的决心，他以川陕总督年羹尧为抚远大将军，四川提督岳钟琪为奋威将军，进军青海，进行讨伐。这一年，也是东科寺建成刚刚 72 年。

年羹尧坐镇西宁后，令察木多总兵官周瑛率兵截断青海湖至西藏的道路，靖逆将军富宁安调兵驻守吐鲁番，以断进入噶斯（今茫崖）的通道。平叛战斗在雍正元年十月十九日在镇海堡打响，双方主力经七日决战，参与叛乱的多巴囊素阿旺丹津被擒，叛军死伤 600 余人后才退入西石峡。到十一月，西宁四周烽火连天，郭莽寺、仙米寺、加多寺、郭隆寺、朱固寺、却藏寺、石门寺、奇嘉寺（祁家寺）、老佛寺等相继响应。“当年梵宇助枭雄，豕火狼烟遍海东。”雍正帝闻讯，十分震怒，“寺院本是修行之区，转为藏奸之所。……佛教复兴，如此隆恩，喇嘛并不感激，反助悖逆之人，凶恶已极。”于是下旨痛剿。塔尔寺大喇嘛堪布诺门汗率部投降，年羹尧却认为他“势穷来降，情难姑恕”，数其罪状，即日处决。雍正二年正月，四川提督岳钟琪率军攻入哈拉直沟，十三日攻占郭隆寺，“杀六千人，据其三寨，毁其十寨，杀达克玛呼图克图，焚烧寺院。”从此清军横扫从叛诸寺院，东科寺、郭莽寺、仙米寺、加多寺、郭隆寺、朱固寺、却藏寺、石门寺、老佛寺等俱被焚毁。据《丹噶尔厅志》记载和民间传说，罗卜藏丹津当年和清军对峙时，曾在西石峡西口南北各筑一城，“与其妹阿宝分屯两城，为犄角之势”，并以牛毛绳相互联络。两城之间以牛毛绳联系是不现实的，两城间距较远，牛毛绳受自身的重量和毛的抗拉力，是无法承担联系任务的。其实，湟源南北古城筑城时间很早，北古城在东科寺东侧近千米处，罗卜藏丹津可能在发动叛乱之前，对两城稍加修葺，作为互为犄角的防御设施，只在这里进行过一定规模的抵抗罢了。

雍正十年，西北局势基本安定，清廷下旨重建郭隆寺（今互助佑宁寺）和郭莽寺（今大通广惠寺），雍正帝并分别亲赐寺名为“佑宁寺”和“广惠寺”；雍正十三年，又下旨重建却藏寺，并赐名“广济寺”，但对东科寺和今大通老爷山的老佛寺却严禁在原地重建，令“立碑封禁，以昭炯戒”，因丹噶尔和今大通桥头地处要津，兵家必争之地，殷鉴不远，不可不防，所以留下了“旧寺台”和“火烧台”两个让人怀古的地名。

罗卜藏丹津之乱，在青海地方史上留下了深远的影响，对国家的统一和今后的发展有着重要的意义。事后，雍正帝根据年羹尧上奏的《青海善后十三条》，其中除改西宁卫为西宁府外，决定将日月山以东的今湟源地区划归附郭的西宁县，以西归青海界；鉴于西石峡外的东科寺是这次叛乱的重灾地区，这里又是“三藏通衢，西滨青海，北连蒙古，群山罗列，两涧回环，西维重地”，筑丹噶尔城，以固西陲；规定以后互市只能在日月山；西宁镇辖兵五万七千人，“兵额独多于他省”……从此，湟源地区始隶“西宁版图”，正如《丹噶尔厅志》作者杨治平在他的《咏史诗》中所说：“治乱循环无始终，丹津走后戍楼空；郡开西海述前代，地表东科拟古宫。”

雍正五年（1727年），在西宁知府杨若楙、董廷扬、江洪等的先后督理下，选定原蒙藏人民来东科寺拜佛、转经、交易的扎帐圈畜的扇形台地为城址，统一规划，筑成周长774丈、高2丈、根厚2.4丈、顶厚1.3丈的土城一座，称“丹噶尔城（东科尔的音变）”。丹噶尔城开东西二门，东门瓮城门联结原去东科寺的朝佛路，后称之为“万安街”。因丹噶尔是军事要地，“逼近青海边隘，声息关重”，所以在丹噶尔城设参将一员，千总、把总各一员，并将参将署设于城中中心之地，管辖丹噶尔营。丹噶尔营有马战兵250名、步战兵225名、守兵125名，下辖纳隆卡汛、茶汉素卡汛、申中卡汛、阿加兔卡汛、转嘴子卡汛、上下胡丹度卡汛、高陵卡汛、喇拉卡汛、喇拉一棵树儿卡汛、棉柳沟卡汛、申中脑卡汛、白水河尔卡汛、噶哈察莫多卡汛、日月山卡汛等，以保各要隘道路通畅。55年后，又提升防御级别，改参将为游击；道光三年，进一步提升为副将，衙门改为协署。可见，当时湟源地区尽管已划归西宁县，但从某种意义上来说，只是一个特殊的军事管制区。

东科寺被焚20年后的乾隆九年，西宁道佥事杨应琚以丹噶尔“路通西藏，逼近青海，为汉、土、回、番暨蒙古、准噶尔往来交易之所，只有武弁，并无文员。”为由，上书请设县佐一员。不久，经甘肃巡抚黄廷桂转奏得准，以（甘肃）高台县主簿顾宗预移驻丹噶尔。直到道光九年，经陕甘总督杨遇春奏准，才另设丹噶尔厅，由同知管理。

丹噶尔城建成后，正如魏浦君所说：“丹噶尔城区的设置、选址、建设，基本上是我国历史形成的城廓建设规制基础上建成，又具有先有市，再有城的市镇建设特点。城内布局以代表皇权的官署为中心，以主街道与大什字巷—大庙巷两条相互垂直的干道为主轴，居高居中处为官署，寺庙、仓廒观庵左右分布；居低处为民居。居民街巷，纵横整齐，与主轴平行；主街东西与城门相接，端直横贯全城，与深入主街道两侧巷道的店铺构成为繁华的‘丰’字形城内街市。”就像《丹噶尔厅志》所说：“城垣虽不宽畅，但布局井然。”随着东科寺的焚毁和丹噶尔城城内设施的逐步完善，经济活动也逐步移向城内，但原来的“东科尔街”仍呈现着一定的繁华。直到20世纪六七十年代，湟源县城内除了东西大街和连接东门和火祖阁的丰盛街外，城外称为“街”的，只有东门外的东科尔街。

由朝佛路而形成的东科尔街又称“永寿街”，《丹噶尔厅志》中记载：“永寿街，出东门东行即是。火神庙（俗称尕庙儿）在永寿街之北，乾隆时创建。由此迤东有贞节坊，坊东有万安桥，桥之南北有牌坊二，南赴沙沟，北赴北极山。”并说，在永寿街万安桥的东面，街的尽处（东头）有文昌菩萨过街楼，这个过街楼是咸丰九年（1859年）修的，街北还有养中义学、北庄子。赴北极山的巷道今称“北极山巷”，养中义学地址即今城关回族小学（原三完小），北庄子至今仍在，只不过它已与城区融为一体了。万安桥是横跨东沙沟的一座木质桥，《西宁府续志·新设丹噶尔厅》一章中说：“万安桥，在东关沙沟什字，上建四坊，道光二十四年（1844年）同知黄文炳修。同治二年（1863年），二坊被焚。”就像西宁因“新宁桥”而后有新宁路一样，人们干脆把这条街叫做“万安街”，真正的名称“永寿街”反而只存在于一些史料中了。虽然东科寺在雍正十一年奉旨异地重建，而原址只在地方志中留下了几行简略的文字：“旧寺台，在城东（指丹噶尔城）里许，北山麓有高阜，方圆百余丈，颓壁屹立，相传为旧东科寺遗址。”湟水河蜿蜒，依然东去；八宝山无语，却览尽沧桑。真是“人世几回伤往事，山形依旧枕寒流；从今四海为家日，故垒萧萧芦荻秋！”

廉川堡·史纳

过享堂，沿阿拉古山下西行四五里，便是民和县史纳村，它与县城川口镇隔河相望。史纳即古南凉的廉川堡。据《西宁府新志》载：“廉川在县（指乐都）东近庄浪界。晋太康二十一年，鲜卑秃发乌孤击败乙弗、折掘等部，筑湟中廉川堡都之。”《辞海》廉川堡条云：“廉川古城堡名，故城在今青海省民和县西北。”根据以上记载和专家考证，廉川堡应该是民和县史纳村。史纳现尚有古城堡遗址，据《青海古城考辨》一书载：史纳古城位于川口镇史纳村六社北，这里因湟水冲刷，形成了一个半月形台地，古城就建在台地上，兰青公路在城北通过，铁路从城中穿过。城因修建村庄和铁路而被破坏，现仅存北墙残垣，长400米，残高3—5米，基宽6米，夯土板筑，夯土层厚10厘米。……此城曾为南凉政权初创时的都城。《民和回族土族自治县概况》认为，此城就是东晋时期的廉川城。此堡北靠阿拉古山，面临湟水，右控老鸭峡，左挟享堂峡及浩门河，在历史上有着非常重要的战略地位。

1 600多年前，河湟地区曾建立过一个地方割据王国——南凉，秃发乌孤作为南凉开国之君，从小就有雄略大志。创业时，他曾“登廉川大山而泣”，部下问其故，他说他的祖父辈“以德怀远，万里归附”，而自己光阴虚度，至今功业未建，所以饮泣。昔刘玄德因久离鞍马，髀肉复生而泣，在发愤自励方面，乌孤真有点像昭烈帝。后来他开疆扩土，终于建立了南凉国，定都于乐都，并在廉川山下筑廉川堡，以守护东部疆域。据史书记载，秃发乌孤知人善任，集四方之豪隽，西州之德望，文武之秀杰，中州之才令，秦雍之世门于手下，在强敌四逼的环境里，击乙弗，袭折掘，开疆河外，雄踞河湟，不愧为是古代河湟地区的一代人杰。乌孤曾说，帝业兴衰无常，有德就会兴昌，无道就要灭亡，他要顺天理，存民心，为天下主。可惜天不假命，中年即坠马伤胁而亡。

如今的史纳通过数座桥，已和川口镇连为一起，这里人口密集，屋宇毗邻，曾建有民和镁厂、万寿石英厂，作为青海的东大门和兰青线上的交通要道、物流要地，显得日益繁华。

王孝杰米栅·东巴

沿109国道西行，翻日月山，过倒淌河，进柳梢沟，翻山便是尕海滩。东巴（因是音译，亦写为东坝、冬巴）是尕海至恰卜恰间的一个普通村庄，西距恰卜恰还有70里。据朱绣1925年所写的《海藏纪行》记载：“经大滩，五十里至东坝，有古城遗址。下坡，七十里宿恰卜恰。……东坝与恰卜恰一带，即古之大小榆谷之地。”倒淌河所在地，古称尉迟川；尕海，古称苦拔海；恰卜恰，古称莫离驿，都是唐蕃古道上的重要地名。当年文成公主进藏就是沿着这条路去柏海的，《西宁府新志》就说：“莫离驿，唐置，送公主经此。”周希武的《玉树调查记》中也说，过尕海滩，“西南平行三十里，原尽，下一陡坡，至冬巴庄。”因这里地近共和盆地，冬巴、阿加、惹贡马诸溪水都向东南流入黄河，气候较为暖和，所以很早就有人在此垦荒种田。1914 年周希武路过这里时，说当时“有居民约数十户，多自巴彦戎（今化隆）迁来者，稍有田畴室庐。”并说千卜录、恰卜恰、郭密三族于此分界。

东巴，东距唐振武军（即大名鼎鼎的石堡城）95 公里，虽然只是一个小小的村庄，但新、旧《唐书》《西宁府新志》《唐蕃古道考察记》等史料中都曾提到它，因这里是唐蕃战争史上有名的“王孝杰米栅”。

王孝杰，唐代大将，京兆新丰人（今陕西临潼新丰镇），名列中国古今 72 名将之中，与李光弼、马援、邓艾等同列。唐高宗咸亨三年（672 年）有名的大非川之战中，十万唐军全军覆没，6 年后，即仪凤三年正月，高宗命中书令李敬玄兼鄯州都督，王孝杰作为副总管，从工部尚书刘审礼领军西征。鉴于大非川之战中辎重、粮草尽失，导致惨败的沉痛教训，副总管王孝杰在今东巴凭险置栅，构筑城堡，屯积粮草，使之成为进可攻，退可守的防御阵地。从此，作为一个地理标识，后称这里为“王孝杰米栅”。《唐蕃古道考察记》《海藏纪行》等史料都记载这里有座唐代古城遗址，可能与王孝杰米栅有关。尽管李敬玄等为这次进军作了周密计划和部署，但他们的对手却是吐蕃有名的大将伦钦陵。伦钦陵是当年迎娶文成公主的大相禄东赞的次子，祖孙三代都是吐蕃著名的军事家。史载禄东赞“颇解兵书，讲兵训师，雅有节制，其诸子皆有才略，诸蕃惮之”，尤其伦钦陵是一位足智多谋的战略家，就唐蕃之间战事，他曾预言“乌海黄河，关源阻深，风土疫疠，纵有谋夫猛将，亦不能为蕃患矣”。果不其然，史载“九月，（唐军）与吐蕃战于大非川，李敬玄按兵不敢救，唐军败，刘审礼与王孝杰被俘”，结局和 6 年前的大非川之战一样惨。

丝绸之路青海道(日月山段)遗址

刘审礼与王孝杰被俘后，因二人都是唐军主将，被押往后方献俘问斩。当时年仅两岁多的吐蕃第36代赞普杜松芒波杰见王孝杰长得非常像自己的父亲——吐蕃第35代赞普芒松芒赞，哭闹着要跟他。由于赞普的干预，王孝杰被“厚加敬礼，由是免死”，刘审礼被处死。因此奇遇，数年后，王孝杰被礼送归唐，成了唐蕃战争史上的一段趣闻轶事。

王孝杰归唐后，因在吐蕃日久，对那儿的山川地理、军事形势了如指掌，武则天长寿元年（692年），被任命为武威总管，又与左武卫大将军阿思那忠节率兵进讨吐蕃，转战数千里，收复西域龟兹、于阗、疏勒、碎叶四镇，以军功拜左卫大将军，翌年升夏官尚书。延载元年（694年）出任瀚海道行军大总管，进军青海，在冷泉、大岭大败吐蕃和西突厥联军，歼敌3万余，节度管记张说奏：“孝杰忠勇敢死，乃诚奉国，深入寇境，以少御众。”武则天夸奖说：“孝杰建斯功效，竭此款诚，遂能裹足徒行，身与士卒齐力，如此忠诚，深是可嘉。”（旧《唐书·王孝杰列传》）出将入相，曾显赫一时。可惜两年后先后以肃州道大总管、靖边道大总管的身份，统兵攻吐蕃、契丹时，均大败，曾被免官。尤其击契丹时，在东峡石谷突然遇敌，仓促之间，他率精锐士卒为前锋，拼命冲出谷外，“方布阵对敌，后军总管苏宏晖畏敌潜逃。”王孝杰因孤军深入，失去后援，败退中不幸坠谷而亡，全军覆没。后武则天闻讯，追赠他为夏官尚书，封耿国公。

慕家村

慕家村在富饶的西纳川，只要你沿西川北路西行20多公里，绕黑嘴尔过玉拉和扎什营等三营，前面就是拦隆口，从拦隆口再右拐东进山沟，路侧有观音庙，依路北进，三拐两绕，远远就见山巅沙棘梢头，绿树荫里，古朴的木寨门当道，杏黄色“慕”字旗招展；雕刻精美的慕家酒庄门前，黑黢黢的乾隆古钟高悬，那里便是慕家村。人们说慕家村是青海有名的文化村，果然名不虚传。

慕家村尽管只是一个有20余户，百多口人的小山村，但作为青海一张乡村旅游的名片，经几年打造，现在已到了“天下无人不识君”的地步。人常说，根深才能叶茂，据说300年前的清康熙年间，世居甘肃平凉的慕氏一支先祖起身“闯西口”，辗转千里迁徙，最后进入湟水河谷，落脚到娘娘山南麓的金仓岭山坳里。金仓岭右靠西纳川，左通云谷川，两川夹一岭，自古就有金盆养鱼之说。如今只要你登岭四顾，只见苍山似海，峰峦如骤；高坡低谷，林木阴翳，更有烽火台、七星墩，罗列其上；神水泉、金谷水（水峡，古称金谷），蜿蜒其间。正如紫云先生在《慕容酩馏赋》中所说：“（慕氏先祖）依山就势，农牧兼营；凭险而居，远离战乱纷争；耕读立身，得以繁衍生息。”经数百年的筚路蓝缕，苦心经营，金仓岭缓坡湾地，皆成良田。这里虽处浅山，但植被丰厚，水土涵养好，冬无严寒，夏无酷暑，交通便捷，空气清新，是高原青稞等无污染作物的最佳产地。金仓岭有幸，随着慕氏家族来此开土分茅，家族祖传的酩馏酒秘方和酿制工艺在这里也有了用武之地。慕氏酩馏酒自清代嘉庆年间第一代传人算起，薪火相传，历慕增光、慕世基，到现在已是第五代了，他们采金仓岭古井之水，用高原地产青稞等原料，依照秘方添加60余种健脾保肝的草药，酿成曲味醇香、口感清洌、甜润绵长、味道

慕家酩馏酒取水的古井

纯正的慕氏酩馏酒，具有调和气血、舒脾保肝、祛风散瘀、舒经活络之功效，因而深受四乡八堡人们的欢迎，深山藏珠，人们慕名而来，个个尽兴而归。

2006 年 11 月，慕家村成立了“青海金藏岭酩馏酿造有限公司”，2011 年 7 月更名为“青海高原酩馏影视文化村”，有酩馏酿造、乡土餐饮、老酒坊展示、红太阳纪念馆等四个功能区和亿宏养殖有限公司一个分公司，公司建筑面积已达 5 000 平方米，依坡兴建，高低错落，曲径回廊，引人入胜。其中包括酩馏生产车间 2 600 平方米；老酒坊展示馆不但收藏有当年酩馏酒酿造的器物，如难得一见的装酒糟的、形如蜂巢的席笈篮，展示生产程序外，还有大量今天已难以见到的农具和家具，像荆条编制的粪厢、杠骚车、吵子，用完整的石板做成的面柜、屯粮食的草转子等，这些快要消失在人们记忆深处的器物，淋漓尽致地展现了河湟地区传统的农耕文化；红太阳纪念馆设计大气磅礴，布局紧凑，展出文物和图片千余件，主题鲜明，内涵丰富。慕家村利用交通便捷、近省城的地理优势，依托村落、山野、田园等自然和人文环境，初步形成了集酿造、餐饮、住宿、养殖、农家乐、旅游、高原酩馏酒文化研究为一体的综合性文化产业，企业综合产值达 700 万元，上缴税收 45 万元。从此，各界人士及民众考察的考察，旅游的旅游，沽酒的沽酒。当政者认为，以“慕家村酩馏酒”作为龙头文化品牌，整合周边民俗文化资源，建成集酿酒、种植、养殖、文化、休闲、旅游为一体的社会主义新农村，以带动当地和周边地区共同发展；文人墨客认为，“结庐在人境，而无车马喧”，不但满足了“绿蚁新醅酒，红泥小火炉；夜来天欲雪，能饮一杯无。”的雅兴，而且可以通过“酩馏”雅集，挖掘深厚的河湟文化，为宣传大美青海服务；更有不少老百姓呼朋唤友，沽几斤酩馏，带一些饭食，或盘坐于河畔林中，或斜倚于塄坎草坡，酒酣之后，吼几声“花儿”，唱几句贤孝，泄心中块垒，叙家乡自豪。尤其那些厌烦了城市喧嚣的人们，来到这宁静幽雅的自然环境里，陶醉在青山绿水之间，享受“采菊东篱下，悠然见南山”的雅趣……

慕家村现已成为湟中县作家、美术家、摄影家、书法家协会创作基地，西宁市文联文学艺术创作基地；正当“慕家村酩馏”声名鹊起之际，2012 年 3 月，为打造青海“慕家酩馏酒”文化品牌，经上级批准，由国家一级作家、省作协副主席井石为会长，许多社会名流为顾问的青海高原酩馏文化发展促进会成立，从此，“慕家村酩馏酒”更加声名远播，借问酒家何处有？牛倌遥指在金仓。如今，慕家村酩馏酒年产已达 50 余吨，它带着高原酒的醇香，一路出县域，进省城，东去兰州、西安、济南、上海、北京，甚至到了西藏、台湾和日本。真是好事成双，2013 年，“慕家村酩馏酒”经全国糖酒会组委会、中国酒类流通协会、华夏酒报三家权威机构评审，被评为中国酒业金牌供应商“原酒类金牌供应商”称号，作为青海和西北地区唯一一家获得此项荣誉的品牌，金仓岭真正成了娘娘山下“藏金之岭”。

鲁沙尔

鲁沙尔是湟中县县城所在地，它以境内有我国著名的藏传佛教寺院——塔尔寺而闻名天下。鲁沙尔意即“新部落、新村庄”，根据音译，写为“鲁沙尔”。这里青山环抱，清流蜿蜒，绿树冉冉，芳草萋萋，那时，不时有放牧人驱赶牛羊来到这里，并搭帐驻牧，久而久之，人称这里为“新部落、新村庄”。据史料记载，元顺帝至正十七年，宗喀巴大师的父母从西侧甘河滩黄鼠湾驱赶牛羊来到这里放牧，宗喀巴就“诞生于西宁州西南五十里”的这里。后因大师的成名，这块神奇的土地也成了藏传佛教信徒们心目中的圣地，诞生地被称为莲花山。据说，当年其母香萨阿切将宗喀巴的胞衣埋于莲花山山凹的诞生地，后其地竟长出一株圣洁的旃檀树（菩提树），处于对宗喀巴大师的崇拜，人们在旃檀树前做拉什泽以祭祀。明洪武十年，大师的母亲在这里建起“莲聚塔”一座，以作纪念。后在此基础上，从嘉靖三十九年起，历经17年，于万历五年建成占地600亩，有各种殿堂、佛塔、僧舍9 300余间的寺院。明万历九年（1581年），三世达赖喇嘛索南嘉措应申中昂索的邀请，亲临塔尔寺讲经传法，其间三世达赖喇嘛授意申中，奇嘉（祁家）、米娘、西纳、隆奔五族昂索为塔尔寺修建承担主要任务。遵照三世达赖的吩咐，1582年，申中昂索在塔尔寺修建小寝宫，后称“森康仓”；1626年又和奇嘉、西纳、米娘、隆奔修了塔尔寺文殊殿。因先有塔，后有寺，当初曾一度称为银塔寺。清乾隆十四年赐名梵宗寺，今称塔尔寺。塔尔寺有金碧辉煌的大金瓦殿、大经堂、九间殿、花寺、小金瓦殿、大拉廓、大厨房、八宝如意塔等众多建筑，“瓦皆鎏金，宏敞壮丽，为诸寺之冠。”以规模之大、艺术之精，为青海佛教寺院之首。尤以建筑、绘画、雕塑、堆绣闻名于世，其高超的艺术水平和民族特色，不愧为汉藏人民智慧的结晶。

鲁沙尔因塔尔寺而闻名，数百年来，人们依寺而居，很快发展成为村落、集镇，带动了商业的快速发展，千千万万信教群众不辞辛劳，千里迢迢前来朝拜，据《秦边纪略》记载：“每岁六月，（信徒）尽集于寺礼拜，寺无隙地。”塔尔寺不但是藏传佛教的圣地，也是青海旅游5A级的王牌景点。它那金碧辉煌的殿宇，色彩对比强烈的院墙，高低错落的回廊，香烟缭绕的氛围，令游人流连忘返，没齿难忘。酥油花是塔尔寺“三绝”之一，以惟妙惟肖、色彩绚丽闻名四方。清末西宁名士基生兰在其《塔尔寺酥油灯》一词中写道：“月当空，耳边萧鼓叮咚。彩棚间安排灯架，年年花样不同。放光明，庄严灿烂，肖人物，楼阁玲珑。”

因有塔尔寺，所在地鲁沙尔不但很快成为藏传佛教的圣地，而且成为这一带农牧产品的集散地，佛器制作、供品交易业十分活跃。1945 年 8 月，当时的青海省政府任命韩进禄为西宁市建市筹备处主任，决定将原西宁县移往鲁沙尔，并将鲁沙尔改名为“文华镇”，作为西宁县新的县政府所在地。改名建议上报后，上级以西宁市、西宁县同名的原因，将西宁县更名为“湟中县”，于 1946 年 1 月正式使用。从此，鲁沙尔作为湟中县的县政府所在地，一直到现在。

塔尔寺作为全国首批文物保护单位，多年来，一直得到国家的高度重视，特别是 1992—1998 年间的抢修加固工程，是塔尔寺有史以来由国家拨巨款进行的最大规模的、仅次于布达拉宫的全面维修工程。该工程历时五载，维修面积达 10 194 平方米，总耗资 4 300 万元。耗资之巨、施工人数之多、修缮面积之广、设计复杂、施工之难，均属塔尔寺历史之最。近年来，湟中县立足丰富的文化资源，以鲁沙尔为中心，“坚持先进文化方向，加快文化资源大县向文化产业大县迈进”发展目标为引领，多措施并举，积极实施文化产业发展工程，以湟中农民画、堆绣、镶丝、雕刻（木雕、砖雕、皮雕）、铜银器、藏地毯、壁画、泥塑八种传统民间文化艺术为主体，冠以“八瓣莲花”文化艺术之美称，挖掘整理与引导扶持相结合，积极推动八种传统民间文化艺术走出农村和民间，向文化产业转变和发展。开发出底蕴深厚、内容质朴、色彩艳丽、形式多样、适应市场的文化产业产品，深受艺术市场和人们的喜爱。目前，鲁沙尔规划启动了“八瓣莲花”文化旅游园区建设，积极打造 10 公里环形文化旅游带，将进一步推动文化产业、旅游经济、农民增收的“三赢”发展。

阳霸与卡阳

离西宁沿西川北路西行20余公里，过黑嘴村进西纳川，行不多远，就到了湟中县拦隆口镇上庄地界。这里临羌溪水（西纳川河）蜿蜒南流，苍松沙棘，白桦青杨，布满数里山川。川道西侧山名“阳霸山”，山如翠屏，地似绿毯，因风景秀丽而自古就有名气。每年盛夏初秋，山林中游人不断，乡里人呼朋唤友，携带锅具，常来此“搭平伙”；城里人也瞅机会，离开喧闹的城市，在这儿过一把“回归自然”的瘾。

阳霸，藏语意思是“开阔的地方”。因是音译的关系，也写作“杨巴”、“羊巴”，这儿曾有座“羊巴寺”，清乾隆《西宁府新志》中就载：“羊巴林寺，在城（西宁城）西八十里。”看来最少也有300多年的历史了。羊巴林寺，亦称“杨巴寺”，藏语称“拉科羊巴”，《湟中文史资料》中说：“位于湟中县拦隆口镇上庄和前庄两村之间的西山坡上。1958年前有寺僧一人住持。楼房一处六间，后被拆毁。”清末西宁诗人基生兰在《敬业草堂嚼蜡吟》中，以两首五言诗，细腻地描绘了他两次去这儿的情景。其中《游西拉课阳霸山》一诗是这样写的：“连日阴云布，潇潇雨如注。一夜星月明，玉宇净宿雾。晓起约同人，登临循山路。侧耳听清泉，低头穿密树。禅院犬守门，中有番僧住。曲折到山岭，衣履湿朝雾。秋色分苍黄，千里堪指顾。满山皆蕨薇，夷齐惜未遇。”诗中不但描述了作者久雨盼晴后急切上山的心情，也描绘了阳霸山上“清泉”、“密树”的秀丽风光。作者借用上古周朝初年殷公子伯夷、叔齐不食周粟，以采吃蕨薇而最后饿死首阳山的历史典故，反衬了阳霸山上蕨菜之多、景色之美。

数十年后，阳霸山山林依旧，可是再也寻不到“禅院犬守门，中有番僧住”的景象了。如果你有兴趣的话，沿阳霸山南侧山湾直上，半山向阳的山坡上，依然会看到那残存的遗迹，搬走柱檩的墙壁仍矗立在草莽丛生的平台上，一块块断砖碎瓦，仍在叙说着一个渐渐久远的故事。

从阳霸一直到水峡，老百姓称这一带的西山为“大山”。基生兰先生的另一首《游西拉课旃檀山（诗人自注：俗称大山）》诗，也用细腻的笔调，描写了这儿的旖旎风光：“闻说峰峦好，呼童策蹇行。林泉皆有趣，花鸟不知名。地僻人见稀，山深鸟竞啼。游怀欣已惬，归路夕阳晴。”

沿阳霸山下的沙路，顺返程路南行不远，西侧有山沟，进沟不多远，就有村名“卡阳”。过村即见前面山上松林如海，连山接岭，不见尽头。卡阳山林“养在深闺人未识”，深山藏珠，说来真使人有点不太相信。你看那密如栽葱的松树，从山脚一直铺到山顶，蓝莹莹地像悬挂在卡阳村后的一面硕大的屏风。山脚下起伏不平的坡地上，长满了密如牛绒的细草，嫩黄色的草啊，像抿了油一样，一直连接到冒着炊烟的农舍跟前。草坡上稀稀拉拉地长着三五株一簇的粗壮黑刺，和威武挺拔的松树相比，这虬枝横斜的黑刺更显得桀骜不驯。更有两股清清的山泉，顺着坡势，在绒草间潺潺流淌。嫩黄、浅绿、苍翠的不同色泽，在蓝天、白云的烘托下，真是一幅横挂在天地间的天然油画！

卡阳亦有寺，名“卡阳寺”，藏语称“拉科静房”。卡阳寺创建于清康熙年间，由塔尔寺第一世拉科·喜饶群觉（1673—1755 年）创建。1958 年前尚有一座三间的经堂和僧舍，寺僧 8 人，后全被拆毁。“天下名山僧占多”，看来，古人的话是有一定道理的。20 世纪初辛亥革命前夕，西宁爆发了以李旺为首的“黄标会”反清事件，义军败退丹噶尔时，“黄标会”所拥戴的时年十一二岁的“尕皇上”李瞻云，就被临时仓促藏匿于卡阳山林中，其藏匿的山洞后被人称为“皇上洞”，作为卡阳村上的一件逸闻趣事，只要你和村民聊起“黄标会”的事，人们就会说起李瞻云的事来。

张李窑

张李窑村地处山大沟深的鸳鸯沟，今属湟中县西堡镇管辖。只要你离西宁海湖新区彭家寨新村南行，就进了两山夹峙的鸳鸯沟，再沿西山半坡山路约行 10 公里，就到了火烧沟村。当年我曾站在火烧沟村口的山路边南望，只见前面高山深沟，崖险路断。据村民说：“沟里还有好几个庄子，过了前面这个土崖，第一个见到的村庄就是张李窑。如果真想去那里，沟中只有一条羊肠小道，拉个架子车还能勉强过得去。”真的那里有一条细细的山路，它像赶羊人遗落的鞭子，歪歪扭扭地盘曲在令人目眩的山沟里。不过，西宁周边村名中，凡是带有“窑”字的村庄，除了像平安的石灰窑、湟源的炭窑、西宁的瓦窑沟等村地名是那里过去真的有过烧石灰、瓦、炭的窑外，一般都指人住的窑洞。这些村庄大都地处高山大沟之间，过去由于自然条件差，建村之初，其间多贫寒人家，由于缺木少料，不少人家就是依山建窑洞，穴居为生。当然，现在已很少有住窑洞者。

几十年弹指已过，一条水泥硬化路在火烧沟村前分路，再前行不远左拐，不觉间，路已从路西山坡通向东山坡。原来，沟中有一座高大的涵洞，千百方土填平了深邃的谷底，当你还在欣赏大沟崖畔边蓝莹莹的胡麻花、绿茵茵的小麦地时，车子已经到了张李窑。

张李窑是鸳鸯沟十多个山村中的一个，地处沟中东山坡下，依崖而建。它下邻火烧沟，上邻阴崖和阴坡两村，由于特殊的地理形势，村子南北长而东西窄。闭塞的自然环境，极为不便的交通条件，加上地处干旱少雨的浅山，过去村民靠天吃饭，常以喝“窖水”为生，难怪听人说，有女听说要嫁往张李窑，竟连哭了三天……

当然，那是过去的事了。在政府的关心下，村上解决了“水”的问题后，又解决了“路”的问题，近年，偏僻而闭塞的张李窑又成了人们寻找“原生态”自然环境的世外桃源。张李窑远离城市，空气清新，院落里三五丛碧桃、一两棵李杏，依着黑黢黢苍苔爬满的土墙，开着粉白、艳红的花朵，一两匹（头）马牛吃饱后或站或卧在榆柳荫中，除了山坡上偶尔有野鸡“嘎嘎”的叫声外，寂静中，间或有丝弦声从某个院落里飘出来，听着那悠扬的曲调，真使人如痴如醉。

张李窑是我省有名的“文化村”，我省不少专家、学者，如井石、谢承华、王文中等都曾到过那里，在村民的土炕上、庭院里，他们喝熬茶、吃洋芋、听小调、唱越弦，然后用充满激情的文字和照片向大山外面揭开数百年来笼罩在村子上面的神秘“面纱”，介绍张李窑在保护河湟曲艺方面的卓越贡献，使张李窑这个不为外人所知的山村，第一次名闻河湟。王文中先生在《岁月的痕迹》一书中就是这样描写和赞颂张李窑的："这些在田地里劳作了一天的人们，身上还沾着泥土，可当他们抚弄起三弦二胡的时候，从粗大的关节指缝间流淌出来的，竟是有板有眼、典雅不俗的'高山流水'。"

百多年来，张李窑不少村民爱好越弦和平弦，而且相习成风。他们不辞辛苦，跑到山那边的谢家寨与艺人们切磋技艺，甚至跑到30里外的西宁隍庙里听曲儿。像现在已是国家级非物质文化遗产项目代表性传承人的李德顺为学演唱技艺，白天在农田辛苦劳动后，傍晚时分怀揣一个青稞面馍，翻山直奔西宁师傅家，跟陈子璋学习平弦演唱，跟雷少云学习三弦的弹奏，"一学就是好几个钟头，有时学到鸡叫才返回，回家的路上我高兴地哼着师傅教过的调儿，到家时，天已大亮，不觉得一点累。越弦和平弦伴了我一辈子，我觉得这辈子活得值。"他协助县文化馆整理越弦、平弦的传统唱词和曲谱，唱词和唱腔在《青海民间曲艺选·湟中专辑》和《越弦音乐》中收集、出版；在全省眉户戏汇演中，他伴奏的剧目《一担水》、《寒夜弦声》获得一、二等奖。像省级非物质文化遗产项目代表性传承人李永俊12岁学板胡、二胡的演奏，15岁学扬琴，18岁学弹三弦，20岁开始登台演唱平弦和眉户戏，演唱的许多曲目在省广播电台和电视台播放。如：平弦《八仙畅饮金塔酒》、越弦《父子牛倌》等曾于1987、1988年在青海人民广播电台多次播放；平弦《夜坐曹府》、越弦《好司机拾金不昧》于1999年、2000年、2001年在省电视台"河湟风"、"西海情"栏目多次播出；越弦《访宾朋》于2005年7月被甘肃人民广播电台录制并多次播放，影响是极大的。张李窑的艺人们在外出演唱和自娱自乐中，还吸收了大量的民间小调及古代小曲，从唱腔、道白、语言、风格诸多方面进行了充实，表现力丰富，像行云流水一样，刚柔兼蓄，优美动人，尤其以表现民间生活故事的题材见长。

下麻尔

西宁西川湟水南岸的汉东川有个下麻尔村，它西靠大山的垭壑押必沟沟口，东侧与汉东堡、扎扎村毗邻。由于押必沟是大小南川、鲁沙尔、西堡、大源、甘河滩通往维新、共和和盘道的主要孔道，作为要隘之地，所以千百年来，下麻尔地界发生过不少动人心魄的事件。不说远的，就说明代万历年间的西川之战，押必沟作为明军调兵埋伏之地，下麻尔一带肯定战马嘶鸣，箭羽横飞。1929 年正月初四，马仲英率部自鲁沙尔出土閤门，取道马莲沟，经汉东堡，再过下麻尔到折科（今盘道），然后出湟源白水河，于正月初五血洗湟源城的，无辜百姓近 3 000 人死于非命。就从上述两件历史事件可以看出，普普通通的下麻尔竟是一处交通要道。

下麻尔村庄并不大，但作为地名，在青海历史上是比较悠久的。早在明万历二十三年（1595 年），西宁兵备道刘敏宽和同知龙膺共同创修了西宁最早的一部地方志《西宁卫志》，该书《蕃族》一章中就有西纳族下属有“班的撒（下）麻尔罕冬（汉东）大人”的记载；清乾隆时由西宁道佥事杨应琚所撰的《西宁府新志·建置·寨堡》一章中，就有“沙（下）麻尔庄，城西六十四里”，与半截沟、罕东堡为邻的记载。明代，原驻牧塞外的剌卜尔族被经略尚书郑洛招抚，移居近边，聚族而居，因而成为西宁周边 13 大族中隶属西纳族的一个小族。后因西川之战中，剌卜尔族“侦探御敌，预泄其谋，数得其力”；大战中，又不避锋镝，奋勇杀敌，所以大捷后，总督李汶、巡抚田乐等联名上奏朝廷，请求对剌卜尔族等有功部落给予破格奖赏。后明神宗朱翊钧敕授剌卜尔族小国师、指挥等名号和官职，史载“剌卜尔（因）近得国师，诸夷羡慕”。西宁卫当局并将南佛山北麓的广大山场奖赏给剌卜尔族，供该族放牧。南佛山北麓山场广阔，大山褶皱中山势平缓，水草丰美，这为剌卜尔族的发展壮大提供了极好的条件。此后，衰弱的罕东族零星族人、红帽尔族（下麻尔）族人亦被明西宁卫地方官员安置在附近驻牧，受班的撒（下）麻尔罕东大人约束，归剌卜尔族管辖，后两族族民逐渐由游牧为主改为以农耕为主，族名随之成为所在地的村庄名，即今汉东堡和下麻尔村。

后来，清王朝为了加强统治和地方管理，强行进行民族划片整体搬迁，下令将原居住于贵德河阴的回族民众从居住地“拨往西宁县康缠居住”，这些拖家带口的民众基本上都安置到原奖赏给剌卜尔族的山场内，这就形成了后来称之为“罕东五庄”的汉东、前沟、中沟、后沟和白崖。由于上述原因，时至今日，形成包括下麻尔在内，这些村庄基本上都是以回族民众为主。前些年，下麻尔出了一件全国闻名的事儿，该村回族无手小学教师马复兴深情藏沃土，断臂写人生，在三尺讲台上辛勤耕耘了一生。在他的带领下，一批批下麻尔的孩子们看到了外面精彩的世界，他的动人事迹，也感动了千千万万的人们。

海子沟

湟中县有个海子沟，离西宁近，而离县城竟有 40 公里的路程。只要你沿西宁西川北路西行到原来的“西钢”，过宋家寨，就会看到北面有山口——这就是海子沟的沟口。海子沟两山夹一沟，是名副其实的“夹皮沟”，沟西侧半坡上有路，斗折蛇行，路侧多叉口，沟沟梁梁上分别有东沟、古城沟、甘沟、黑沟、沟垴、东沟垴、总堡、阿滩、万家坪、景家庄、顾家岭、海南庄、大有山等大大小小 21 个村庄，当年人口统计时，总共不到两万人。真佩服这些吃苦耐劳的乡亲们，是他们在这过去能“挣死麻雀摔烂蛇”的荒山野沟里，日出而作，日落而息，守护着祖宗留下的一片土地。

海子沟是湟中县北部最远的一个乡，乡政府设在海南庄。1949 年前马步芳当政时，曾属当时的三其乡管辖，1962 年划归湟中县。人们说，海子沟原来曾经有过“海”，所以这里叫做“海子沟”，可是，后来“海”走了。这是真的吗？

有“海子”的地方，我国南北都有：四川有名的风景区四姑娘山就有个地方叫“海子沟”，位于玉龙雪山东麓，面积约10公顷。它由大海子、月亮海子、犀牛海子组成，实际上是高山冰蚀湖泊。新疆青河县东北40公里处有个三道海子，它由边海子、中海子、花海子组成，所以叫做“三道海子”。内蒙古泊江也有个“海子镇”；北京的一些湖也被人们称为“海子”。

湟中海子沟的所谓“海”，实际上就是堰塞湖。史载1933年四川叠溪大地震中，曾造就了一个长10 000米、宽600米、深40米，面积达3.4平方公里的堰塞湖；2008年四川汶川大地震，也造成了大大小小33个堰塞湖，其中唐家山堰塞湖曾一度成为悬在人们头上的达摩克斯剑，牵动了全国人民的心。堰塞湖是由于火山爆发、地震、山崩、滑坡等诸多地质原因，造成山谷壅塞、河道截断，当被堵水流储存到一定程度，所形成的湖就叫“堰塞湖”。如不及时加以治理，堰塞湖一旦溃决，将会给人民的生命财产造成极大的危害。

进海子沟沟口，东西两侧山高谷深，黄土高坡，一旦因雨多而土中含水量超过极限，极易造成滑坡。我们可以想象，历史上曾因某种原因，大自然在这儿留下了一座堰塞湖（海子），于是就有了海子沟，于是就有了海上、海南庄的地名。有人说，碧蓝如洗的海子，透出拒人千里的忧伤和孤傲的凄美，它是仙女遗失在人间的泪滴。这是多么富有诗情画意的语言啊！我们可以想象，当年的海子沟里，一汪碧水像大地母亲明亮的眼睛，慈爱地仰望着这里的沟沟壑壑，海子的边上，长满了随风摇曳的芦苇，三三两两的黄鸭在水面上嬉戏；山是那么的青，草是那么的绿，可是，到了那么一天，“海”却抛下自己曾哺育过的儿女，突然走了……

“谦受益，满招损。”海子沟里夏雨冬雪，堵水成海的“坝”终于在某一天，承受力达到了极限，“仙女的泪滴”破堤而出，顺着弯弯曲曲的山沟，奔向了湟水，从此，海子沟里没了“海”。

没了“海”的海子沟像湟水两岸浅山地区的许多村庄一样，人们靠天吃饭，每年雨水的丰沛与否，决定着粮食收成的多少。不要说庄稼了，就是人畜饮水，也成了问题，海子沟里有的村庄人畜喝窖水、喝涝坝水也是常事。20世纪70年代，云谷川水库建成了，一条输水管道翻山越岭，把清凉的娘娘山泉水送到了每家的锅台边。人老几辈子传说中的“海子”只给了人们一个想象中温馨的“太虚幻境”，而本不在这儿的云谷川水库，却让海子沟人结束了喝窖水、涝坝水的苦涩岁月，真正尝到了“海子”的甘甜。

阿哈吊

离开湟源峡响河尔村西行不到两公里，就见湟水南岸有个小小的村庄，名叫“阿哈吊”。当年，阿哈吊只有十余户人家，土墙柴门，庄廓背倚长满白桦的青山，前临蜿蜒东去的湟水。河边东西不到两公里、南北只有数百米的平展滩地，是村民赖以生存的肥沃田地。块块良田边，掩映着高大的青杨；碧草葱茏的河岸上，长满了枝条柔软的河柳。一座小桥横跨湟水，连接着河对岸的石崖庄。庄廓后的山坡上，长满了沙棘和一种结着“嘎拉拉玛颗儿”的灌木，由于地处阴坡，土质肥沃，常年湿润，除了沿着人和牲畜走出的小路可以上山外，其他地方是很难攀爬的。人家的庭院和门前，一般都栽种着一半棵碧桃、探春或轮柏（丁香），间或有探出墙头的一半棵杏树或李树，在初春和煦的阳光下，绽开着粉红或嫩白的花朵。由于村小人少，寂静的庄廓间的巷道里，偶尔有一半条守门狗懒洋洋地在门边墙根下睡觉，正午时分，也许会传来一两声鸡叫声，不由使人想起“犬吠深巷中，鸡鸣桑树巅”的诗句来。村前的庄稼地里已是葱绿一片，对岸山头上的老杨树上，“长高虫儿”（布谷鸟）不知疲倦地在喊：“长高！长高！”我们的古人曾在诗里用“暧暧远人村，依依墟里烟”这样传神的句子，描绘幽静的山村，我想，用它来形容阿哈吊是再恰当不过的了。

阿哈吊是一个美丽的山村。它的后山，从东到西十余里，长满了翠绿的白桦，从山脚下一直铺向山巅。这种长着桃型叶子的落叶乔木，浑身发白，一尘不染，顶着茁壮的树冠，密密麻麻，覆盖了整个南山。前临碧水，后靠青山，阿哈吊被誉为世外桃源，名不虚传。

阿哈吊虽小，却是一个古老的村庄。早在清乾隆年间由西宁道佥事杨应琚撰成的《西宁府新志》中就有关于它的记载："阿哈吊缠头庄，城（指西宁城）西八十里。"看来至少已有300年的历史了。《西宁府新志》中把阿哈吊称为"缠头庄"，是指阿哈吊当时的村民多数是蒙古族，像这样的"缠头庄"湟中就有许多，如西纳川许多村庄就叫某某缠头庄。蒙古语称哥哥为"阿哈"，弟弟为"吊"，传说当年有俩蒙古兄弟来此垦殖居住，人们就以此为名，叫做"阿哈吊"。据《湟源县志》记载，湟源"地名命意，十之八九皆从蒙番旧称"，所以以蒙古语命名的村庄不少，从这儿，也可以看出民族迁徙的历史痕迹。已故蒙古族海西王爷官保加之子官育骥先生有次同我路过此处，他曾仔细端详过阿哈吊村的后山，说村名确实是蒙古语，但村庄后山上有两座小山峰，紧挨在一起而形状一样，就像一对亲兄弟一样，他说村庄得名，也许与这两座小山峰是有关系的。

解放后的1953年，政府组织人力在村前开渠引湟水，修了"阿哈吊电灌站"，使石崖庄、响河尔两村受益；不久，村西的山沟里又开办了采石场，一条轻轨运石铁路铺到村前，将淡青色的片石源源不断地运向石崖庄火车站，从那时起，古老的阿哈吊已融入了时代的新潮流，不变的只是独特的村名和村后巍巍青山。

昂藏

全国闻名的藏传佛教寺院塔尔寺所处的莲花山下有个藏、汉聚居的昂藏村，它属湟中县鲁沙尔镇管辖。从村口南行不到两公里就是鲁沙尔镇（下纳滩），北行不远就是赵家庄，一过赵家庄，那就是实惠沟了。昂藏村由于地近塔尔寺，村民不但多信仰藏传佛教，而且自古就有经商的习惯。但改革开放以前，由于种种原因，数百口村民只得依靠村前村后的数百亩浅山旱田，过着勉强温饱的日子。改革开放以后，在党的富民政策的引导下，极大地激发了他们发家致富的积极性，经过近30年的打拼，村容村貌已经发生了极大的变化，土墙泥屋已被瓦房小楼所代替，村庄也已扩展到沟外的大路两旁；村民中有的已经在北京有名的潘家园旧货市场站稳了脚跟，有的竟在竞争激烈的北京古玩城四楼开起了名为“珠峰阁”的店铺。据说以制造佛教金银器闻名的“天源民族工艺制造厂”就是昂藏村村办的一家企业，一些过去只会扶犁耙、抡铁锹的庄稼人，摇身一变，成了西装革履的老板和身怀绝技的工艺大师，真让人惊叹不已。

昂藏是一个历史悠久的村庄，不仅仅是现在名人辈出，历史上也曾辉煌过。早在元代，“昂藏”作为部落名，就是一支隶属于隆奔族的小族，它和另一支小族班沙尔族一起，游牧于湟水南岸，归同一位头目统管。自从出身于西纳家族的喇嘛喜饶益喜作为八思巴的侍从，护送八思巴回藏后，喜饶益喜被元朝授职为宣政院院士，赐给其家族成员西纳贝本三道虎头牌，并被封为宗喀万户，多少年来一直与西纳部落毗邻而牧的隆奔部落就归西纳族管辖，昂藏族因而也随之成为西纳族所辖隆奔十八族之一，与坡家、多巴完冲、扎扎、隆思尔、牙胡尔等小族“属镇海营参将所辖，岁各输马不一。”——这在由明万历二十三年（1595年）西宁兵备道刘敏宽和同知龙膺共同创修的西宁现存最早的一部地方志《西宁卫志》中，就有明确的记载。

明永乐十七年（1419年），小小的昂藏族头领班某（史料中记载不详）为了表达对明王朝的忠顺，不辞辛劳，携带贡物，千里迢迢，亲赴北京觐见永乐皇帝。时间正是凑巧，据《释氏稽古略续集》卷五记载，而正是这一年，永乐皇帝御制佛曲完成，9 月 12 日，皇帝亲颁佛曲至大慈恩寺，当夜慈恩寺佛塔就出现了舍利光如宝珠；13 日大白天，天空竟显五色毫光，卿云捧日。文武群臣见此祥瑞，即上表称贺，“上甚喜悦，（命）建立佛刹以祈福，遍于两京（北京、南京）。”恰值这个“龙颜大喜”的时候，昂藏族头领班某风尘仆仆、不远数千里前来朝贡。来的正是时候，此举使明成祖朱棣深为感动，为示恩宠，他诰封昂藏族首领为正千户，并赐冠带袭衣。昂藏族受封正千户一事，不但使昂藏合族受宠若惊，荣极一时，也在河湟各族中传为佳话，史载当年不但西纳、巴沙、章咂、加尔即等大小部落首领也携带方物和贡马前往北京觐见，而且瞿昙寺、弘觉寺、净宁寺、丹斗寺、弘化寺、圆觉寺等寺院的国师、僧人也多次携带佛像、贡驼、海青、土豹、甲胄等赴京拜谒。

巴浪

西宁西川北路从小桥到扎麻隆（据我省著名藏学家谢佐先生解释：扎麻隆，藏语，意为“猫儿刺沟”；其东侧不远的多巴，也是藏语，意为“上面”；与之毗邻的巴浪，也是藏语，意为“波浪”般的地势），近 30 公里路途中，一路坦途，平畴如画，只有巴浪村附近，横亘村北的大山延伸部分造成一处凸起，人称“巴浪梁”，西川北路穿梁而过。再西行，就是湟中县黑嘴儿村了，所以巴浪是西宁市城北区管辖的最西边的村子。巴浪村位于路南，村后就是湟水河，一河一路，正好把村庄夹在中间。巴浪是个历史很悠久的村庄，明万历二十三年兵备道刘敏宽所修的《西宁卫志》中，就载“西川有巴浪堡”；青海省现存最早的较完整的一部地方志书《西宁志》是清分守西宁道陕西布政司右参议苏铣于顺治十四年仲冬修成的，其中卷四《兵防志·堡寨》一节中,就有“巴狼寨，城西四十里”的记载；清乾隆年间西宁道佥事杨应琚所撰的《西宁府新志》中，也有“吴忠堡

(即今吴仲村)，城西三十里；八郎堡，城西三十五里”的记载。三种史料中村名有三种写法，这大概也是书写的随意性所致吧。正因为“八郎”一词，民间就有这里是北宋“杨家将”里杨八郎在此守卫或葬身之传说。其实，杨家将抗辽守边、精忠报国的地点主要在山西，北宋时西宁建有青唐城，但这里属唃厮啰的天下，威震三关的杨家将根本没有来过青海。

关于村名的来历，我省著名学者谢佐老师给我说：“‘巴浪’一词，在藏语里是‘波浪’的意思，即波浪翻滚。”借用到青海汉语里，成了“舌头没脊梁，嘴里翻巴浪”，比喻说话不算数。甚至运用到青海花儿里：“降香的奶奶们降香来，歪巴浪纂纂（发髻）撒踏拉鞋。”“皮匠染成的红牛皮，鞋匠们锥靴子哩；马款寻下的不容易，三九天，冰凌里翻巴浪哩。”在西川北路，一路村桥烟树，平整如砥，只有这里上坡下坡，大路翻了个“巴浪”，这也许就是村名的来历吧。另据《城北乡韵·城北区村名的历史沿革》中介绍，传说当年村周围有八个大水坑，犹如八个大涝坝，分别是上巴浪、中巴浪、下巴浪、转巴浪、红崖浪、鸭子浪、高槽浪、西南门浪，因方言中称水坑为涝坝、浪坑或水浪浪，即“八个浪浪”，故缩称为“巴浪”，后演变成为“吧浪”。现故存一说。

土墙泥屋的巴浪村趁着改革开放的春风，早已鸟枪换炮了，成了“巾帼示范村”！村民们说：“上去高山望平川，巴浪村子在眼前，高速公路通西海，大彩门连的是青藏线。田间小路连成线，四通八联实方便。水渠绕着地边转，林网条块成花园。进去庄子往里看，刘姥姥进了大观园。水泥大路十字街，尕广场就修在大门前……”但当年村前那累累汉墓封土堆，仍留给了我一幕深刻的记忆。记得那时在马车的吱扭声里，人们慢慢爬上陡陡的巴浪梁，随着路边一棵棵青杨的退去，田野里渐渐显出一座座长满荒草的高大封土堆。它们像一部宏大的史书，摊开在撒满黄叶的秋天里，无声地诉说着西平古地2 000年前的苍凉与悲壮。

巴浪梁汉墓群是青海省省级文物保护单位，与毗邻的吴仲墓群一起，是西宁近郊较大的古墓遗存，有着极大的考古价值。1965年11月，考古部门对个别墓葬进行了发掘，发现这里的墓为砖室墓，由封堆、墓道、墓门、

西宁彭家寨汉墓出土的木轺车马

甬道、前室和后室组成，随葬品主要有陶器、铜器及汉五铢、王莽货布、货泉等钱币。尤其出土了陶仓、陶灶、陶锅、大口尖底罐、铜刀、铜弩机，器物繁杂，手法高超，反映出汉代人民生活的一个侧面。但由于种种原因，近几十年来，巴浪梁上的汉墓群已所剩无几，只有路侧一两座土堆还隐约可见，作为西宁西川尚能见到的汉墓标志，但愿我们的子孙后代以后还能看到它们，就能想起 2 000 年前，这里曾有过一段我们的祖先披荆斩棘、开拓河湟的艰辛历程。

陈家滩

也许，你不经意地看过雕梁画栋的西宁北门城楼；也许，你仔细欣赏过城楼上那精美的斗拱和雕饰；也许，你不经意地看过青海藏医药文化博物馆千佛殿中华丽的佛龛和供桌；也许，你也曾仔细欣赏过它那精美的图案和雕饰；也许你还不知道这些就是出自湟中县陈家滩木雕工艺匠人之手。陈家滩，作为青海省木雕工艺第一村，他们的劳动成果早已走出省门，蜚声四方，展现在山西、四川、新疆、辽宁的一些景点、庙宇里，在那远离河湟故土的地方，人们也知道青海有个陈家滩，那儿的木雕技艺好生了得，是出了名的。

陈家滩背靠湟中蚂蚁沟水库，从西宁沿西（西宁）塔（塔尔寺）公路南行 20 余公里，就可见到路右侧有座标志性建筑——一座构件精巧的木雕塔楼，那儿就是有 560 户人家，2 000 多人的陈家滩村。陈家滩西距塔尔寺仅两三公里，由于毗邻塔尔寺的原因，过去塔尔寺修修补补的土木活，多找陈家滩村民来做，因寺院常有一些柱饰、梁枋、斗拱需要更换，村上很早就有人学做木工雕刻手艺。据史料记载，民国元年（1912 年），农历十一月十二日傍晚，塔尔寺大经堂突发火灾，虽经全力抢救终被焚毁，事后陈家滩匠人就参与了大经堂的重建工作。

过去，陈家滩村的知名度还是蛮高的。另一个原因是因为塔尔寺每年有多次盛大的佛事活动，如正月观经、六月观经等，盛大的六月观经佛事活动中，有一项送“阿伊巴玛”的宗教仪式，这项活动的高潮就在陈家滩结束。据说“阿伊巴玛”是一位凶神，就像中原神话传说中的瘟神，送走了“瘟神”，才能求得国泰民安，风调雨顺，人民安康。泥塑的“阿伊巴玛”形象衣冠奇特，面目狰狞，其腹中放有内盛羊血的猪尿脬，开口上通“阿伊巴玛”的嘴，血迹淋漓，更增加了恐怖的气氛。待到农历六月初六上午时辰一到，只听法号长鸣，众僧诵经声起，在香烟缭绕中，穿戴华丽法衣的“大护法”在前开路，人们抬着五光十色、里面坐着“阿伊巴玛”的彩轿，急促地经过“八个塔儿”，翻过“晒大佛”的坡前小垭壑，向蚂蚁沟方向奔去。成百上千看热闹的人们和信徒们前拥后挤，争看前后摇晃的“阿伊巴玛”口中喷血、阴森恐怖的样子。队伍翻过陈家滩村后山梁直奔南川河，然后将“阿伊巴玛”和轿子推入河水中。当年，南川河水比现在流量大得多，看着光怪陆离的轿子和面目狰狞的“阿伊巴玛”摇摇晃晃地渐渐被河水吞没，人们才如释重负地返回原地。据史料记载，“阿伊巴玛”的原型是清雍正年间征剿罗卜藏丹津叛乱的川陕总督年羹尧。在那次反清动乱中，塔尔寺大喇嘛堪布诺门汗曾率寺僧参与，雍正帝得知青海军情后十分震怒，“寺院本是修行之区，转为藏奸之所，……佛教复兴，如此隆恩，喇嘛并不感激，反助悖逆之人，凶恶已极”，于是下旨痛剿。雍正元年十二月，堪布诺门汗看到形势不妙时，即率部投降，年羹尧认为他“势穷来降，情难姑恕”，然后数其罪状，即日处决。清末西宁名士李焕章有感于此，曾以一首《七绝》诗表达了自己对送“阿伊巴玛”的看法：“昔年梵宇助枭雄，豕火狼烟遍海东；倘使阇黎知自忏，年年底事斩年公?”诗人在诗后自注：“湟中寺院每做佛事，必作年羹尧佛像，咒斩之，讳其名曰‘施食’”。

年羹尧画像

塔尔寺不再送“阿伊巴玛”了，陈家滩村前的南川河边一年一度的喧闹也不见了，但村民的日子却蒸蒸日上，日新月异。村上的能人史廷辉不满足于旧有的那套木雕手艺，大胆走出村门，外出学艺，几年下来，他掌握了浅浮雕、高浮雕、透雕、圆雕、线雕等各种木雕技艺，而且为人厚道，善创新，不保守，在村里享有极高威望，塔尔寺活佛曾亲自给他颁发了“德艺双馨”的牌匾。在他的言传身教带领下，陈家滩的木雕技艺上了一个很大的档次，全村竟有 300 人从事木器加工业，他们个个八仙过海，各显神通，有人设计，有人制图，有人下料，有人雕刻；刀铲锯锛，斧凿钻刨，各种工具琳琅满目，让你眼花缭乱，光凿子一项，就有三四十个型号。在他们的手下，一根根圆木厚板，像变戏法一样，变成了精美的木制灵塔、佛龛、法床、宝座，或柱饰、梁枋、斗拱、门饰，或花草鸟兽、器具人物，活灵活现，让人赞不绝口，就像青海藏医药文化博物馆的药师佛龛、哲蚌时轮大金塔塔座等，都是美轮美奂的工艺品，有着很高的欣赏价值和收藏价值，真使人不敢相信，这些精品竟出自一群曾在田间扶犁抡镢，与庄稼打交道的农民之手。如今，湟中县正积极打造陈家滩特色文化旅游产业园，村上的王海寿已成为非物质文化木雕技艺传承人，作为青海省木雕技艺第一村，陈家滩将会迎来更加灿烂的明天！

大有山

西宁近郊有两个名字相似的村庄，一个叫大有山，另一个叫南有山；也写作大西山和南西山。南西山在西宁南山公园后面，也称“熊家山”，属西宁市城中区管辖；而大有山却在西宁科技产业园区西面的山顶上，属湟中县海子沟乡管辖。根据天干地支八卦方位图，西方为酉，庚辛金，这两个村庄名中有“酉”，是否也与方位有关？我国湖南沅陵县西北就有个小酉山，因那儿的石穴中发现了千卷秦人所藏的珍贵书籍，后来，这批书籍统统被冠名为“酉藏”，从此，“酉藏”一词成了所希见的珍藏秘籍的代名词。

大有山在西宁科技产业园区的正西面，从西宁小桥建设巷西行，就有盘山公路直上大有山山顶。从下面看，大有山是山，但一到山顶，上面却是平川，树木冉冉，田畴相连，牛哞马嘶，村舍俨然，恍惚间就像到了陕北的“塬上”一样。村以山为名，就叫大有山，是个有千余人口的大村庄。大有山历史很悠久，300多年前清乾隆时编撰的《西宁府新志》中就载：“大有山庄，城北十五里。”处于山顶的大有山田地都是旱田，靠天吃饭，过去人畜饮水，全靠村中低洼处的一大涝池，涝池水也全靠雨水汇集。据说每天清晨，规定是人们挑水的时间，这段时间里严禁牲畜靠近。它虽属湟中管辖，但人们交易买卖，一般都就近到省城，去县城反而不便利。20世纪70年代李家山的云谷川水库建成后，在党和政府的关心下，一条“倒虹吸”输水管连翻两座山，把娘娘山那清澈的泉水送到了世世代代喝“涝坝水”的村民家里，人老几辈子连想都不敢想的事儿，真的像梦一样，飘到了西宁头顶的大有山。

大有山村由于远在山上，与周围其他村庄相距较远，为了自卫，过去村中习武成风，如抡起刀棍，村上老老少少都有两下子，20世纪前半叶，这儿出了一个武艺精湛的赵成章，作为马步芳军队的武术教官，曾远近闻名。赵成章(1901—1971年)，汉族，青海湟中大有山人。他自幼酷爱武术，受其父武风影响，从小就奠定了一定的基础。20岁时拜甘肃秦川董世章（又名董货郎）为师，练习武艺。他生性聪慧，武术方面悟性很高，加之勤学苦练，又凭借良好的身体条件，武艺神速优美。他谦虚好学，不耻下问，学艺扎实认真，刀、枪、剑、棍、拳术套路样样精通，曾在西宁小校场、南禅寺等处摆场以武会友，切磋武艺。当时他的武功冠盖西宁，誉满河湟，尤其春秋大刀、白腊短棍在西宁地区堪称一绝，后被聘为回教促进会学校和炮兵团的武术教官。赵成章嫉恶如仇，武德高尚，武术造诣很高，虽在多次大型比赛中获胜，但绝无自高自傲之气。他收徒传艺，大兴武艺之风，为河湟地区的武术发展做出了重要贡献。

由于大有山特殊的山势，它在史料中还有一个名字，叫做“旱坪山”，《西宁府新志》中就说：“旱坪山，在县治北十里，土司李氏祖茔在焉。”“旱坪”二字，确实形象地描绘出了大有山的两大特点，既干旱，而且山顶平坦。李土司祖茔指山脚下明代高阳伯李文的墓，杨应琚撰《西宁府新志》时，说当时这里还有李文的祭碑。旱坪山前有苏木莲河，顶平而坡呈八楞，靠山面水，是堪舆家所谓的风水宝地。李文（1405—1489 年），字孟华，是明朝会宁伯李英的从子，明代大将，宣德年间初任指挥（武职官名）。当时塞外四卫之一的曲先卫散即思聚众叛乱，李文奉命率土兵随军出征，以功升陕西行都司都指挥佥事。明代有名的“土木堡之变”后，他又以“迎驾功”于英宗天顺元年（1457 年）升任都督佥事，出镇大同，再度因功封荣禄大夫、柱国、高阳伯，食禄一千石，后世称“西伯府”，荣极一时（李英，会宁伯，府第称“东伯府”）。并因“负资忠义，秉志纯良，将略素闲，战功克著”的原因，于 1458 年三月受赐“誓书铁券”。全国现存明代誓书铁券仅三张。它明确规定，受赐者凭这一铁券，犯法时可以免一次死罪，所以人们又把它叫做“免死铁券”。李文的誓书铁券由李土司后裔三其村李永蔚老人珍藏，后经我省著名藏学家谢佐、民俗专家谢承华二

位先生发现并推荐，现藏于省档案馆，是一件不可多得的珍贵文物。2003年3月，李文的金书铁券经国家档案局审定，作为全国档案系统收藏的唯一一件“金书铁券”，首批入选《中国档案文献遗产名录》；1996年9月,为纪念第13届国际档案大会在中国召开,邮电部专门发行了《中国古代档案珍藏》特种邮票一套4枚,其中一枚“金石档案·明代铁券”就是据此而设计的。作为青海档案局镇馆之宝，李文的金书铁券在这儿将得到妥善保护。

国米滩

离西宁沿青藏109国道西行30公里，便进入了湟源峡，两山夹峙，一水中流，群峰如齿，山高崖险；但满坡遍生白桦，郁郁葱葱，恍如绿毯，直冲山脊；峡中道路斗折蛇行，景随路变；一路浅绿深翠，清音相伴，峰回路转，村落时现，正如清末西宁名士来维礼的《秋日由丹噶尔赴西宁》诗意：“无数青山带笑迎”，真不愧是省内一处风景绝佳之处。国道过佛尔崖、下脖项村拐弯前行，青杨护路，一线西行，是峡中难得的一段直路，直路尽处前面拐弯处隔河有桥，桥南有村名“国米滩”。国米滩村在湟水南岸，村庄西倚一座翠螺似的小山，山顶有座小庙，碧山四围，清流绕村，小桥烟树，风景如画。村前不大的一片滩地，是村民赖以糊口的宝贵田地，其余耕地，多在隔河的北山缓冲山坡上。漫步古朴的村巷里，仰望南山高与天齐的白桦林，听村北哗哗东去的流水声，不由使人想起陶渊明“结庐在人境，而无车马喧”的诗句来。魏经邦先生1984年9月在《秋日石峡行》一诗中，是这样形容这里的风光：“秋早河湟石峡行，天高云淡喜晴明。经霜崖树数枫老，入可商声杂雁鸣。九穗登场欣岁稔，群山牧笛卜时亨。从来交泰开新运，头白清流喜濯缨。”

国米滩是个藏汉合璧的地名，西宁周边这样的地名真是不少。“滩”指这里的水边平地，村名为国（果）米，可能与西宁历史上十三大族之一的“郭密”族有一定的关系，由于人们书写的随意性，后写成“国米”了。

史书上所说的西宁周边十三大族亦称宗喀十三族。宗喀是一个地域概念，指宗拉让毛（即拉脊山）和宗水（湟水）南面的山川、峡谷和平川地区，其中果米族（亦写为郭密族）是十三大族之一，分上果米、中果米、下果米和果米阿羌，广泛分布在贵德、共和恰卜恰及黄河北岸的一些山沟谷地。正因为这个原因，以“果米”为地名的地方不少，如民国初年，上果米一位名叫知后温的人曾带领20余户族人迁居海西都兰县夏日哈乡，后就以族名为村名，叫做“果米村”，以示不忘数百里外的故族。据《西宁卫志》记载，当年居牧塞外的隆卜族曾分布在东西二百里的黄河北岸，明万历十九年，经兵部尚书郑洛“遣使致锁南坚错收抚之，开族八十有奇”。其中多巴族后又多次迁徙，遂在化隆、贵德、湟中都留有“多巴”地名。湟源峡中这个藏汉合璧的村名表明，或许早年果米族中就有人曾在这儿生活过。

国米滩所在地东邻骆驼脖项村，西通响河尔村，这一段是湟源峡中风光最美处，杨治平先生曾在《丹噶尔厅志》中就盛赞“临河一湾，如锦屏环插，烟岚隐约，苍翠欲滴，石有虎踞狮蹲之势，水有龙蛇蜿蜒之变，远岫烟雨，白云红叶，宛然画中美景也。”他用华丽的词藻，跌宕的句式，描绘了这里的旖旎风光。尤其村西的河北岸的峭壁上，当年刻有“海藏咽喉”、“转危为安”、“山高水长”等摩崖大字，“海藏咽喉”是西宁兵备道鄂云布于清嘉庆五年（1800年）所题，距今已有200多年了；“山高水长”是丹噶尔抚边同知黄文炳于清道光二十一年（1841年）所题；“转危为安”系民国二年时所镌，笔力遒劲，气势磅礴，给这儿山清水秀的环境增添了一种传统的文化氛围。只可惜随着西倒一级公路和铁路的建设，一些摩崖石刻已经毁坏，只有刻有“海藏咽喉”的一块被整体切割后运往湟源县城，矗立在路边供人们欣赏，但因石刻所处环境的改变，再也没有能引起沧桑之感的氛围了。

“握桥”(河厉桥)

国寺营

西宁西川西端的湟水南岸，有一村庄叫国寺营。它背靠烟岚隐约的西石峡，前临平畴如画的西川沃土，青藏公路西川南路穿村而过，汩汩湟水浇灌农田，确实是一块让人羡慕的地方，今属湟中县多巴镇管辖。但在数百年前，这里曾是藏族隆奔部落的政治活动中心。

隆奔族游牧范围在今青海湖东岸直至今湟源、湟中西部一带，西接果米（郭密）族，东邻占砸族，东北连西纳族，南至申中（香将）族。生活在牧区的隆奔人住帐房，以放牧牛羊为生；住农耕区的隆奔人建有房屋，亦耕亦牧，过着较为安定的定居生活，《西宁府新志》中就载有隆奔白杨沟庄、隆奔拉课庄等庄名。其首领就住在今国寺营，那里筑有城堡，堡内有首领居住的较为阔气的房屋。隆奔人虽居住分散，但有较严密的组织，其政治管理机构分两级，即由昂素和昂参组成。早在明代，为维护部落安全，解决内部纠纷，就设有一支类似于今日警察的队伍，明代万历《西宁卫志》中就有“虏警”的记载。因其势力较大，附近一支较小的藏族部落——奔巴尔族就曾臣服于它，受其支配。

明永乐年间，通过对土官李英等的封赐，明王朝逐步加强了在青海地区的统治。隆奔族首领为了部落和自身的安全，于1418年向明王朝纳贡献马，永乐帝曾任命札省吉尔迦为指挥佥事，规定隆奔族每年贡马100余匹，以供明军防守边塞之用。万历二十三年（1595 年）九月，蒙古永邵卜部自青海湖地区进犯南川，明甘肃巡抚田乐等曾征调隆奔族配合官军参战。南川、西川大捷后，明王朝对抵御永邵卜部有功的部落进行了重赏，其中，隆奔部落首领还被册封为"国师"头衔。于是，隆奔族首领在今国寺营大兴土木，修建豪华的国师府邸，从此，多数隆奔人投奔国师，齐聚府邸周边定居，即在今国寺营及其附近川地、山沟一带，至清初，已由明万历时的 100 多户发展到 827 户。

隆奔族国师居住地因扼西石峡（今湟源峡）口，挟西宁进藏大道，地理位置十分险要。据《秦边纪略》记载，当年“镇海营（今湟中通海）西至石峡，天险与夷共之”，西石峡是防范“海寇”的前哨要隘。清王朝平定青海后，对一些边防要塞的防守极为重视，除采取移民戍边外，还在那里屯兵驻防，协路二十九营分驻各地，负责一些险关要津的巡护。迄今西宁周边多有“某某营”的地名，多缘于此。因国寺营特殊的地理位置，故常有营兵巡守，人们因之称为“国师营”。也许是以讹传讹的缘故吧，现今却写成“国寺营”了，至今国寺营西面的山顶上，古城堡遗址仍然历历可见。

黑嘴尔

离西宁沿西川北路西行，过吴仲、巴浪，20 余公里处有村名叫黑嘴尔。黑嘴尔是湟中县多巴镇的一个村，与它毗邻的吴仲、巴浪就属于西宁市城北区了。湟水北岸的大山到黑嘴尔，突然中断，拐向西北，留出了宽宽的西纳川，再往西，就是有名的白象山（俗称猪头山）和它脚下的多巴了。正因为西纳川东山拐角处的山嘴就在黑嘴尔村北，远远望去，黑魆魆一片，这也许就是村庄得名的缘由。

黑嘴尔地处西川中部，西邻大名鼎鼎的多巴，土壤肥沃，田地宽广。数千年前，我们的先民们就曾繁衍生息在这块土地上，因而给我们留下了丰富的齐家、卡约文化遗存，据《青海古代文化遗址简表》记载，黑嘴尔村北的大东台和雪沟槽就是齐家、卡约文化遗存比较集中之地。黑嘴尔地处西纳川川口，西川北路和赴水峡大道在此分叉，因地处要津，在数千年的历史演变中，曾留下了不少值得一提的故事。

黑嘴尔是一个古老的村庄，《西宁府新志》中就有记载，说“新归附黑嘴堡，城西四十里”。说它“新归附”，即村庄此前是由寺院或部落管理，新近才划归西宁府管辖。当年，宗喀十三族中有名的西纳部落在这儿游牧，川原开阔、山清水秀的西纳川为部落的繁衍提供了优厚的生存条件。南宋宁宗嘉定年间，出身于西纳部落的西纳格西和家族成员赴上都投靠成吉思汗，因而受到元王朝的器重。此后，该家族的第一代西纳喇嘛喜饶益喜曾作为侍从，护送八思巴返藏受戒，被元朝授职为宣政院院士，并赐给其家族成员西纳贝本三道虎头牌，封为宗喀万户，让他管辖今湟中一带湟水谷地。永乐八年，明王朝尊出身于西纳家族的西纳喇嘛却帕坚赞为国师，赐土地、百姓、象牙图章和银印；永乐十年，再封为禅师。宣德二年，又封其为“通慧静觉国师”。17 年间，西纳喇嘛却帕坚赞三次受朝廷敕封，荣极一时。之后，却帕坚赞大兴土木，在西纳川和西纳川口分别建成两座西纳寺院，南北照应，俗称为西纳上寺和西纳下寺。西纳上寺即在今拦隆口上寺村，当时称这里为“西纳贡麻”；西纳下寺即在今黑嘴尔，当时称这里为“西纳雪麻”，明朝曾敕赐寺名为“演教寺”。当年的西纳寺尊崇藏传佛教中的萨迦派，是西纳家族统治宗喀地区的政教中心，也是湟中地区最主要的寺院。明末清初，随着格鲁派的崛起和塔尔寺的建立，青海东部古老的萨迦派寺院西纳寺也随之改宗格鲁派。西纳家族为塔尔寺的创建做出了很大贡献，西纳活佛作为塔尔寺的活佛之一，在清代也多次受到朝廷的赏赐，曾被封为“大国师”，赐银印，地位仍然十分显赫。

宗喀地区宗教活动中心转向塔尔寺后，西纳寺也随之衰落，寺院对一些给寺院交粮纳草的村落，渐渐只能进行松散管理，有的村落甚至直接被官府纳入管辖范围，这就是前面所说的“新归附”的来历。翻开《西宁府新志》，像黑嘴尔这样的村庄不少，都标有“新归附”的字样。

当年建在西纳川口的黑嘴尔西纳下寺——演教寺寺主虽然一直由塔尔

寺西纳活佛担任，但黑嘴尔地处西纳川口，近西宁，远离西纳部落统治的中心，尤其村落“归附”官府后，原供养寺院的百姓转而向官府交粮纳草，由于经济来源的改变，致使下寺寺院衰落更快。清光绪十九年（1893年）闰五月，在地方动乱中，黑嘴尔堡因地处要道，很快被起事民众攻破，堡内百姓纷纷逃往府城，已经不景气的西纳下寺在战火中又遭劫难。人说福不双降，祸不单行。其实早在1844年，清政府在列强的威胁下，被迫下令准许中国人信仰天主教，从此，各国传教士纷纷进入中国，设教区，建教堂，称霸一方。清宣统二年（1910年），天主教甘肃教区神甫、比利时籍人康国泰来西宁传教，在南大街建天主堂；1929年，在青海地方当局的支持下，康国泰强行在黑嘴尔、毛儿刺沟、彭家寨等地改庙宇为天主堂，并由奥地利籍费惠民主持，在黑嘴尔建起修女院；1936年，基督教亦在黑嘴尔设基督教分堂，促使西纳下寺更加败落。据史料记载，历史悠久的西纳下寺后来又被马步芳军队用作军火库，储藏枪支弹药，在马家军全面溃败、西宁临近解放时，军火库被当局炸毁。至今，也许只有在个别青海地方史料中，才有有关西纳下寺的片言只字记载。

虎　台

西宁城西杨家寨有一个大土墩，史称“虎台”，又称“方亭”，老百姓却叫“谎粮墩”，并附有一段美丽的传说。据民国初年甘青名士周子扬测量：“土墩高约十丈，趾方，各32丈，顶圆，径8丈许。”60年代前，城西川原平旷，出西门不远，即可见到大墩，“西平郡西矗层台，台势嵯峨出尘埃”，因而成为古城一景。历代文人登临凭吊，多有题咏。如明代刘敏宽《湟中三捷纪事》诗中就说：“亲提义旅虎台西，夜向荒祠藉草栖。”清末西宁诗人李焕章在《虎台怀古》诗中说：“君不见虎台突兀风雨中，满目萧条蓬蒿碧。”这里只能触发人们思古之幽情。

虎台是曾建都于西宁、乐都的南凉王国遗留在西宁的重要史迹，当时

南凉虎台遗迹

曾被称为方亭。它是南凉国举行重大政治、军事活动的场所。“飞扬大纛接云汉，鼍鼓声中画角吹。鲜卑畏威来献马，青海部落拜台下。兵卫森列顾盼雄，观者如山语呕哑。”从后代诗人的想象中，可以联想到当时虎台前人喊马嘶、山动地摇的壮观场面。南凉作为“五胡十六国”时期的一国，立国仅 18 年，历三主。尽管兴亡匆匆，但却在青海史书上留下了重要的一笔。正如清末西宁名士基生兰在《湟中怀古》诗中所说：“郡开西海权奸置，都建南凉兄弟传。”公元 399 年正月，南凉王秃发乌孤自廉川堡迁都乐都，封其三弟秃发傉檀为广武公，镇西平（西宁）。三年后，37 岁的傉檀在西宁继二兄秃发利鹿孤王位，其先后镇守西宁近四年，估计虎台就是此期间修筑的。

傉檀是秃发三兄弟中较有作为的一个，《晋书》曾赞“傉檀杰出，腾驾时英”。在当时北有北凉，东有西秦，东北有夏，西有吐谷浑的情况下，他征戎夏之兵五万余，仗钺誓师，大阅于方亭，东拒西抗，守国 18 年，连他的敌人也说他“机变无穷，辞致清辩，神机秀发，信一代之伟人，……

不可图也。”可惜他生了一个窝囊的儿子——虎台，致使国破家亡。

虎台是折掘王后所生，据专家考证，因唐代避讳唐高祖李渊父亲李虎之名，史料中曾一度改称为“武台”。傉檀继位后，册封其为太子、录尚书事，并以他的名字命名方亭，足见对他的倚重和厚望。但他战不能战，守不能守，带兵一次就败于吐谷浑。公元414年，傉檀西征乙弗，让他留守国都，西秦乞伏炽磐闻讯乘虚来袭，竟“一旬而城陷”，虎台及留守众官、后宫妃嫔俱被劫往西秦，致使大胜而还的傉檀不忍见“妻子入他人怀抱”而投降，遂使南凉国灭亡。刘禅式的虎台竟按炽磐的意图，竟作书召镇守浩门的南凉将尉贤政归降，曾遭到贤政的痛斥。

公元415年，押往西秦的傉檀被女婿炽磐杀害，良心未泯的虎台与其妹密谋杀炽磐以报仇，423年冬，终因事泄而同被毒死。昏庸无能的虎台度过了不光彩的一生，南凉国也早已被人们所淡忘，但以他的名字命名的虎台，20世纪80年代后因之成为城西一地区名，遂有虎台饭店、虎台中学、虎台小学、虎台社区、虎台一巷等单位和地名，至今家喻户晓，这却是始料不及的。只是傉檀的又一名儿子逃到北魏，这就是名列史册的源贺。

历经近1 600年风雨沧桑的虎台遗迹，在上级的关心下，于2005年被建成“南凉虎台遗址公园”，公园建成时，已移居广东鹤山市的源氏家族后裔曾专程前来西宁寻根问祖，故土重游，一时传为佳话。遗址公园内青石板铺路，草盖亭候客，三兄弟石雕像或盘坐，或倚马，或横戈，各具生前特征，荒台上青草萋萋，石鼎四立，绿树草花，点缀其间，已成为西宁市市民休闲游览的又一去处。

花园南北街

明洪武二十年（1367年），长兴侯耿秉文率陕西诸卫所士兵修筑了西宁城，东门号称“迎恩门”，门址即在今湟光十字以西不远处。因东稍门一带在东城墙之外，故当时称之为“关厢”，说“东门连关厢，商贾市肆皆集焉”。近200年后的明嘉靖年间，西宁周边烽烟不断，为了保护关厢商贾，嘉靖二十一年（1542年），兵备副使王昺在修补西宁卫城的同时，在东门外绕关厢一周修成了子城，子城开三门，以保护关厢内的商贾。据清初顺治时苏铣的《西宁志》中附载的《西宁卫城图》标示，“东关外城延一里许，为门三。”子城无西墙，与卫城东墙共用。关厢外城修成后，东门城墙根一带商铺林立，渐成街衢，以东门为限，南侧称南街，北侧称北街。因南街北端靠城墙建有一座药王宫，因而人称南街为“南宫门街”，北街为“北宫门街”。

民国元年（1912）9月，马麒被北洋政府任命为西宁镇总兵，9月20日，他离开洮岷协镇，在精锐西军三个营军队的随护下赴西宁就任，入驻总兵衙门，一年后，升任蒙番宣慰使，又迁入宣慰使署。据史料记载，当时宣慰使署门外新建鼓乐楼一座，五六尺的黄铜大号伸出楼外，漆红大鼓悬于两厢，“（马麒）每进出署衙，大炮三声，鼓号齐鸣。大门内数十人组成大刀队、长矛队分立两侧，二门内副官警卫十余人垂手伫立，警卫森严，气派宏大。”估计在其后不长时间里，马麒就在关厢购地建屋，作为私宅，时称“白玉公馆”（今东关白玉巷即得名于此）。1926年，冯玉祥任命马麒为甘边宁海护军使，仅仅两年后的1928年9月5日，国民政府中央政治会议第153次会议通过青海建省，1929年1月，冯玉祥部下孙连仲率3万国民军入青，并被任命为青海省政府主席，苦心经营青海十多年的马麒竟被任命为省府委员兼建设厅长，使他十分气馁。马麒审时度势，称病坚辞

西宁隍庙街(今解放路)出土的波斯银币

不就，回到白玉公馆蛰居。谁知天有不测风云，不久蒋、冯、阎中原大战爆发，5月，国民军奉调东下，省政府主席一职仍由马麒代理。1930年1月，南京国民政府正式任命马麒为青海省政府主席，再次执掌了青海军政大权。

马麒去世后，马麟虽被任命为青海省代理主席，但受马步芳权势逼迫，1936年10月远赴麦加朝觐，马步芳实际上大权在握。次年，他即整修白玉公馆，“重新油饰，备极华丽”，并在白玉巷北侧修建私邸花园，奇花异草，充斥其间。装修完工后，1938年8月，马步芳即在这儿为其独子马继援完婚。史载这次婚礼之盛，轰动全省，就连国民政府军政要员朱绍良、胡宗南、宋哲元、杨虎城、邓宝珊、贺耀祖、马鸿逵、马鸿宾等也派人前来祝贺，丰厚的礼品“五光十色，缤纷杂呈”；几年后，马步芳又在这里为曾护送西陲宣化使、九世班禅进藏的专使赵守钰举办贺寿宴会。一直到“馨庐”建成之前，这里是达官显贵出入之所，车马往来，冠盖云集，华灯交映，觥筹交错。因这里有“白玉花园”的缘故，北宫门街渐渐改称为“花园北街”，南宫门街随之也改称为“花园南街”了。

黄蒿台

早就听说南山有个黄蒿台，是闻名小南川一大名胜。后读《西宁府续志》中清朝李荣树《南山》诗中“黄蒿台下三河水，青石坡前万树松”的诗句，因黄蒿台、青石坡都是南山脚下湟中村庄名，更增添了我慕名前往的迫切心情。

黄蒿台地处湟中原什张家乡境内。出西宁，经南川总寨，进蹚土湾，过土门关，当年一径沙石路将会把你引向大山深处。那里“五月犹教白雪封，南山峭拔峙千重”，一渠从拉脊山流出的雪水在山沟里昼夜流淌，因为有汩汩山溪的滋润，山沟里遂有了一个个村庄，黄蒿台村便是其中的一个。

过黄蒿台，不远处还有村，名叫流水沟，村前的河滩，是天然的绿茵场，由于有山溪的惠顾，绿茸茸的小草像抿了油，整个夏天里是那么油光锃亮；村前的山坡上，长满了杨树和河柳，浅绿深翠，浓墨重彩地显示着自己的存在。由于远离城市，似乎觉得连空气也是那么悠闲和安详。

号称小南川一大名胜的黄蒿台不是指黄蒿台村，而是指离流水沟不远的仙佛洞。过小桥，沿着潺潺山溪前行，原来看似很远的拉脊山渐渐近至眼前。就在你即将被大山拥进怀抱的时候，路右赭色山崖上突然出现了一座玲珑的殿宇，“黄蒿台”到了。

仙佛洞在丹霞地貌的山崖上，奇就奇在它的山、洞、水。据矗立在崖下石碑上的碑文介绍，早在明洪武年间，就有道人在此结庐修行，历尽明清两朝数百年，一度曾香火兴盛。就连清代在外做大官的李荣树，尽管看遍了广东的青山秀水，也为这里的幽静山水所折服，写下了上面所引用的诗句。清净而险峻的仙佛洞在清末同治、光绪年间曾毁于战乱，后经修复，但又毁于“文革”。80年代，在黄蒿台村民的倡议下，历尽艰难，殿宇才得以重新修复。

仙佛洞倚崖临河，垒石成院，山门简陋，石径草封。院中芳草如茵，小小的水渠如线，蜿蜒其间。崖高数十丈，土红色的山崖在天地一碧的深山里，显得格外醒目。崖侧有小湾，百十株青杨冉冉成林，随风摇曳，沙沙作响。崖下有数间殿宇，油彩焕然，可知修复的时间并不长。距地面五六丈的悬崖上，还有数间殿堂，经幔翻卷，香烟缭绕，但遍观四周，难觅登殿通道。原来秘密就在崖下殿堂内。进殿堂，穿小门，就像登西安大雁塔一样，有楼梯直通高处。顺着咯吱作响的楼梯，上板阁，过悬桥，可达崖上殿堂。原来崖上有古洞，巧匠们依势设计，既有屋宇，又有走廊。站在离地数丈的悬崖上，背靠“悬空寺”凭栏远眺，眼前拉脊山色如黛，峰岭相连，浮云若絮，横挂天际，真使人心旷神怡，展翅欲飞。俯瞰脚下，碧流蜿蜒，银光闪烁，时隐时现。这里由于有水，黄蒿台才有了灵气。它一会儿变成像熔化了的碧玉，顺着山势下泻；一会儿又像白色的绸缎，在卵石间闪烁。它像高山的精灵，从云雾缭绕处走来；又像一个顽皮的孩子，不安分地左拐右转，在山崖下、巨石边跳跃，向着真正的黄蒿台村奔去。

仙佛洞看似道观，又塑有佛像，佛道合一，看来“仙佛洞”之名倒是很符合实际的。“丹壁千寻峻极天，三楹飞阁半壁悬”，其上殿凌空悬架，构思奇巧，加之地处深山，环境幽静，在青山碧水之间兀现出一座雕梁画栋的宗教场所，给这里平添了一处人文景观。数百年来，仙佛洞声名远播，吸引着大、小南川及远处善男信女前来，也吸引着无数爱好远足、向往回归大自然的人们前来旅游观光。每至夏天，晴空丽日，下映葱茏青山，更有许多踏青者携帐带灶，来此寻幽。每当这个节季，仙佛洞前的山溪边，丛林中，处处欢声笑语，炊烟袅袅，寂静而空旷的山谷里从早到晚充满着欢乐，偏僻的什张家乡因此而成了湟中的一处闻名的旅游景点。

由于种种原因，90 年代中期，刚刚恢复到一定规模的黄蒿台仙佛洞又被毁坏。旧地重游，你会不忍心地看到，上殿残垣中依稀有斑驳的壁画，暗洞楼梯处只剩下一些残砖断瓦，重修碑匍匐在地，山门处只存豁口。唯有崖侧的青杨林在山风中摇头叹息，院中的小渠在碧草间低声呜咽，因为它们不明白，这到底是为了什么？正是：夏日寻幽南山来，一路频问黄蒿台；仙佛洞前草封径，三河水畔树成材；道观兴衰缘世事，痴人感慨独徘徊；君看如茵林间地，野花依旧傍溪开。

湟源南北古城

从西宁西行 70 里，便是“危峰壁立，南北陡峙，奇石突兀”的湟源峡。湟源峡全长 20 余里，古称戎峡、西石峡，因地处湟源城关镇之东，湟源人称其为东峡。这里东连西宁，西通海北、海西和海南，自古是西宁通往青海湖地区的交通要道之一，就像清代丹噶尔同知封启云所说：“绝塞全凭一道通”，向有“海藏咽喉”之称，因而历来也是兵家必争之地。几千年来，肥沃的青海湖草原一直是兵家必争之地。剑戟相交，箭羽横飞，在防守与进攻的交替中，留下了许多古城遗址，其中包括湟源峡西口的南北两座古城。“九里山前古战场，牧童拾起旧刀枪”，尽管生活在这儿的人们已很少能记得起它们的历史，它们的名字也即将湮灭在历史的尘埃中，但只要路过这里，那高耸的、斑驳陆离的古墙，那残垣颓墙间片片陶瓷碎片，仍在向人们诉说着那段久远的历史。

南北古城位于湟源峡西口，隔湟水而南北相对。当你沿西湟公路西上，过大扎湾，便是有名的湟源“二夹梁”。二夹梁是八宝山褶皱中向南伸出的一条小山脊，它由北向南，被湟水所断，与大俄博山脚下的扁炮台隔河相望。二夹梁西距湟源城关镇仅两公里，南端高出湟水河床 50—80 米，它将湟源峡西口全部封闭，形成了一道天然屏障，真可以称得上是湟源峡的西口“锁钥”。如今青藏公路、青藏铁路都在此斩岩而过，公路（109 国道）通过处的上方修有涵洞，以防北山洪水对公路的冲击。有名的北古城就在公路北侧的二夹梁的山梁上。

北古城位于山梁北部，依地势而建，北高南低，东、西、南三面城墙与断崖几乎垂直，北城墙因靠近大山，城墙外挖掘有宽 10 米的深壕（护城壕），壕的两端与山沟相通。古城虽历尽沧桑，但城墙迄今仍高达 7 米，棱角分明，马面依旧。尤其南墙因紧靠断崖，当年设计者将南墙分为两段，东段内收，互相错开，留出了向东的城门。为了加强防御，从东墙第一个马面起，沿二夹梁山脊东断崖，向南又修筑了一条长达 500 米的防护墙，直达湟水岸边，并在尾端筑起了高达 11 米的瞭望台。与此相配套的是，在城北高山上筑起了三个高达 19 米的瞭望台，高低错落，互为犄角。如果你不辞辛苦登残存的城墙，那湟水与药水河交汇处的川原村树，定将一览无余。当你漫步城中，虽经数百年农民辛勤劳作，这儿已成为农田，但依稀能看得出当年横贯东西的城中大道，和东北角的建筑遗迹；脚下的泥土中，碎砖、陶片等随处可见。据考古发现，这里文化堆积层达两米以上，曾出土过石马、石磨、柱础等文物，经专家考证，这些均为唐代遗物。

据史料记载，北古城最早建于南凉，时称“绥羌城”。由于南凉立国不长，此城很快被废弃。唐开元年间，唐王朝为了加强防御西陲，在陇右设置了 13 个军，其中设在今湟源地区的白水军按规模名列第 7。白水军由唐

丹噶尔古城

将郭知运、张怀亮在开元四年（一说五年）设置，当时管兵4 000人，马500匹，是唐王朝设在湟水上游最大的军事基地，鄯城（今西宁）西部屏障，也是向青海湖地区进攻时的前沿基地。因此，南凉的绥羌城又成了白水军的“绥戎城”。绥戎城的得名源于绥戎峡，绥戎峡即“戎峡”，即今之湟源峡。《新唐书·地理志》明确记载，河源军（驻西宁）西六十里有临蕃城，又西六十里有白水军绥戎城，又西南六十里有定戎城，……石堡城，……其西吐蕃，有开元分界碑。河源军在今西宁乐家湾，临蕃城即今湟中通海（镇海堡）；又可作证的是《西宁卫志》载“临蕃城，在卫治西”，古里小于今，北古城为唐白水军绥戎城无疑。

据《丹噶尔厅志》记载，清雍正元年罗卜藏丹津叛乱时，“退以丹地（指丹噶尔，即今湟源城关镇）为巢穴，（罗卜藏丹津）与其妹阿宝分屯两城（指南北古城），为犄角之势，……”可见唐的绥戎城在清代又派上了最后一次用场。

南古城位于大俄博山脚下扁炮台西的山凹里，与北古城隔河相望。由于地处河阴，坡度较缓，土质肥沃，城周早已田亩相连，上世纪五六十年代已有人在向阳的北城墙下西北角筑墙盖屋，现已俨然成为村庄了。

南古城扼药水河与湟水的交汇处，由于地势开阔，不像北古城那样北窄南宽，而呈正方形，东西长 250 米，南北宽 245 米，南北各开一门，门外有瓮城。因地势所限，南高北低。现城墙残高尚有 18 米，底宽 15 米，上宽 2 米。南古城与《水经注》中所记的汉临羌故城位置相符。《水经注》中说："湟水又东，经临羌县故城北，……湟水又东，卢溪水注之。……湟水又东，经临羌新县故城南。"据专家考证，卢溪水即今湟源峡中响河尔东南的盘道沟水。20 世纪初甘青名士周希武亲历其地，他在《宁海纪行》中说："……西行越一土坡，土人谓之'二夹梁'，夹湟水南北，各有古城遗址。余疑县城东南湟水南岸之南古城址，当即临羌城也。"由此看来，南古城是汉临羌故城无疑。但《丹噶尔厅志》却认为，"清初罗卜藏丹津与其妹阿宝分屯两城（指南北古城），为犄角之势。今观二城建筑之年份，查设施之狡黠，耆老所传述，非无故矣。"到底南古城是汉临羌城，还是清初罗卜藏丹津所筑呢？据考古工作者多次考查，无论从建制、保存状况，还是从出土文物分析，南古城是清代城池。

"临羌"地名第一次出现于史册，是在赵充国的屯田奏书中："计度临羌东至浩门，……"但临羌何时为县，史无记载。据有关资料证明，汉宣帝神爵元年（前 61 年）时县还未建立，当在神爵二年以后。关于临羌县废弃时间，多认为在魏晋之际，与西宁相比，湟源地势高寒，西石峡狭窄，造成后方供给困难，加之战乱不断等原因，如果南古城真的是汉临羌城，那么废弃的时间也是很早的。另有一说，临羌故县在今湟中通海（镇海堡），约在东汉时迁至今多巴破塌城，后称临羌新县。《水经注》中说："湟水又东，经临羌新县故城南。"与今天多巴地区的地理位置是相符的。《中国文物地图集·青海分册》和《青海建置沿革志》都对此保留了两种说法，认为临羌城是南古城，另有一说，认为临羌故城在湟中通海。临羌县是西汉后将军赵充国进军河湟后，在河湟地区首次设立的郡县之一，后归入金城郡，为金城郡 13 县之一。可能因上述诸多原因，临羌县在湟源地区建县不久，就撤往今通海，所以考古中未发现清代以前的文物，正如周希武在《宁海纪行》中所说："临羌城与临羌县故城、临羌新县故城，当作三地为是。"

加　牙

西宁大南川有个加牙村，它踞马场沟口，与黑城（即北宋时的清平寨）、陈家滩为邻，今属湟中县上新庄镇管辖。“加牙”是藏语，据我省著名学者谢佐先生解释，是“上面的青石滩”的意思。加牙村西靠加牙阳坡，前临南川河（即麒麟河），河床遍布青色河卵石，与村名藏语的意思很相符。明代为防边患，在西宁周边大修“边墙”，当时的边墙从大通方向逶迤而来，过大小康缠、班沙尔、塔尔寺之后，穿红崖沟，从加牙阳坡直下，堵住马场沟口，沿黑城西侧延伸向马鸡沟峡。历经数百年的风雨剥蚀，加牙阳坡的边墙只留下了一道疤痕，而村东的边墙像一幕渐渐褪色影片里的历史印迹，斑驳陆离地横亘在大南川的莽原上。随着这些年人们的不断蚕食，被国家定名为“明长城”的珍贵遗迹，正以前所未有的速度迅速消失，令人感到十分惋惜。清乾隆时西宁道佥事杨应琚老先生巡视这儿时，面对当年硝烟弥漫的战场，曾感叹：“起视四野，边墙内外，牛羊满野，一童子牧之矣！”200多年后，当年的牧场已成为田畴相连，村落毗邻的农耕天下了。在那兵荒马乱的20世纪20年代末，马仲英三次围攻河州失败后移军河湟，翻越拉脊山欲掠塔尔寺，塔尔寺主持权衡再三，只得效仿贵德县当局为免地方涂炭，采取郊迎进城的方式，带领僧众代表和地方头面人物前来迎接。据史料记载，当年迎接人员一行翻红崖沟，即在加牙阳坡与马仲英相遇，经过一番周折之后，将马仲英部迎往鲁沙尔住宿，热情款待，才使塔尔寺免遭兵燹。

加牙是个多民族聚居的村庄，村上各民族和睦相处，亲如一家，前些年，这里曾发生过一名汉族村民勇救溺水藏族儿童索南的故事，演绎了一曲民族团结的凯歌。数百年来，加牙村以出产藏毯闻名。据史料记载，由于加牙四周牧场开阔，明末清初时，就有人设架编织毯子，清康熙年间，随着临近的藏传佛教圣地塔尔寺扩建，为供应寺院装饰及僧人们诵经的坐垫，加牙手工编织藏毯的规模得到扩大。据《湟中县志·手工业》记载：清嘉庆年间，宁夏地毯工匠大、小马师来湟中加牙村传艺，村民马得全、杨新春二人拜其为师，随其进一步学习栽绒地毯的编织技艺，使藏毯的编织技艺更加规范化。其后马、杨两家的地毯技艺世代相传，全村人几乎个个都会捻线、编织藏毯，民间甚至有“姑娘嫁到加牙里，不捻线着干啥哩”的俗语。

加牙藏毯属于安多藏毯，经数百年的师徒传承，加牙藏毯以图案新颖、花色艳丽、栽绒紧密、经久耐用而闻名，所以人称加牙是安多藏毯的主要发源地。加牙藏毯品种繁多，产品有 14 个系列、70 多个品种，采用连环编结法，毯面较厚，约在 15 毫米以上。以卡垫、马褥毯、炕毯、地毯为主，花样新奇，做工精致，保留着传统藏毯边缘不缠线的特点。花色各异，有以藏式吉祥图案为主的传统藏毯、仿古藏毯、包芯卡垫藏毯、丝毛合织藏毯、丝绒藏毯等，图案具有风格粗犷、大气、配色艳丽、雍容华贵等风格特点。其原料选自天然放养的藏系绵羊毛、山羊绒、牦牛绒、驼绒等。因其品种繁多，工艺讲究，采用的是植物染料低温染色、低温洗毯，毛质不易损伤，织出来的毯子色泽艳丽、弹性好、不脱色、不掉毛，深受人们的欢迎。近些年，村上有着高超加牙藏毯编织技艺的杨永良成为青海省国家级非物质文化遗产项目代表性传承人，相信在他的带领和影响下，加牙藏毯加工业将走向一个更加辉煌的明天。

李 九

唐宋时，中央王朝就对边远地区的各族头人实行笼络政策，“封以官位，授以名号”，以求通过他们来管辖当地民众，维护自己的统治。元王朝沿袭了这种办法。朱元璋定都金陵后，洪武四年五月，元西宁州同知李南哥继元甘肃理问所官祁贡哥星吉之后呈表归附，鉴于此，朱元璋采用“裂土封爵，俾自为守，土官与汉官参治”的办法，分别授予他们指挥佥事、总旗、百户之职，以对边远地区进行统治。土官即世官，子孙可以世袭；汉官即流官，可以调迁。这些土官实际上是军人世家，不但拥有田土、属民，而且拥有土兵，有的还设有办事衙门，割据一方，遂成了当地的土皇帝，显赫河湟地区数百年的15家土司之一的李土司即是其一。李土司后分东西两个土司，其中李英一支号称“东伯府”，李文一支号称“西伯府”。据史料记载，从明朝开国到20世纪的1931年，东伯府传到了第18代土司李承襄头上，同年八月，国民政府宣布“取消青海省土司各职”，世袭时间长达560多年，伴随了明、清20多个皇帝的土司制度才算离开了政治舞台，这不能不说是河湟地区的一个历史奇迹。

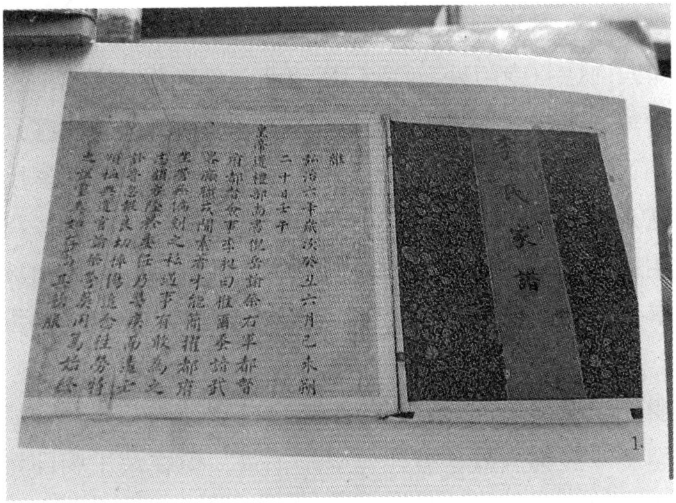

李土司家谱

当年东西李土司作为河湟地区的一支豪强世族，他们除了管辖属民、征收赋税、进贡献赋、维护家族的统治之外，还担负维护地方治安，听从朝廷调遣，参加征战、平息叛乱的职责，如明永乐年间李英多次应征随明成祖朱棣外出征战，曾因功官封“会宁伯”；天顺年间李文也因“迎驾功”受封“高阳伯”；明末李天俞就曾协助祁廷谏，抗拒李自成起义军攻打西宁，被俘后押往西安大牢关押，西伯府土司李洪远和妻子祁氏一家120余口死难。

由于土司家族社会地位显赫，一般家族嫡系成员都会受到良好的教育。明成化辛酉科进士李巩后官封尚宝司丞，是我省考取进士的第一人。万历癸末科武进士李光先就官封锦衣卫使，是我省考取武进士的第一人。被著名学者章士钊先生誉为“少数民族难得的女才”的李宜晴就是东伯府最后一代土司李承基之孙女，她一生道路坎坷，艰难中创作了大量的诗词，诗风清新婉丽，音调和谐，对仗工整，或豪放激越，或凄清哀婉。感情真挚，情韵缠绵，生动感人，有很高的艺术魅力和美学价值，社会公认是土族文学成就的一个里程碑。

由于500余年的繁衍生息，李土司家族遍布省内外，据有关专家粗略统计，青海境内就有10万人之多。据《西宁府新志》记载，当年西宁城外就有李土司四门庄（南门外）、六门庄（北门外一里）、九门庄（城北八里）等。后由于城区的扩大，四门庄、六门庄等早已消失，一些远离城市、地处乡间的土司村落仍在，其中像湟中李九村、李家庄、李家山，大通景阳十门庄等就是李土司后裔居住地。李九村地处实惠沟上部，离西宁走西川南路，过阴山堂进实惠沟，经西堡、两旗、葛家寨，路西山坡下的村庄便是，因是李土司第九房后裔居住地，所以称为“李九村”，属湟中县甘河滩镇管辖。

当年明王朝即将覆灭时，土司李天俞曾冒死与祁廷谏、胡琏等与李自成的“左金王”贺锦大战，誓死捍卫崇祯帝，但在清王朝即将覆灭时，李九庄的不少土司后人却手执长矛、大刀，汇集到乔寿山麾下，加入到元山尔反清起义队伍里，矛头直指清王朝。在那次可歌可泣的起义里，土司后裔李肃被捕后押往西宁监狱，其子李长芳脱逃后冒险虎口探监，就在李肃怨儿自投罗网、惊愕之际，李长芳突然称父亲为“阿舅！”然后转身出狱。当别人指认此即元山尔造反者时，李长芳早已跑出城门，一溜烟消失在南川河边的树林里。“牢狱探父”作为元山尔起义的一件逸事趣闻，至今尚被人们不时谈起。

李九村背倚大山，数百户村民依山脚而居，山坡下建有一处小巧玲珑的寺院，名“聂家寺”，亦名“宏福寺”，已被县上定为文物保护单位。寺院虽小而别具特色，经十多级台阶，才能步入寺门，三面殿堂，古朴雅致，院中花木掩映，幽静清香，闹中取静，怪不得常年有三五老人，在此谈天论地，乐得清闲。李九村民风淳朴，勤劳乐观，尤其以春节期间耍社火时的高跷闻名，你只要看看那高达两米的跷子，再看看那跷子上可直接坐到人家屋檐上的“大神祗”，颤巍巍地叫人头皮发麻。它和葛家寨的出僧官、千户营的高台，以特色取胜，看过后令人久久不忘。

长宁堡

长宁堡地处大通县县城到省城的中段，宁张公路之侧，南距西宁约 30 里，在青海历史上这里是一个很有名的地方。由于长宁堡的原因，在过去很长的一段时间里，西宁北川被称为长宁川。长宁川是湟中地区通往河西走廊的主要通道，在青海历史上居于重要地位。早在新石器时期，先民们进入湟水流域之初，这里就有他们活动的遗迹，闻名于世的舞蹈纹彩陶盆也是在长宁堡附近的上孙家寨墓地中发现的，它代表了马家窑文化的最高水平。在青铜时代，这里是卡约文化与辛店文化的交汇地之一，也可以说，这里是羌文化与中原文化、北方胡文化的交汇走廊。

汉武帝时霍去病开湟中，后来在这里设邮亭，定名长宁亭。取名之意，也许是希望战乱初定之后，以求长久安宁之意。汉宣帝神爵二年（前 60 年），赵充国给皇帝的奏章中说，北川至浩门“其间邮亭多败坏者”，可见当时西宁至大通河流域还设有其他邮亭。长宁堡一带是河湟地区最早开发的地区之一，作为军事重镇，

“汉匈奴归义亲汉长”铜印

尽管后来这里又曾设过县，但人们在很长的一段时间里，还是把它称为长宁亭。如北魏阚骃曰："长宁亭北有养女岭，即西平之北山也，乱流出峡，南经长宁亭。"由于长宁亭的原因，北川在历史上曾被称为长宁川，北川河也被称为长宁水。有名的地理典籍《水经注》中就说："湟水又东，长宁川注之。"《十三州志》中说："长宁水又东南，与一水（湟水）合。"据 1949 年后文物部门在这里发掘的 150 多座东汉墓葬证明，东汉时这里已设立了"相当于县一级（的）建制"，先后出土了大量陶制的罐、鼎、豆、甑、釜、灶、仓，以及玉器、漆盘、漆奁、铁刀、铜甑、铜镜、铜钱等，尤其"汉匈奴归义亲汉长"铜印和马良墓中车马器、石砚、木简等的出土，更进一步说明了当时长宁川的开发与社会状况。

据《晋书·地理志》记载，西晋时西平郡城就"统县四，户四千，西都、临羌、长宁、安夷"，这是长宁作为县的所在地，第一次出现在国家的正式史书上。长宁城"有东西门，东北隅有金城，在西平西北四十里。"之后数百年间，河西走廊和河湟谷地又出现了动乱的岁月，尤其东晋时，前凉、后凉、南凉、北凉间相互攻伐，多取此道。"王丰率骑八百自姑臧

"汉匈奴归义亲汉长"铜印拓片

（今武威）西南出石驴，据长宁”；前凉张轨以骑兵 3 万自武威入踞长宁，与曹祛战于长坂（今长宁附近）等史实，记载了长宁川那一段血腥的岁月。东晋安帝隆安四年，秃发利鹿孤为了给自己称帝制造舆论，编出了“龙显丁长宁，麒麟游于绥戎”的谎言，在“群臣称贺”下，当上了河西王。在南凉国短短的十多年中，长宁川作为南凉军队转战河西走廊的唯一交通要道，上演过多少幕“车辚辚，马萧萧”的场面，早已埋没在莽莽黄土之中，近代诗人李景白先生遗作曰：“金山立马意气扬，大展经纶据一方；勋业未就身先死，长教人忆海东王。”就是一首凭吊南凉三雄的诗作。

长宁作为西宁北边重要的军事屏障，设县治长达 200 余年，公元 526 年，北魏调整湟水谷地行政区划时，长宁与临羌、安夷等县同时被废。隋大业五年（609 年）四月，为解决吐谷浑边患问题，隋炀帝西巡河右，来到西平（今西宁），“五月庚辰，帝入长宁谷”。隋炀帝是封建中央王朝皇帝来到青海的第一人，可以想象，当年的苏木莲河边、长宁城下，十万大军旌旗猎猎，刀剑如林，浩浩荡荡通过时何等壮观的一番景象。

公元 11 世纪前后，唃厮啰政权建立于河湟地区，除改鄯州为青唐城之外，还改长宁城为牦牛城。宋哲宗元符二年（1099 年）秋八月，为收复河湟地区，安抚使王瞻出兵邈川（今乐都），以西宁人高永年为先锋。高永年时任“麟州都巡检”，王瞻攻取邈川后，不料宗哥（今平安）“诸羌连接为乱，白昼攻取仓库，永年以千骑直抵其城，乱者闻之，皆逾城遁去”。据《西宁府新志·献征·忠节》记载，在乾沟之战中，高永年“单骑拔矛刺羌酋鸡厮，万众之中斩其首，众皆宵遁”。后来青唐主“拢拶自乾沟逼鄯州（今西宁），永年佐瞻拒守，及姚雄弃河湟，皆以永年殿归师”。尤其在崇宁初的宗哥大战中，溪赊罗撒调集精兵强将“据高阜，欲冲官军，时任熙秦两路兵都统制、前军统帅的高永年挥选锋突阵，羌大败，遂平鄯州”。高永年不愧是一员身经百战的骁将，在北宋收复河湟的战斗中，他冒锋镝，冲白刃，立下汗马功劳。宋徽宗崇宁三年（1103 年），在诏改青唐城为西宁州、溪兰宗堡为清平寨的同时，改牦牛城为宣威城，高永年也以功升任西宁知州。1105 年夏，为了巩固西宁州边境，高永年出兵攻溪赊罗撒，经宣威城一战，溪赊罗撒大败，逃往大寒山（今达坂山），高永年一直追至大通河，因溪赊罗撒焚毁大通桥而返。不甘心失败的溪赊罗撒又联合西夏四监军之众再次攻宣威城，一代名将高永年自西宁率兵迎击，行30里，在宣威城下不幸被帐下亲兵所算，被多罗巴杀害，史载死得非常惨烈。

明代又恢复了长宁这一古老的地名，并把这里称为长宁堡。明万历三十四年，为防“海寇”之患，分别筑成威远、平虏、伏羌三城于西宁周边，由于长宁北面还有平虏城在，长宁堡的军事价值就小了许多，渐渐失去了当政者对它的重视。清代在这里设立了长宁驿，配驿马四匹，驿夫两名。清乾隆四年（1740年），杨应琚与西宁知府申梦玺议建社仓，募集社粮，长宁社仓作为西宁府城乡15处社仓之一，与毛家寨、新城两社仓共同组成了北川社仓，为调剂余缺、荒年互助发挥了重大作用。同治十三年（1874年），西宁知府龙锡庆在府城创办了三处义学的同时，倡建四乡义学22处，长宁堡社学也是其中之一。为了保证这些社学的办学经费，后任知府邓承伟又拨官粮63石。由各校直接从府社仓支领，分配给长宁堡社学的每年为3石。

马　场

离西宁沿宁果公路南行近30公里，过牛心堆（即孤山儿），路西有一沟，远望沟中村桥烟树，绵延十余公里，此即马场沟也。马场沟西接拉脊山门担峡，沟口即加牙村，多年前这里曾设为湟中县马场藏族乡，后在撤乡建镇中，成为上新庄镇管辖的一个自然村。但要说起“马场”的得名，还得从明代西宁苑说起。

马为六畜之首，自古以来既是耕种、骑载的重要工具，又是征战、驿传的国防军备。从战国时赵武灵王“胡服骑射”、赵子龙“单骑救主”，到唐太宗“昭陵六骏”、宋靖康年间“泥马渡康王”，有关马的故事数也数不清。汉武帝曾从西域输入“汗血马”，吐谷浑自波斯引种杂交得“龙驹”，隋炀帝置马于青海渚中以求龙种，无不为求良马而煞费苦心。所以古人说："马者，兵甲之本，国之大用。"历代都把养马、征马视为要政，专设机构进行管理。

西宁周边自古水草丰美，宜畜牧，作为良马的产地，历代闻名，尤其今贵南附近所产的"河曲马"，从唐至清，一直被列为"贡马"之一，倍受中央朝廷重视。自东晋咸安元年（371 年）吐谷浑遣使向前秦献马千匹以来，历东西魏、隋、唐、宋数代，史料中都有贡马的记载。为了获取更多更好的马匹，唐太宗曾设陇右牧监，"列布于河曲"；吐谷浑献马牛羊万余匹（头、只）请婚，唐以宗室女弘化公主许之。后宋、金本着"贸易蕃马，以给战士，马藏民间，兵兴随宜取用"的政策，未设专门机构管理，但从马背上取得天下的元王朝深知马的重要，统一中国后，即在各地设了 14 个群牧所，西宁就是其中之一。

明王朝建立后，始终把抵御元朝残余势力当作一件大事，非常重视马政管理。因为他们知道，即使有北方的长城在，没有一支强大的骑兵，是难以抵御强悍的蒙古铁骑的。为了保证军马的补给，永乐四年（1406 年），特设陕西、甘肃二苑马寺，归兵部管理，其中甘肃苑马寺设在碾伯城（今乐都碾伯镇），寺下设监，监下设苑，苑由围长负责。苑即"马场"，依牧场面积大小分三等，上苑必须牧马万匹，下苑至少要有 4 000 匹，可见规模之大。当时西宁卫共设祁连、甘泉两监，祁连监辖西宁、大通、永安、古城四苑，其中的西宁苑即在今湟中马场地界。

马场沟南北皆山也。当年这里青山逶迤，芳草连天，清流蜿蜒，草场宽，牧草肥，水源好，易守护，只要守住马场沟两头，苑马就不易丢失。沟中段北侧山垣有一平台，乃当年苑兵扎帐之地，人们俗称"帐房台"，登台一望，马场沟东西十余里一览无余，今已成为村名，仍称之为"帐房台"。当年千骏今已逝，马场却成为了沟东口一村名。由于人口繁衍，今已分为上马、下马两村了。

星家村

沿宁果公路南行不远，路东有个车桥厂，西宁与湟中县分界过去就在附近。过车桥厂西越南川河，那里有个享堂村，当年西祁土司祁廷谏的二儿子祁肇周就葬在这里，过去，因达官贵人的墓园称为“享堂”，所以人称其村为享堂村。村后有一沟，因村而得名，人称其沟为享堂沟。享堂村位于沟口北侧，沟口南侧也有一村，人称星家村。要说起村名的来历，还得从罗卜藏丹津之乱说起。

清康熙皇帝继位后，曾亲统六师平定朔漠，“天威赫奕”，极大地震慑了驻牧青海的蒙古部落，固始汗嫡孙罗卜藏丹津因“稽首归命”，被封为亲王，其余部落头目亦被授与贝勒、贝子、公、台吉等职，“岁支俸银”。康熙五十六年（1717 年），准噶尔王授其部下率 6 000 兵急袭西藏拉萨，杀了藏王拉藏汗，为了稳定局势，康熙皇帝直接命其第十四子胤禵为抚远大将军，由延信拥兵进藏。1720 年，清军攻入拉萨，恢复了治安。在这一事件中，青海和硕特固始汗嫡孙罗卜藏丹津曾随大将军胤禵随征入藏，后被任命为由六人组成的西藏临时政府组成人员之一。西藏战事结束后，随军进藏的主要台吉各自都受到了清朝的褒奖，其中青海右翼实力人物察罕丹津受到最高奖赏，被封为亲王，而早已是亲王的罗卜藏丹津却只得到俸银二百两、缎五匹的赏赐，对此他甚感愤懑，很有意见。

1722 年，在我国历史上留下了深远影响的康熙皇帝去世了，皇四子胤禛继位，是为雍正帝。驻守西宁的皇十四子胤禵奔丧离宁，罗卜藏丹津认为青海空虚，朝廷无暇西顾，实现先人霸业、再兴固始汗帝国的时机终于到了。雍正元年七月，罗卜藏丹津在青海湖东南的察罕托罗亥（今倒淌河东北的白头山）与青海诸台吉会盟，自称“达赖浑台吉”，宣布废弃清朝所赐的王、贝勒、贝子、公、台吉等爵号，一律改称旧日名号，共同发动叛乱，起兵反清，一场在青海历史上留下了深深印记的事件，终于在青海湖畔拉开了血腥的序幕。

罗卜藏丹津在察罕托罗亥会盟举起反清大旗后，河湟谷地许多寺院纷纷响应，一时间形势骤变，战云密布。青海各部落及寺院喇嘛 20 余万人以东科寺为据点，冲出西石峡，猛攻西宁门户——西川镇海堡，以及南川和北川各要隘。雍正帝遂下了调集大军征剿的决心，他以川陕总督年羹尧为抚远大将军，四川提督岳钟琪为奋威将军，进军青海，进行讨伐。在这一事关国家统一的大事中，据《星氏家族春秋》记载，居住于山东东昌府清河县，时年23岁的星华被征调入伍，后随年羹尧的清军千里迢迢，经陕西入甘肃，后在征剿西宁周边从叛寺院的战斗中，乘机逃离兵营，栖身于西宁大南川竹子沟一山洞内。等到局势平定后，他在沟口南侧筑墙垒屋，开荒种地，娶妻生子，繁衍后代，随着时光的流逝，渐成村落，人称“星小庄”。延至解放时，已有20多户人家，近300口人，村名亦改称为“星家庄”了。

庙沟

金峨山（今俗称娘娘山）北麓有一沟，叫庙沟，距大通县桥头镇西南不过数里路，今属新城乡管辖。沟以庙名，缘于明朝千户李淳。

李淳，湖北襄阳府人，其先祖李仲贤，曾于明洪武十八年（1385年）随名将徐达、常遇春东平海甸，南定苏州，西征昆仑，北取罕东，斩乌思巴，平铁门关，战果累累，名闻京师，曾受到朱元璋的召见。金銮殿上，李仲贤奏安边平贼之策，纵横捭阖，深得皇帝器重，被赐戴太子冠，封琼花侯、骠骑将军，并恩准可以世袭西宁指挥同知，一时世人羡之。

据史料记载，李淳“广额隆准，两眉斜横人鬓，目光闪闪如岩下电，有胆略而性刚决，人咸敬畏”。后承袭父亲西宁指挥同知职衔后，深得上属垂青，被加封为忠勇将军。李淳勇而有谋，不但善射，而且深得部下拥戴。关于他的生平，史料记载甚少，《大通县志》录有他存世的《咏古镜》一诗。该诗为五言绝句：“昆仑一片光，磨作倚天剑；若得试一用，太平立可见。”短短20字，把作者那豪迈潇洒的气概、踌躇满志的神态、乐观的情绪和必胜的信念表现得淋漓尽致。从诗中也可以看出，作者渴望得到皇帝重用，以施展自己政治抱负的急迫心情。全诗语气夸张，形象生动，至今读来，仍能为之一振。清乾隆《西宁府新志》载有李淳《义仆李未苟》一则，文中说李未苟系李淳家丁，常从李淳征战。胆勇过人，才技尤绝，史载他“善长矛掷索，能于五十步外缚人马，故临戎能以少胜多”。

李淳所处的时代，虽距明开国已150多年，但西宁因地处边陲，社会政局仍十分不稳，只能“遥制之”。正德四年（1509年），河套蒙古亦卜剌因“获罪达延汗，拥众西行”，亡命之中四处找安身之处，最后“瞰知青海富饶”，袭踞今青海湖环湖地区，大肆扰掠，给河湟地区各族人民带来了深重的灾难。1519年，李淳奉命平叛，途经景阳川（今庙沟）时，因当地“山险而狭”，朔风劲吹，草木迷目，部下多有劝缓进者，但李淳大意轻敌，督兵直入，不幸中矢阵亡。

李淳阵亡后，地方官据情上报，史载明武宗朱厚照览奏后叹道：“朕之忠勇臣也。”痛惜之情，溢于言表，谥忠勇，钦准在阵亡处立庙祭祀。庙修成后，时人称为“李王庙”。李淳后人聚族而居于此沟，春秋二祭，自明至清，“享祀不忒”。但随着岁月流逝，李王庙蓬蒿绕墙，砖破瓦残，据清道光六年（1826年）任大通县训导的问昙说，当时庙“已圮”，遗碑尚存，掸灰除苔，尚可见“宋代名将，李家大姓，生自潇湘，官封西地……大明隆庆二年（1568年）立”字样。据《大通文史资料》载，李王庙到20世纪80年代时，只存高3米，宽约10米的土台，人称“李王庙台子”，后经村民取土和平整土地，现已无存。因沟中曾有过李王庙，至今仍称为庙沟。今又有人说，因金娥山有金山圣母庙而得名，也可聊备一说。

莫家沟

莫家沟现已属西宁市城中区管辖了，过去它属湟中县升平乡，后在撤乡建镇中，升平乡被撤销，原辖地一部分划入土门关乡，一部分归入城中区，因莫家沟地近城南，故归入城中区了。莫家沟其实离市区并不远，沿宁果公路南行到总寨，东拐进蹚土湾，山湾里绿树冉冉，山径幽幽，行不多远，只见路左有桥，走下赴土门关的公路，过桥再前行，桥东侧另有沟，此即莫家沟也。莫家沟沟窄而长，一路缓坡，把你引向大山深处，上行至沟脑，方见阴坡有一占林，林木繁茂，一片黛色。林畔有数十家村民庄廓，高低错落，依山而居，因时值盛夏，人们多外出打工，寂静空巷，寥寥无人，真是“绿树村边合，青山郭外斜”，看腻了城市喧闹的人们，来到这天地一碧的幽境中，顿时会感到一身清凉。

据史料记载，莫家沟的得名与西宁大名鼎鼎的莫氏家族是有关系的。在元末群英争霸的烽火中，安徽寿州人莫得投奔朱元璋，后在随军征战中，因屡建功勋，朱元璋登上皇帝宝座后，莫得被册封为西宁卫世袭指挥佥事，坐镇西宁。据现存《古湟莫氏宗谱》中由晚清西宁著名书法家和诗人张思宪所撰写的序来看，西宁筑城时，莫得曾在长兴侯耿秉文的指派下，负责这一工程，因忠于职守，所筑墙体坚固而受到嘉奖，并恩准在城内选址建造莫氏府第。莫得所选地址即在今城内莫家街，200多年后，莫氏家族传到莫与京这一代，莫与京升任西宁卫副总兵，达到了家族显赫的顶峰 。

正如古人所说：“福兮祸所伏，祸兮福所倚”，莫与京升任副总兵时，正是国家政局剧烈变化之际，东北的皇太极已改国号“后金”为“清”，挥兵南向，山海关一带烽烟不断；西北农民起义十三家七十二营已举行“荥阳大会”，直捣中原，明王朝东防西御，已处于朝不保夕的境地。莫与京上任不到十天，碾伯（今乐都）人黄澄等“聚结谋变”，以响应李自成起义，莫与京急忙率兵“驰往安抚”。事平后刚返回西宁，西川镇海堡（今湟中通海）马安邦又聚众起事，疲于奔命的莫与京又率部前去“征剿”，但部下同情农民起义军，且多是乡党亲戚，故“无意恋战，以致四散”，朝廷派来的监军以莫与京治军无方，临阵时“炮口朝天不向敌”的理由对他进行弹劾，在明末风雨飘摇中，只在副总兵任上坐了数月的莫与京旋被撤职。

莫与京去职后，家境遂衰，“树倒猢狲散”，其后裔中的一支流落南川，最后落脚在湟中升平乡一山沟，后来人们遂称其沟为“莫家沟”。莫家沟又名“靖边堡”，在过去战乱不断的年月里，这里确实是一处老百姓避难的好地方。就像西川尚什加村后的洛尔洞一样，从蹬土湾望去，人们很难发现路边的大山里还有个世外桃源一样的山沟，真是“初极狭，才通人，复行数十步，豁然开朗”。莫家沟极狭窄，沟中有泉，积水成潭，夕阳返照，满目苍翠，坐潭边，转念当年莫氏遗族经镇海堡一变，看破世态炎凉、宦海沉浮，来此幽境以耕耘为业，躲避世事纷扰，也算求得了一个身闲心静。如今的莫家沟里已有了农家院，曲径通幽，山花招人，如果你有兴趣，不妨也前去一游。

坡　家

坡家是湟中县甘河滩镇的一个自然村，过去人称“坡家营”，多巴去县城的公路穿村而过。

坡家坐落在西川有名的苦地方——干（甘）河滩下端，千万年来，干（甘）河滩上端的金纳水积十万年之功，借千万年山洪之势，将金纳峡口的大牛圈南岸整个下切数十米，把千万方沙石抛向下游。因大牛圈下侧川面开阔，水势顿减，失去水力的沙石覆盖了大牛圈以下近20余里的川面，因而给这里留下了一个令人神伤的名字——干（甘）河滩。无山洪时的金纳水却像一位害羞的姑娘，潜行于垒垒沙砾之下，悄无声息地直到坡家营，才羞答答地冒出头来，然后悄悄地流出川口，在双寨村东汇入湟水。正因为这一地理特点，当年的坡家营村南清泉汩汩，分东西两溪，汇而下流，过村北合为小河，此处建有并排两座水磨，人称此处为“双磨儿”。溪水两侧芳草如茵，数十米宽处，皆为湿地；高杨低柳，长满河滩，树荫冉冉，鸟鸣啾啾，令人神爽。

由于坡家村以下水土较好，早在卡约文化时期，这里就有人在村西麻洞门居住，至今这里还留有从卡约文化到汉代的人类活动遗存，所以在20世纪80年代被公布为省级文物保护单位。据史料记载，北宋时，这里已被称为“乾(甘)沟”。王瞻取青唐，“麟州都巡检高永年与李克入保敦谷，战于乾(甘)沟。”此役中，高永年曾于万众之中斩敌方首领鸡厮，才使唃厮啰“余众宵遁”;后来“拢拶(唃厮啰嫡曾孙)自乾(甘)沟逼鄯州(今西宁)，永年佐(王)瞻拒守”说明北宋军队进攻青唐城时，曾在这里进行过激烈的拉锯战。

明朝初年，居住湟水北的西纳族逐渐扩大居牧范围，原属隆奔十八族中的坡家族看到乾（甘）沟下半段水草丰美，遂留居于此，嗣后以族命名，即成了今天的“坡家”村名。据有关资料记载，一世西纳法王·列巴尖措是“居巴扎仓”的创建者，就出生在西纳措哇坡杰，即现在的甘河滩镇坡家村。他的传承曾为夏琼寺新建医药密宗院，曾任上师勘宝。

明隆庆年间，由于“海寇”之患，从南川暖泉沟开始修建的边墙（今称青海明长城），经班沙尔阇门，越红岭儿，沿马圈沟西山岭而下，横跨坡家村南，再越坡家营西山赴大康缠，并于1573年完工，并在今坡家村河滩建有一座闇门，称“乾（甘）河闇门”。因“海寇”入侵时常取马鸡沟峡和西石峡两路，坡家又地处南川赴西川必经之地，所以《秦边纪略》中说：“乾（甘）河等山口，旧皆有边，循墙挑壕，斩断山崖，筑砌石台，以备夷骑。”可见当时工程的浩大与艰巨。至今只要你留意，仍会看到村西的房坡南边上，当年修筑的长城仍像一条大山的伤痕，横亘在山崖上。500多年风烟今已逝，至今边墙遗迹仍状如蟠龙，回旋在荒山野岭之上，睹眼前遗迹，思历史风云，不禁令人感慨万千。清代，为了加强甘河川的防御，曾在这儿设起了坡家营，选派营兵驻守，正因为这个原因，人们称这里为“坡家营”。40年前，川中央所建的乾（甘）河闇门遗迹尚在，由于数百年繁衍，除村西依山而居的村民外，围绕闇门所建的小城堡周围，也已有了数十家庄廓，因而村庄也分为坡西和坡东两个自然村了。

坡家也是甘河川中较大的一个村庄，由于它特殊的地理位置和村上人口较多等原因，20世纪60年代后即在这里建起了湟中县乡一级地方政府，名“坡家乡”，下辖甘河、元山、上下中沟、页沟、隆寺干等七个村庄，于是村上就建起了卫生院、供销社、乡初中，乡卫生院就设在原闇门的城堡内，坡家一时俨然成了甘河川中的政治、文化、教育中心，后随着上级改乡建镇的统一规划，坡家乡被合并于甘河滩镇，一度是甘河川中心、历史悠久的坡家又成为一个普通村子了。

毛胜寺

沿西宁小桥大街北行，过沈那中学，路侧有两家“毛胜寺便民商店”、“毛胜寺加油站”，离“宁张路”公交车站不远处，路边还有一个牌子，上书“毛胜寺”。上了年纪的人还记得，这一片地方过去确实叫做毛胜寺，但作为一个地名，现在已渐渐淡出人们的印象了。几十年前，北行走过小桥街道，到这里时已路空人稀，记得沙土路西侧是一溜灰黑色的土崖，崖下常有拉煤的、卖瓦缸盆罐的在此打尖（歇脚），每逢春暖冰化，路面常常泛浆，状如橡皮，泥泞不堪。如到深秋冷月，这里枯草黄叶，随风四起，古道瘦马，令人彻骨觉寒。加之传言过去常有劫道者，所以是北川路上第一道险要处。随着宁张公路的彻底改建，这里已成为渐显繁华的街衢，这段路起名为“丁香大道”；绿树夹道，花卉掩映，忆及当年冷清龌龊旧况，真是恍如梦境！

过去，这里曾叫“毛胜寺”，寺在哪里？谁也说不清楚；为啥叫“毛胜寺”，同样也说不清楚。但要说起得名的原委，还得从居牧在大通河两岸的巴沙族谈起。史载大通河两岸“原陉膏腴，水泉润泽”，但其首领却“负险为固，荼毒人民”。从明正统十三年（1448 年）瓦洛发动叛乱起，到天顺元年（1457 年），十年间，他们攻城堡，杀官军，掠妇女，劫牲畜，使凉（凉州，今武威）、永（永昌）、庄浪（今永登）、西宁一带岁无宁日。天顺五年（1461 年），其首领孛来率数万骑抢掠西宁、凉州，副总兵毛忠率军迎击，“死战却敌”；天顺七年（1463 年），毛忠又与总兵卫颖率官军由驼驼山出师，大败巴沙、昝哑诸部于今大通城关地区，“俘斩 7 700 有奇”。经过这次大战，巴沙部落受到重创，很快“散弱”，再也没有对西宁卫构成威胁。

两次征讨巴沙部的毛忠，字允诚，初名哈剌，原籍“西陲人”。他的曾祖名哈剌万，明王朝开国时曾归附朱元璋，由行伍出身，因功封千户，后在战斗中阵亡。祖父名拜都，随明军远征哈密，亦战殁。父亲名宝，“以骁勇充总旗，授永昌百户。”毛忠 20 岁时袭父职，任镇番土军百户，因“膂力过人，善骑射。”且“为将严纪律，善抚士。”而深得军心，年纪很轻，就随成祖北征，在战场厮杀。宣德年间征曲先，升任指挥同知；正统十年，因“守边功”擢都指挥同知，并被赐姓“毛”；后又征罕东，“执李南哥弟、伪邪王锁南奔。”升都督佥事，又赐名“忠”，因称毛忠。天顺初年，毛忠任左副总兵，协镇甘肃。天顺三年（1459 年）春，晋升左都督，天顺七年大败巴沙、昝哑诸部于今大通城关地区后，封伏羌伯。——这也是今大通城关镇过去叫“毛伯胜”的缘由。西宁小桥地区扼北川之口，当年巴沙、昝哑诸部多次经这儿攻掠西宁，“毛伯胜”大捷，既解除了北川之患，又使西宁得到了安全。为纪念毛忠功德，西宁卫当局在今沈那中学附近建起了类似报恩生祠的祠堂，刻碑树匾，记述战功，生日致祭，追怀恩德。就像西宁纪念刘松山等的昭忠祠被人们称为“统领寺”一样，祠寺不分，人们把这里的祠堂又称为“毛胜寺”了。清王朝建立后，毛胜寺作为前代功臣的纪念遗址，由于无人管理，日晒雨淋，不久即被损毁，到乾隆年间杨应琚老先生撰写《西宁府新志》时，已片瓦无存，所以《西宁府新志》中没有关于它的片言只字记载。但作为一个地标符号，竟成了500多年不变的地名。

明成化四年（1468年），毛忠已是75岁的古稀老人，夏四月，开城满俊（亦称满四）发动叛乱，秋七月，右都御史项忠率军讨伐失利，都指挥蒋泰、申澄阵亡。冬十月，毛忠奉命出征至宁夏固原石城，挥军从木头沟攻至炮架山，连夺北山西侧两座高地，杀敌很多。但友军却怯战败退，使毛忠孤立无援，“贼并力攻忠，为流矢所中。”伏羌伯毛忠战死于阵前，侄子毛海、孙子毛鎧同时阵亡。冬十一月，都督刘玉、副都御史项忠再次征讨开城叛乱，“满俊平之”。毛忠祖孙三人死节事上报后，明宪宗朱见深感叹不已，封毛忠为“侯”，谥“武勇”，并下诏在兰州为他建“忠义坊”，春秋致祭。孙毛锐“袭封，谥‘武襄’”，从子毛濬被任命为兰州守备。

桥头镇

“云开峡口朝金阙，日挂山腰间玉峦”，明代廖徯苏在《冬日过新城望元朔山感事》一诗中是这样形容今大通桥头地区壮丽的地理形势。确实，桥头地区三水交汇、三山围拱，不但人杰地灵，也是北川路上的一处险关要隘。这里西起良教干沟村，东至牦牛山，在长5公里、宽1.5公里的区域内，有储量1.23亿吨、可开采面积达7平方公里的煤矿；这里有号称“北武当”的元朔山、美丽的娘娘山，两山夹峙，一水中穿，自古是西宁北方的战略要地。早在北宋年间，中央王朝的军队就在附近与青唐地方割据势力进行过战斗，两次远征河湟的名将高永年就战死在西宁北川。

明王朝建立后，为确保西宁卫北部安全，曾在这里设立北川营，派重兵把守。虽然娘娘山麓早在明洪武年间就发现了煤炭，有人前去自由采挖，但北川营外广袤的大通河流域和达坂山南侧，基本上是巴沙族的天下，史载“回之叛亡而附西夷者，及汉人之亡命”，都在此“筑室耕田，其地横亘百数十里，村堡相望。”后“海寇”之患起，明王朝为防守“孤悬塞外”的西宁卫，在周边筑峡榨，起边墙，设烽墩，建闇门。明万历三十四年，连筑威远、平虏、伏羌三城，其中平虏城即在北川营附近。当时的边墙（明长城）就出今东峡，跨苏木莲河，西上娘娘山。由于边墙经过今桥头地区，为区别于今互助南门峡的东闇门，河西岸的边墙通道被称为西闇门。史书上说：“新城（北川营）之北有闇门焉，名永安关，关下水滩，三川汇流而南行，永安桥即在是。南至西宁城，北至北达坂，惟此扼其冲。”今关下水滩已被称为闇门滩，而永安桥安在哉？

永安桥即在今桥头镇一号桥所在地。当年作为边防要地，这里曾建过边墙的附属设施——苏木莲河水洞榨，水洞榨不但起到了军事防御作用，而且为人们过河提供了一定的方便。久而久之，人们把这里称为“峡口”。“海寇”之患结束后，当局在苏木莲河水洞榨的基础上，改建为桥，定名“永安桥”。永安桥建成后，作为连接北川去今东峡，进而去郭莽寺、却藏寺等的交通要道，曾多次被水冲毁，据史料记载，清光绪、宣统年间曾进行过大的维修。民国二十年（1931 年），当局在原址修建了 4 孔、长 15 米握梁式石墩木桥，定名“济通桥”，这是数百年来在这里修建的较好的一座桥。

清初，今大通地区得到进一步的开发，据《秦边纪略》记载，当时汉族、藏族、回族在此“筑高堡、庄田、水磨、斗车，种麦豆、青稞，凡牛、种（种籽），皆（蒙古）麦力干所给，而岁纳添巴（赋税）。”雍正三年，清王朝借平定罗卜藏丹津叛乱之余威，为加强对大通河流域的管辖，设大通卫，置总兵官，属西宁府管理。清乾隆九年，鉴于北大通城位置太偏北，不便于管理今大通地区，大通卫守备孙捷会同西宁道佥事杨应琚在白塔城筹建卫署，迁大通卫治于白塔儿（今城关，又称毛伯胜）。之后乾隆二十六年，大通改卫设县，县城亦设于此，但今桥头地区仍未得到大的开发，只记“渔樵堡，居县城东南三十里许，其煤黑如漆，坚如石，遇火则燃，质细灰白，全湟赖以为薪焉。”可见，当时的闇门滩一带被称为渔樵堡，其南为新城，这里仍未有“桥头”之名。清同治、光绪年间，西宁镇总兵何作霖、邓增等先后投资金娥山麓的煤窑，实行官商合营，随着采煤矿工的增加，这里马车店、小饭馆、小商店、小旅店纷纷涌现，济通桥头人来车往，渐显繁华，据《大通县志》记载：“桥头之名，从此开始。”

1939 年，马步芳先后用 3.6 万元银圆收买了 12 家私窑，改为官办的“大通公平煤窑”，由于采煤技术的提高，产煤量的增加，一些官方机关和财税机构亦在此设立，桥头之名一时大振。好多人只知北川有桥头，反而冷落了县城毛伯胜。1949 年 9 月 9 日大通县解放，五年后，桥头火力发电厂、桥头榨油厂、青海陶瓷厂等先后在这里建立。由于这里南近西宁，东连东峡、中达坂，交通便利，加之有那么多工厂等诸多原因，1957 年 11 月 17 日，大通县委、县政府从城关镇迁入桥头镇，自此以后，桥头镇作为大通政治、经济、文化、教育的中心，已有近 50 年的光景了。而使桥头得名的济通桥却于 1963 年被焚毁，后来，政府在原址重修一座石拱桥，人称“桥头桥”，随着其上游二号桥的建成，人们又改称它为“一号桥”了。

青石坡

穿湟中县城鲁沙尔西南行，过土闇门，再朝大源方向行十余公里，一路上，平畴如画，浅黄深绿，时见村落。看着看着，苍翠欲滴的南佛山就到了眼前，临近山脚下的村庄就是青石坡，今属大源乡管辖。青石坡远离尘嚣，背靠青山，右瞰金纳水，天蓝地绿，空气清新，真是一块人间福地。村后的青山即是有名的照壁山，隔金纳峡与南佛山相望。两山之间的金纳峡西通大、小石门，大、小石门背靠巍峨的拉脊山，山场开阔，灌木丛丛，牧草丰美，万泉连缀，汇而成河，奔出石门后，沿南佛山、照壁山夹峙下的峡谷，流向大牛圈。因峡名金纳峡，此河亦称金纳水。清代诗人李荣树曾在《南山》诗中写道："黄蒿台下三河水，青石坡前万树松"，指的就是这里。正因为附近有个大名鼎鼎的南佛山，沾南佛山的名气，很多人是知道青石坡的。

南佛山是青海名山，亦称"西元山"，又叫朔屏台。南佛山是整座山的名字，而朔屏台只是指山顶的平台。南佛山因号称"终南之尾，西源之巅"，曾被道家尊之为道藏之第四太元极真洞天。天下名山千千万，此山只有它的奇绝处，山顶平如削，近十里间开阔如砥，所以人们又把它称为"朔屏台"。盛夏期间，站在朔屏台上放眼四望，高山蝶悠闲起舞，金露梅一片金黄，照壁山如屏，金纳水似练，山风徐来，青翠满目，真令人心旷神怡。有关朔屏台的故事很多，其中包括苏道跳崖成佛、药王洞的传说、舍身崖的来历等等，由于这些轶事典故的陪衬，更使得朔屏台蒙上了一层神秘的色彩。由于青石坡是进山前的最后一村，沾了南佛山的光，比起其他普通的山村，青石坡为许多人所熟知。

"青石坡前万树松"，那时村后的佛沟儿里，古松遍布，一沟松涛。它们或傲首悬崖之上，或耸立于山路两侧，透过浓荫，你可以看见或亭亭如盖，或倒挂倚壁，尤其朔屏泉前，在那如练的氤氲水气中，松冠翠染，随风摇曳，令人心醉，"钟声疑是空中落，泉影遥看树梢悬"，难怪清末西宁名士基生兰游后惊叹："偶会同人入洞天，始知仙境非虚传。"可惜在20世纪50年代的那场"大跃进"中，这里的古松全被伐尽，连幼小的雉松也未能幸免。山上魁星阁、无量殿、雷公祠、鳌鱼阁、三清殿等全被拆毁，清乾隆五十五年铸造的重达600斤的铜鼎、铜钟和西宁县县令、有名的书法家泠文炜所题的"别有天地"的匾额，也被砸毁。之后的20多年间，这里成了一片荒山野沟。

改革开放后，在上级有关部门的关心和支持下，一条从县城通往南佛山的公路直达山下，青石坡村后的佛沟儿又栽满了幼松，经一二十年的精心护理，现在又是绿荫满山。就像这里茁壮成长的松树一样，青石坡利用大山脚下无污染、山场宽、土地涵养好的有利地理条件，伴随南佛山旅游业的拓展，积极扩大山区养殖业和种植业，村容村貌已经变了样。

三 其

三其村地处西川东头开阔处，靠山临水，土地肥沃，据《秦边纪略》记载，清初这里为“土司西祁所居也”，名为“三祁寨”。西祁，是指元末任甘肃行省理问所土官的祁贡哥星吉。祁是蒙古族人，在元、明交替之际，他于明洪武元年（1368 年）率先归附明朝，因而受到赏赐。为了报答皇帝的隆恩，他积极招抚西宁近边藏族部落，被授予副千户之职，并恩准子孙可以世袭。祁贡哥星吉因世居今平安寄彦才沟（即今祁家川，亦称三合川），俗称“西祁土司”。东祁，是指元末任甘肃行省右丞的朵尔只失结，他也是蒙古族人，1371 年归附明朝后，随宋国公冯胜追击元兵至瓜州（今甘肃安西）、沙州（今甘肃敦煌），因功授西宁卫指挥佥事。朵尔只失结之孙名祁震，后因功升指挥同知，其族遂以“祁”为姓。因后人世居今乐都胜番沟，俗称“东祁土司”。东、西二祁在明政权尚未稳固之时，劝说南木哥、沙密、吉保、失喇等部落相继归附，使洪武帝“龙心大悦”，不但下令恩准西祁“诏居西宁”，而且将西宁附近大片土地赐给包括二祁在内的各土司，并命“各率所部耕种”。

土司制度是明王朝“封土司民，额以赋役，以夷制夷”羁縻政策的产物，它对巩固封建政权，卫疆守土，确实起到过一定的积极作用，但它“无革职削地之罚”，依靠朝廷支持，拥有审讯衙门和一定数量的马、步兵军事武装，奴役所属的“土司百姓”，迅速成为统治一方的庄园主。明洪武初，封授有祁、李、冶、陈、汪、吉、纳、赵、朱、辛、喇等 11 家为西宁土司，其中，两祁辖土民 1 500 户，占地 4 000 顷，雄踞平安、湟中、西宁等地。这种奇特的封建制度竟沿袭明清两代，长达 560 多年，直到 1931 年 8 月，才被废除，“西祁土司”到最后一代祁昌寿头上，终于划上了句号。

几百年来。由于子孙繁衍，“西祁”居地遍及互助、湟中、西宁、平安的许多村庄，其中家族中的一支在今三其地区划地筑寨，管辖土民，号称“三祁寨”。同样，西祁家族其他分支也在湟中、互助聚族筑寨，寨名也称“一祁寨”、“两祁寨”、“五祁寨”等。据史料记载，明末清初有名的西祁第九代土司祁廷谏就曾住在三祁寨。明崇祯十六年，李自成起义军主要领袖之一、左金王贺锦为牵制明边将对京师的援助，曾率部攻打西宁，祁廷谏与西宁生员胡琏器、庄浪土司鲁行昌、湟中申中头人完冲等密谋，诱贺锦入南川徐家寨，贺锦不幸中伏牺牲，祁并杀“大顺军数千”，使起义军遭受重大损失。不久，祁氏父子被起义军俘获并押送西安，但一年后，风云突变，大顺政权失败，清朝英亲王阿济格、总督孟乔芳入西安，从死牢中释放了祁廷谏父子，并赏赐银两、鞍马后送返西宁，“以功仍授世袭指挥使”。

斗转星移，又是300年岁月流逝，三祁寨再也没有祁氏主子了，翻身当家作主的新一代再也记不得这里曾是土司的天下，从“三祁”到三其，真使人感到“人间正道是沧桑”。

1980年，三其村又出了一件大事儿，震惊了青海文物界。那年一个偶然的机会，我省著名藏学专家谢佐先生和民俗学家谢承华先生来到三其村，村民李永蔚先生闻讯，特意去找谢佐先生，让他看看自己珍藏多年的一块“铁瓦”。多亏谢佐先生慧眼识珠，使明英宗朱祁镇颁发给李文的金书铁券——这颗沧海遗珠得以重见天日。不久，李永蔚先生便将金书铁券捐献给了青海省档案馆。

李文（1405—1489年），字孟华，是明朝会宁伯李英的从子，明代大将，宣德年间曾任指挥（武职官名）。当时塞外四卫之一的曲先卫散即思聚众叛乱，李文奉命率土兵随军出征，以功升任陕西行都司都指挥佥事。明代有名的“土木堡之变”后，他又以“迎驾功”于英宗天顺元年（1457年）升任都督佥事，出镇大同，再度因功封荣禄大夫、柱国、高阳伯，食禄一千石，后世因之称为“西伯府”，荣极一时（因李英府第称“东伯府”）。古人说：“申以丹书之信，重以白马之盟，始作铁券，其内镂字，以金涂之，故名金书铁契。”李文因“负资忠义，秉志纯良，将略素闲，战功克著”的原因，于

1458年三月受赐“誓书铁券”，以表明英宗朱祁镇“朕既不忘尔勋，尔亦毋忘朕训”之意。该铁券“如一块黑色瓦片，呈弧形，含腹鼓背，系生铁铸成。体积长为37.5厘米，宽为21.2厘米，厚0.25厘米，重1.3千克。上有明英宗皇帝诰喻制文，每字1平方厘米，阴文嵌金，金书灿然。”誓书铁券明确规定，受赐者凭着这一铁券，犯法时可以免一次死罪，所以人们又把它叫做“免死铁券”。铁券上的文字鎏金，光彩耀目，所以又称“金书铁券”。明孝宗弘治二年（1489年），89岁的李文在西宁去世，清乾隆年间杨应琚撰《西宁府新志》时，曾记载明代高阳伯李文的墓在县治（西宁县）北十里的“旱坪山下”（今西宁生物科技产业园区西侧），当时这里的墓地上还竖有李文的祭碑。清代西宁诗人祁松年曾写了一首《读李指挥铁券》的诗：“高阳伯出大明时，树立功勋四海知。定乱安居连奏捷，封茅裂土最相宜。名标史册光千载，勇压西陲服众夷。感动英宗颁铁券，公然宠爱见乎辞。”诗中的李指挥就指明代受皇家诰封“高阳伯”的李文。

20世纪30年代，显赫明清两朝的西伯府传到了末代土司李沛霖头上，和河湟地区其他土司一样，显赫的权势光环早已淡去，1930年8月，国民党政府命令撤销土司制度，“粮归大仓民归县”，从此，河湟谷地沿袭了600多年的土司特权终于寿终正寝。金书铁券也历经数百年的风雨沧桑，传到家居我市城北三其村的土司后裔李永蔚先生手上。解放后，李永蔚怕在“运动”中惹来麻烦，便偷偷地烧掉了祖宗十代的肖像，并将金书铁券深埋地下。

珍贵的明代誓书铁券全国现在仅存三块，2003年3月，李文的金书铁券经国家档案局审定，作为全国档案系统收藏的唯一一件“金书铁券”，首批入选《中国档案文献遗产名录》；1996年9月,为纪念第13届国际档案大会在中国召开，邮电部专门发行了《中国古代档案珍藏》特种邮票一套4枚，其中一枚“金石档案·明代铁券”就是据此而设计的。作为青海档案局镇馆之宝，李文的金书铁券在这儿将得到妥善保管，而为国献宝的李永蔚先生将永远值得人们怀念。真是好事成双，就在三其村发现“金书铁券”的前后，省档案馆又在这里征集到明代由朝廷颁给武略将军魏庇儿的“奉天诰命”，印证了元明清时期，尤其明代“土汉参治”的政治管理制度。三其村将因这些事儿，再一次为人们所熟知。

尚什加

尚什加是湟中县多巴镇的一个自然村。离西宁沿西川北路西行25公里，过多巴不远，路北有村，即尚什加也。尚什加村西连扎麻隆，背靠白象山，前临湟水河，地处西川平衍之地，村周尽是良田沃土。数百年前，这里是宗喀十三族中隆奔族的地盘。隆奔族西接果米（郭密）族，东邻占砸族，东北连西纳族，南至申中（香将）族，其政治管理机构分两级，即由昂素和昂参组成，政治中心即在今多巴镇的国寺营村。据专家考证，国寺营的古地名，取之“隆奔曲目”（济龙泉眼）而得名，这里是隆奔族昂索府址。明万历十年，昂索贾尔什得因受吏部尚书郑洛招抚投明，二十三年授国师指挥一职，因此昂索驻地渐渐改名为国师营，后讹写成了“国寺营”。隆奔族下辖村落有80余个，昂索直属村落现在的地理位置大体在湟中县西部共和镇的毛西（松木石）、鸾巴、却西（维新）、马申、苏尔吉、哲科（东西岔）、多巴镇的扎麻隆、尚什加、奔巴尔及湟源县的响河尔一带。当时受隆奔族管辖的小族尚什加族聚族游牧在白象山西侧的洛尔洞山沟，耕种在剳麻隆（扎麻隆）东侧的川地，后以族命名，遂称其地为“尚什加”，但在明万历二十三年，由西宁兵备道刘敏宽所撰的《西宁卫志》中，却记为“赏失加”。

明王朝自正德后到万历年间，时局不靖，青海多难，为加强西宁周边防御，险要之地多建有烽燧和峡榨，其中尚什加附近就建有西石峡峡榨和拉撒尔峡榨，因为地理形势重要，是峡榨中的“极榨”，防护等级是最高的。《西宁卫志》中还记载，就如何防御敌人来犯，制定了严格的迎击预案：“拉沙尔榨，距卫（指西宁卫）治七十里，西川三十里，赏失加蕃营一十五里。虏零入，西川兵出赏失加蕃营，西宁兵出西纳下寺（寺在今黑嘴尔）。”“西石峡榨，距卫治西九十里，剳麻隆二十五里，西川三十里，佛尔崖十五里，赏失加蕃营三十里。虏零入，则劄麻隆蕃营御榨，西川兵出佛尔崖，西宁兵出赏失加营，分御。”

千百年来的大部分时间里，这里的人们日出而作，日落而息，过着恬静的田园生活，但到20世纪70年代初，因国家加强三线建设的需要，尚什加村发生了巨大变化。因这里依山傍水，地势平坦，冬无严寒，夏无酷暑的独特地理环境条件，村东的田地被国家征用，建起了代号为“806”的国防工办昆仑机械二厂。厂子建起近十年后，因其他原因被撤销，1982年2月，厂址整体移交给青海省体育运动委员会管理，成立了青海省体委多巴训练基地，1985年又改为青海多巴高原体育训练基地，主要接待省内运动队员的训练。1989年，多巴基地首次接待国家队训练，我国竞走教练王魁、中长跑教练马俊仁先后带领国家竞走队、国家中长跑队来基地训练，并从这里将田径选手陈跃玲送上了1992年第二十五届巴塞罗那奥运会10公里竞走金牌的领奖台，为我国田径运动在奥运史上写下了光辉的一页；1993年8月，在德国斯图加特的第四届世界田径锦标赛上，马俊仁率领弟子连创奇迹，摘得4金2银2铜，以金牌第二的成绩成为世界田坛的一匹“黑马”。随后王军霞一跑成名，自此之后不断有中国国家田径队、辽宁田径队、江苏田径队、日本国竞走队等运动队到多巴基地训练，多巴高原体育训练基地以“世界冠军的摇篮”“铸造金牌的工厂”扬名海内外。2003年4月，基地被国家体育总局正式命名为“青海多巴国家级高原体育训练基地”，至今是中国乃至亚洲海拔最高、面积最大、最适合耐力性项目训练的国家级高原体育基地。但背靠大山，土墙木屋掩映在一片绿荫之中、四周被庄稼地包围恬静的尚什加村却一去不复返了。

申中

离西宁，沿宁果公路南行20余公里，便是去湟中县城和贵德的三岔路口，再南行数公里，眼前便是申中地界。这里川原开阔，田畴满目，村庄横跨公路两侧，村南不远处，平川中有座突起的小山，当地人称“孤山儿”，正是史书上大名鼎鼎的“牛心堆”。村庄之所以叫申中，是因为宗喀十三族之一的申中族曾在这里驻牧过。

据明《西宁卫志》记载：“申中族，一名申冲。洪武三十年招抚，居牧归德峡，后徙塞内孤山滩牛心堆西也。去卫治四十余里，有城郭、庐室。田畜为业，户三百，口六百有奇。”《西宁卫志》中还就申中族的男女衣着、服饰、饮食、婚礼、习俗、赋税等作了简略记述。一些藏文资料中又将申中族称为“香将族”。明万历年间，为了加强拉脊山北麓的防御，当局在大修边墙的同时，在这一带险要之处设有马鸡沟峡榨、门担峡峡榨、木恰尔峡榨、王沟尔峡榨，申中族积极配合明军防御，上述峡榨平时就是由他们看护的。由于申中族是宗喀十三族中比较有名的大族，除申中台（即今申中村）是申中昂索（头人）的驻锡地外，其所属的十三小族分别驻牧在今加牙、陈家滩、羊毛沟、牙加阿看庄、贾尔藏、群塔尔、什张家、傻尔加、索尔加、沙尔湾、阿尔计、丹洛麻、群加等地。

明万历九年（1581年），三世达赖喇嘛索南嘉措应申中昂索的邀请，亲临塔尔寺讲经传法，其间三世达赖授意申中、奇嘉（祁家）、米娘、西纳、隆奔五族昂索为塔尔寺修建承担主要任务。遵照三世达赖的吩咐，1582年，申中昂索在塔尔寺修建小寝宫，后称“森康仓”；1626年，又和奇嘉、西纳、米娘、隆奔修建了塔尔寺文殊殿。在历次塔尔寺的修建和维修中，申中族作为塔尔寺五族中主要一族，作出了重要贡献。

申中所在地界南扼马鸡沟峡和门担峡，西通蚂蚁沟，作为西宁南面的门户，地理形势极为重要，所以自古是战场。唐初李靖与吐谷浑之战、明代“湟中三捷”之一的南川之战、明末李自成起义军徐家寨之战等均发生在这一带的旷原上。战地风来草木腥，清光绪二十一年（1895年）在西北回族反清起义中，申中又成为战场。史载当年十二月初四日，西宁办事大臣奎顺以申中回（民）最强悍，派清军前往攻打申中堡，遭到回族起义军的顽强抵抗，“（堡内）碉堡炮火如雨，忽有起义回军四千从两旁山沟出，堡内回众被（披）发裸身，口衔短刀，手执快枪，亦扑出。与官军（清军）死战，日暮乃止……”《西宁府续志》中，白描式地记述了当年战斗的激烈场面。

如今的申中村作为宁果公路边上、属上新庄镇管辖的一个普通的村庄，乘着改革开放的大潮，村容村貌已发生了巨大的变化，沿路俨然已成街道，店铺林立，庄院整洁，一座天桥横跨公路，不禁令人感叹：几十年前的县城鲁沙尔也没有这样红火过。

石板沟

烟岚缥缈的西石峡（湟源峡）全长十余公里，青杨绕水，白桦遮山，山环水复，真是一步一景。近代诗人魏经邦先生在《题西石峡》一诗中是这样描绘这里旖旎的风光：“澹烟细雨树模糊，恰似米家水墨图。黛髻遥疑牯牛岭，翠峦近爰凤州途。危崖碧藓经年老，幽隧奔车动地呼。漫认故侯题壁处，万千往事付葫芦。”直把峡里的山势和景致比作庐山的牯岭和陕南的凤县了。诗中所说的“故侯题壁处”，即指“山高水长”、“海藏咽喉”、“转危为安”等峡中由西宁兵备道鄂云布、丹噶尔厅知事康敷镕、丹噶尔抚边同知封启云所题的摩崖石刻。由于特殊的地理和气候条件，过去峡中大道一直沿河北岸蜿蜒前行。其间奔腾的湟水时而南拐，时而北折，因而造就了峡中一块块肥沃的滩地，随之也就有了一个个村庄，石板沟就是其中的一个。

石板沟是 109 国道进入西石峡后第一村。离开扎麻隆西行约一公里，宽阔的大西川南北两山在这里突然紧逼，陡峙如门，进藏大道傍湟水沿北山坡拐大弯西进，再上一小坡，坡顶有村，即石板沟也。石板沟村地处北山山沟常年冲积形成的扇面上，村西有块面积不算小的河滩地，土地平整而肥沃，村民珍惜这块养人的金贵田地，当年一二十户人家的庄廓都建在坡顶上，尽管扇面上地形高低不平，生活用水还得到坡下的湟水河边，下山爬坡实在不易。村巷里土墙泥屋，高低错落，三五榆杏，绕院而栽，倒也显得古朴敦厚。那块金贵的滩地北侧也有一条山沟，人称“北沟”，沟口山坡下也有几户人家，多与石板沟村民或同宗，或带故，人们称之为“北沟口”，所以在行政管辖上，与石板沟同属湟中县多巴镇管理。

大凡河湟地区的村庄得名，依当地地质地貌命名者不少，石板沟村名的来历，与村东大山里有石板资源是分不开的。村东大山高而陡峭，只要扒开表面不厚的一层黄土，里面便是青色的沉积岩。大概是地壳运动所致，沉积岩岩层呈竖立状。在过去的岁月里，家境厚实的人家要用石板盘火炕、铺院坑、垒墙基，所以村民们从大块大块的沉积岩上剥离出一层层、大大小小的石板，堆放在路边叫卖，久而久之，人们遂称其村为“石板沟”。

20 多年前，石板是要紧的建筑材料，农村人家住家修屋，炕是睡觉、待客的主要地方。用石板盘的炕，传热快，炕面平，比“打泥炕”受欢迎。虽然盘“打泥炕”可以就地取材，但盘炕时炕洞里还得做上“咽舌”（支撑点），煨炕时不方便，而且传热慢。人们喜欢石板，但石板不是哪儿都有，人们还得车拽马驮，到几十里外掏钱购买。更有钱的人家，买来石板铺院子，下雨天不沾泥，刮风天不起土，干净典雅，很让人们羡慕，当年就连青海王马步芳的玉石公馆“馨楼”院子也是用石板铺就的。尽管那年月在陡峭的山坡上挖石板是很累的，但一些村民以卖石板为副业，还是解决了一些家庭的困难。

石板沟地处西石峡口，背靠富庶的大西川，地理位置十分险要。据《秦边纪略》记载，当年“镇海营（今湟中通海）西至石峡，天险与夷共之”，西石峡是防范“海寇”的前哨要隘。明王朝为防“海寇”侵扰大修边墙和烽火台，从大通、西纳川过来的边墙一路蜿蜒爬上村后的北山，在山顶上留下了一座高大的烽墩，然后顺坡斜下，在峡口修有西石峡闇门，再横穿湟水，进入河南岸的小康缠，并在河南岸的小山头上建有一座土城堡，既可以起到瞭望作用，又可以作为前哨防御阵地。如今，你路过石板沟，只要留心的话，仍可以见到村后那北山之巅，土黄色的高大烽墩仍倨傲地矗立在云端，一条瘢痕一样的青海长城遗迹，历尽风雨沧桑，仍线条分明地刻在黄土高坡上，但石板沟这一古老的村子，正合着时代的节拍，却在一天变一个样。

石头磊儿

西宁到大通的宁大公路路边有个村庄，名叫“石头磊儿”，今属于西宁市城北区二十里铺镇管辖。至于村名的来历，可能和宗教习俗有一定关系。过去，西宁周边的一些山头上，甚至大路边，有河卵石摞成的石堆，有些地方把石头装在木框里，框内还插有木制刀矛、树枝和经幡，这种设施和苯教信仰有关系。藏族称此为“拉孜（拉什则）”，蒙古族称此为“敖包（俄博）”，过去每逢宗教节日或纪念日，人们就会在这儿念经、转经或举行其他宗教活动。正因为这些石堆的存在，衍生成某一地方的地标，人们常以这些石堆的位置指示方位，渐渐成了这一地方的地名，大概“石头磊儿”就是这样形成的。但我省著名藏学家谢佐先生就“石头磊儿”的称谓，认为应该“名从主人”，拟写作“石头摞儿”，这与藏族的“拉则”和蒙古族的“俄博”有所不同，在古代，压“石头摞”是一种地方法规中处罚人的标志。

石头磊村南连陶家寨，北邻莫家泉湾，村庄附近有刘家沟洪水冲刷形成的深沟，沟两侧虽是平坦之地，但沟涧深邃，一座危桥高架，令人心悸。在多民族杂居的环境里，人们为祈求平安，在崖顶垒石煨桑、焚表念经也是可能的。随着岁月的流逝、人们的迁徙和移居，一些旧的习俗渐渐被人们遗忘，只有那累累石头堆依然存在，最后竟成了“石头磊儿”这一略显土气而但很直白的村庄名。

据《青海古代文化遗址简表》记载，早在1万年到4 000年前，“石头磊儿”地界就有先民在这儿繁衍生息，有石头磊儿卡约文化遗址为证。石头磊儿成为村庄名，至少也有五六百年的历史了，因为在明代隆庆、万历年间的史料中，已有“永邵卜部如犯西宁北、沙（沙塘）二川等处，则境外地名牙桥、石头磊儿乃必由之路”的记载。

解放后，石头磊儿附近建立了“西宁奶牛场”，青海畜牧兽医学院也在这里建成，建校数十年来，学院为我省培养了大批畜牧人才，已故诗人魏经邦的《听水楼诗词选》中，就载有《宿石头磊儿》一诗：“高楼十里见嵯峨，万木浓荫养士多；畜牧草原开新馆，引年药物报登科；夙闻业绩育人乐，争唱宏农得宝歌；茁壮牛羊图画美，家家丝绣口悬河。”诗中盛赞了学院培育人才的历史功绩。

石头磊儿现已成为西宁生物产业园区的一部分了，这里不但有新乐花园、深圳印象等住宅小区，还有金诃、久美、宜欣、万益等制药厂，尤其在风景如画的园区广场前，建有被誉为“艺术精华，人类骄傲”的青海藏医药文化博物馆。青海藏医药文化博物馆作为全国爱国主义教育基地、国家4A级旅游景区，馆内藏有荣获吉尼斯世界纪录、长达618米的《中国藏族文化艺术彩绘大观》和其他珍贵文物。博物馆作为青海省对外开放、民族团结进步的窗口和青藏地区重要的文化荟萃场所，在这儿，您可以遥望青藏高原悠久的文明之光，感悟弥足珍贵的藏医药文化，领略高原西部的古风遗韵，欣赏绚丽壮美的彩绘大观。

苏家堡

景阳川东连北川长宁，川口狭而“城府”极深，遥遥十余公里，西与湟中李家山毗邻。这里川原开阔，阡陌相连，不是亲历其地，实在难以相信巍峨的娘娘山南坡褶皱中，竟有这么一条肥沃的川道。苏家堡是大通县景阳镇所属的一个农村，位于娘娘山南麓，东距西宁约20公里。村上有座城堡，由于地处景阳川，深山藏珠，很少为人知晓。只要你从长宁镇西拐，进景阳川口不远，就会看到原野上兀立一座墙体基本完整的古城，掩映在绿荫深处，苏家堡村就在那儿，依村名城，人们称其为“苏家堡城”。

苏家堡城大致位于景阳川中段、苏家堡村东南。苏家堡是一个古老的村庄，以保定名，很可能与古代军事据点有一定联系，人们相传苏家堡城建于清代，如以清代中叶计，也只有200余年历史，难怪青海几乎能见到的一些地方史料中，看不到有关此城的历史记载。

西宁近郊乡间至今尚能见到一些小城堡，其中有些是遵照清嘉庆年间大学士德楞泰《筹令民筑堡御贼疏》而修筑的。《筹令民筑堡御贼疏》中说：“为今之计，莫如劝民修筑土堡，或十余村联为一堡，或数十村联为一堡。贼近则更番守御，贼远则出入耕作，各保自家，自必奋勇。”其实，苏家堡城建于清同治八年，即1869年。近年，偶在一史料中见到“同治八年，苏家堡匪令驱乡间良民做工，筑土城。”的字句。看来，苏家堡城的修筑原因与德楞泰《筹令民筑堡御贼疏》的要求没有关系。

苏家堡城是迄今我省境内保存得最完整的一座古城。尽管当年的“砖包城”西宁曾号称“岩疆”，杨应琚、靳梦麟等也曾在数年内连修了黑古城、扎什巴、亦杂石等九座城，更远一点说，这里曾有过南凉的都城、唃厮啰的青唐城，但随着岁月的洗礼，现在已很难再寻到它们的根基了。垛堞罗列、马面高耸的古城已渐渐地只留在父老的传说中，而今天能见到的苏家堡古城却能使旧境重现，使你从一个偏僻农村现存的古城现状，推测到当年西宁作为府（卫）城的宏伟规模。

苏家堡城呈方形，夯土版筑，设东西二门，东西长约500米，南北宽约400米，经百余年风雨剥洗，现存墙体尚高约10米，宽7米，顶宽3.3米，除各侧马面（南北两侧各有五个，东西两侧各有四个）保存完整外，四角的角楼台台基基本上亦严整有序，上宽5米，下宽达9米。城内侧两城门边及东南、西北两角均有各长20米的马道，为城中人上下城墙的通道。很难想象，在当年工具落后、人口稀少的条件下，民间能集数村之力，竟能修成这么一个浩大的城堡。

数百年后的今天，当你攀上苏家堡古城时，仍会为工程的浩大而惊叹。

没有女墙的城头仍平坦如砥，相距数十米一个的马面仍棱角分明，横平竖直，四面齐整，静静地仰卧在景阳川中。城内早已垦为耕地，南北向的数道田埂将宽阔的农田分为若干块，浅绿深翠，分别种植着小麦、洋芋、大豆等作物。城墙两侧均植有当地易生的杨树，在夏日曛曛的暖风中摇摆着深绿的树叶。墙外十余米处为灌溉农田的水渠，城头上密密麻麻地长满了碎碎的小草，淡淡的小黄花在阳光下闪烁着骄人的颜色。而马道上长满了近尺高的马莲，蓝莹莹的马莲花点缀其间，暗示着这里很少有人走过。

秋暮重游苏家城，蓝花已谢几经春。分草再把鸿泥认，撮土仍感泪有痕。苏家堡城是清代为防战乱而修建的。自古以来，河湟为边陲，战乱不断，村堡为求自保，较大的一些村庄都“村自为战”，纷纷办民团，筑土堡。东起民和，西至湟源，至今留下了孙家山城、李家山城等许多村名。有些山城建于山头险要之地，有些建于平川便捷之处，各有利弊。建于山头的虽说可凭险而易守，但远水源，补给难，常因战乱平息而弃置不用；建于平川的虽近水源，补给易，但因交通便捷而常遭侵扰。今河湟谷地不少地方的山头仍可看到当年的一些残垣断壁，而平川土堡大都已因建设需要而平毁。虽然苏家堡城已于 1987 年由大通县人民政府公布为县级文物保护单位，但与现代一些武打片中所出现的简陋而凑合的外景“城堡”相比，人们仍为它一点儿也未得到开发利用而深感惋惜。

田家庄

田家庄位于富饶的汉东川，它东靠大山，隔一垭壑便是碧波荡漾的黄鼠湾水库（又称大石门水库），北邻杨家滩，南连甘家村，西与歪莱沟（今大才）相望。西宁周边以姓氏为村庄名的，多是以最早开发该地家族的姓氏命名的，也许田家庄村名的来历，可能是田氏家族最早来到这里，因而定为村名。但至今村上却以赵、张二姓为多，可见随着历史的演变，以当年旺族命名的村庄，旺族却已成为少数杂姓，正如古语所说："君子之泽，五世而斩"，而当年的旺族也许已经人丁不旺，或许已经远徙他乡，从中可以追寻家族的兴衰、旺聚败徙的惨淡历程。又据史料记载，明军攻占西宁后，朱元璋认为西宁是陇右屏障、海藏咽喉，地理形势十分重要，降旨凡是这次从军征剿西番有功者，补升百户。后拨18家迁户于古湟中新设西宁卫之地，每户分田20余石，出兵两名，共防边地。《西宁卫志》载，当时设置堡寨达200余座，从江南一带征调数以千计的人来西宁卫从事军屯、民屯。所谓军屯"一人为兵，永远为兵"。民屯采取的"移民就宽乡"的政策，一是举族迁移；二是发配有罪官吏和平民，谓之充发户。西宁周边有些以姓氏为名的村庄，原因即此。

河湟谷地许多依山而居的村庄都把庄廓后的山坡称"房坡"，禁止放牧或割草砍柴，这种自觉保护居住地生态环境的意识，千百年来已经渗透到村民的心坎里，所以，你只要留意湟水两岸靠山的村寨，就会看到四周光秃秃的山野里，只有村庄后的山坡上青绿一片。田家庄村后的"房坡"上有青松百余株，人称为"占林"，因受村民爱护，这片松林苍翠阴翳，长年青光一片，这在整个汉东川里是很特殊的。村前一泓清流，冬夏不断；平畴数里，良田万亩，得地利的恩惠，田家庄是一个较富足的村子。另一个特殊的是，田家庄村前平整的原野里，矗立着一座黑黢黢的古城堡，让人们在欣赏田园风光之余，发发思古之幽情。

至于古城堡的来历，还得从清嘉庆年间大学士德楞泰上奏的《筹令民筑堡御贼疏》说起。德楞泰说："为今之计，莫如劝民修筑土堡，或十余村联为一堡，或数十村联为一堡。贼近则更番守御，贼远则出入耕作，各保自家，自必奋勇。"朝廷有此要求，田家庄村民即联合附近杨家滩等村，在川中开阔之处选址筑成一座城堡。城堡为矩形，堡墙原高三丈（高6米）原墙根厚一丈三（今厚3.3米），东西96米，南北86米，外周长364米。古堡原来仅有一城门，朝东，堡墙上有女墙，东北和西北角各有一马道，东马道下有水井。古城虽为防备战乱而建，但后来却成了整个汉东川最早的学堂。学堂创建于1938年，当时全称为"文峰、大才、朔屏三乡联合中心国民学校"。城堡东侧是一片高大的杨树林，称为"校林"，学生通过数十米林荫夹道，再步入校门。城堡内学校自西而东分为三部分：东侧是操场；中间部分靠北是一幢二层土木结构的教学楼，楼前建有两排，共四间教室；两侧是教师和学生的宿舍、伙房等。西侧是花园，种有十余株杏、李和花卉，正像鲁迅先生笔下的“百草园”一样，给在那个学校读过书的人留下过美好的记忆。在20世纪那个识字人极缺的年代里，这个学校曾是湟中西部唯一的一所完全小学；1958年“大跃进”中，学校一度曾改为“湟中县第三戴帽中学”，由于学生增加，上级划拨城堡西侧一块农田作为学校操场，于是在西南角堡墙上挖开一洞，以供学生出入，但不久“戴帽中学”就“下马”了，不管怎么说，这里还是为国家培养了不少紧缺人才。

王斌堡

大南川有个王斌堡，它坐落在南川河之西，与有名的徐家寨隔河相望。在过去时局不靖的年月里，“寨”是民间以家族为主的村民自卫结构，“堡”为过去官府派兵驻防之地，那么，王斌堡曾经有官军驻防吗？是的，王斌堡过去确实有官军驻防过。

在几百年前的元末，四方豪杰并起，逐鹿中原，江西宜兴人王猷弃家参加了朱元璋的红巾军，后在宜兴、庐州、鄱阳湖战役中屡立战功，因而深受上司赏识。据说在攻打开封城的战斗中，王猷不避锋镝，执械攀登云梯，在千万人中第一个奋勇登上城墙，曾受到元帅徐达的嘉奖，后因军功授昭信校尉。明王朝建立后，在西部边陲实行军屯制度，王猷和他率领的军户作为河州卫中左所的正规军屯，驻扎河州。明洪武三十年（1397年），王猷奉命赴甘肃文县征剿叛乱，不幸在战斗中阵亡。王猷长子王华奉命承袭父职，调往归德（今贵德）军屯实边，后该屯以姓为名，今贵德县“王屯”即其后裔屯田实边之地；王猷三子王同奉命前往西宁东川驻防，当年驻防地后称“王同堡”，即今西宁东川小寨；次子王斌奉命前往西宁南川驻防。王斌当年驻防地地处南川河西岸，南邻守护蚂蚁沟的老幼堡，东面与伏羌堡隔河相望，鼎足而三，守护着南川去西川、马鸡沟峡、峡门三条交通要津。伏羌堡、老幼堡均在南川河之东，唯有王斌守护地在河西，加之伏羌堡早在明洪武二十五年（1392 年）五月，太祖朱元璋就封徐勇为西宁卫前所流官百户在那儿驻守（后人称伏羌堡为徐家寨），河西防守空虚，可见王斌驻守之地的重要。此后王斌后裔就依军营而居，遂成该地望族。尊者易显，后来人遂称其地为“王斌堡”，即今城中区总寨镇王斌堡是也。

王斌堡地处南川平衍之地，土地肥沃，经几百年人口繁衍，已成为大南川名庄大村，清嘉庆十五年（1810 年），青海地方史上有名的文人杨兴霖就出生在这里。杨兴霖，字雨臣，自幼聪慧，勤奋好学，道光二十年（1840 年）参加乡试，一举中举，第二年（道光辛丑）赴京应考，高中进士，两年内连中举人、进士，因此被人们誉为“联捷进士”，但适逢父丧，他曾在父亲坟前盖一小屋，戴孝守坟，“庐墓三年”，一时在乡里传为佳话。戴孝守坟期满后，杨兴霖被派往四川彰明县任知县，在职期间，他“课农桑，兴学校”，深得民心。后因母丧离职返乡时，“邑人感激泣送，不以千里为遥。”杨兴霖返回青海后，在西宁府、县官员们的倡导下，积极参与已经破败的原“湟中书院”修葺重建工作，并被当局推举为该书院主讲，拿他的话来说，“霖亦谬膺讲席”。在湟中书院授课期间，他“启迪后进，不遗余力”，并著文书碑，详述培养人才的重要，并写有《重兴湟中书院暨膏火记》。在他的辛勤培养下，一大批河湟后生考取功名，为青海文化教育发展起到了积极的作用。《西宁府续志·献征志》有传，说他“发明正学，启迪后生，不遗余力，故门下士多有登甲乙科者。”同治十三年（1874 年），杨兴霖病故于西宁。

西纳川

离西宁沿青藏公路西行不远，有村名黑嘴儿，这里路分两叉，其叉路偏北，一路村桥烟树，风景如画，地名“西纳川”。西纳川是西川南北两侧五条小川中最大的一条，川原开阔，土地肥沃，因古时是西纳族居牧地，所以称为西纳川。西纳族是西宁周边十三大族之一，它下辖十八小族，其香粮土地、驻牧山场甚至包括西宁以西直至镇海堡、大小康缠、甘河多巴、云谷川、大小山峡等地。明洪武十三年，西纳族归顺明王朝后，朝廷对西纳族爱护有加，不但专敕界址，明确其管辖范围，还敕封多巴禅师、光科尔国师、哈尔指挥、鲁尔加千户等，并敕封演教寺两处，以提高其政治、宗教地位。

西纳川长达 24 公里。它与东面毗邻的云谷川以“营”为名的村庄竟有十多个，这在河湟谷地地名中是很特殊的。究其原因，这与西纳川的地理位置是分不开的。西纳川北通水峡，水峡又西通海晏，自古是西宁去海北的一条便捷通道。因出水峡，过金银滩，翻克列垭壑，便是甘子河、哈尔盖，距当年吐谷浑的首府（今铁卜加草原上的伏俟城）也就不远了。吐谷浑建国青海高原时，关陇和河西地区先后出现了许多地方割据政权，由于连年混战，使丝绸北路陷于阻绝，而丝绸南路青海道却为商旅和僧人的通行提供了极大方便。据史料记载，许多出名僧人就是通过南路去印度的。为此，吐谷浑曾在交通要道上修建了许多居落和旅肆，以供商旅住宿休息、补充给养、替换运力。尽管从鄯城（今西宁）到青海湖地区的道路有多条（鄯城—拉脊山—日月山—青海湖；鄯城—西石峡—药水峡—日月山—青海湖；鄯城—西石峡—巴燕峡—克图垭壑—青海湖；鄯城—西石峡—巴燕峡—金银滩—克列垭壑—青海湖；鄯城—西纳川—水峡—金银滩—克列垭壑—青海湖），但想去吐谷浑的首府伏俟城，经水峡的路是最便捷的，这条路上除了不长的水峡和平缓的克列垭壑外，没有其他线路上那些高山深谷。

正因为这个原因，早在北宋时，“（宋军）候收复青唐（今西宁）毕，先将河（湟水）北边冲要地城壁修备，……”这在北宋《青唐录》中有详细记载。并说崇宁三年（1104 年）四月十二日，王师入青唐城，“四月丙辰（十三日），下林金城（今多巴），西去青海约二百里，置兵将守之。”可猜想，当时“置兵将守之”的要隘中，肯定包括水峡在内。

明王朝自正德年后“海寇”为患，为防卫西宁，曾在青海湖东通湟水谷地的各要隘修筑“峡榨”，连筑寨堡，“以备夷骑”，在西纳川一带就修有剌尔宁、剌撒尔、锁思党等峡榨九处，其中防守级别最高的峡榨（极冲）就有四处，《西宁卫志·兵防》中不但载有其方位，而且注有距卫城的里数。有名的“湟中三捷”后，“海寇”之患虽告结束，但明末清初梁质人所著《秦边纪略》中还说：“（修边墙时）循墙挑壕，斩断山崖，筑砌石台，以备夷骑，剌撒、西林（纳）尤为要害。”并告诫说：“剌撒、西林（纳）特为出入冲要，犹有重捍以备之者乎？”

清王朝建立后，更加强了对这儿和毗邻地区的防守。雍正十一年，在拉课筑成周长580米的土城一座，设东、西二门，并派一名千总率兵驻守，西纳川中其他要害之地亦派营兵巡守，从此就有了扎什营、班仲营、端巴营、铁家营、千户营、合尔营、麻子营、图巴营、伯什营、勺马营等地名。湟中县曾一度以合尔营、麻子营、图巴营、伯什营为主，设立“四营乡”，后在撤乡建镇中被撤销。

西纳川口即多巴，是古时临羌新县所在地；水峡山峰险峻，峡谷深邃，西纳川河流淌其间，两岸林密景幽，集青翠于一峡，揽秀色于一湾，自古是人们休闲时的游览胜地。尤其岁入中秋，这里苍岩挂丹，众树悬金，所以过去人称其峡为“金谷”；其河为“临羌溪水”。清乾隆《西宁府新志·地理·山川》就记载：金谷，在故宁西城（今多巴）北四十里；临羌溪水，发故临羌新县西北，经其县北，东南入湟水。金谷、临羌溪水，秀水配青山，造就了一片锦绣天地，除水峡早已闻名遐迩外，还有阳霸、旃檀、卡阳等风景区，一个个“养在深闺人未识”，深山藏珠，令人流连忘返。清末西宁名士基香斋就作有《游西喇课旃檀山》《游西喇课阳霸山》诗两首，称赞这里“林泉皆有趣，花草不知名；地僻人见稀，山深鸟竟鸣。”“满山皆蕨薇，夷齐惜未遇。”直把这儿比作了商末孤竹君二子伯夷和叔齐不食周粟、采薇避世的首阳山了。

享堂，真正可以说是青海的东大门。它隔河与甘肃的海石湾相望。说起“享堂”的来历，还得从600多年前明朝晋王朱棡说起：朱棡的妃子谢氏死后葬于金山，坟院地面设祭祀建筑，当时称为“孝堂”，后嫌“孝堂”名不雅，遂改为享堂。此后，达官贵人的墓园就称为“享堂”，有的渐渐成了当地地名，如李鸿章享堂、享堂峡、享堂桥、享堂小区、享堂新城等。土司制度是汉唐以来中央王朝在少数民族地区实行羁縻政策的延续，如元代就曾封当时居住在今湟中西纳川的西纳家族为“宗喀万户”，让他管理娘娘山南、湟水两岸的大片土地。这些土官既是少数民族的首领，也是中央王朝在地方的代表。他们的职责是效忠朝廷，负责朝贡，维护秩序，保境安民，督促属民缴纳赋税、承担徭役、听从征调。正因为如此，土司制度在明、清两代得到巩固和强化。

据史料记载，明王朝对河湟地区的治理是在元代管理的基础上，实行“因其习俗，分其族属，官其渠魁”的政策，对各部落首领和宗教领袖分别授予指挥、指挥同知、指挥佥事、千户、百户等职衔，或国师、禅师等僧官职衔，让他们不仅承担原有的职责，还要招抚流亡、赈济饥民，协助中央平定叛乱。明王朝灭亡后，清王朝延袭了这种管理办法，河湟地区的十多家土官先后受封土司。从某种意义上说，这些土司归附王朝后，多次应征平定边疆叛乱，招抚少数民族首领，为加强河湟地区各民族安定团结起到了一定的积极作用。正如《清史稿》中所说：“青海土司有捍卫之劳，无悖逆之事。”对他们作出了积极的正面评价。明清两代青海最有名的土司，就数被称为东李、西李、东祁、西祁的四家了。

东李第一代始祖李南哥的先辈曾在元朝任显宦要职，李南哥归附明朝后，因功于永乐元年升任西宁卫指挥佥事，五年后，其子李英袭职。史载李英自幼聪颖过人，体貌魁梧，臂有神力，精骑射，年轻时曾几次听从征调，统率自己的土兵随永乐帝、宣德帝北征朔漠，“每战必贾勇为前锋”。因血战之功升荣禄大夫、柱国、会宁伯，并赐铁券，命他“世守西土，效忠朝廷。”李英因曾受封会宁伯，为与李文的府邸相区别，世称李英府邸为

"东伯府"。他曾获明成祖批准，在西宁修建"真武庙"。建成后，宣德帝亲赐庙名——"广福观"，这就是今天"观门街"街名的由来。

李土司是明代河湟土官中受封爵位级别最高、势力最大、声名最显赫的家族，经数百年的繁衍，后代散居整个湟水流域，据《乐都县志》记载，仅乐都一个边远乡，就有李姓241户，1 278人，故有"湟水三万户，李氏居其半"的说法。会宁伯李英去世后，选茔在湟水与大通河相汇的西北台地上。这里地处青海"东大门"，背靠八楞山，靠山面水，视界开阔，是阴阳家所看好的"风水宝地"。自后，除第四代土司外，东伯府其余土司均葬于此。历明清两朝多次修整，地面上建有多座祭祀建筑，碑柱林立，气势不凡。因墓上祭祀建筑统称为"享堂"，久而久之，李土司祖茔的享堂竟成为了这块台地的地名，如民歌里就唱："金钟玉鼓八楞山，二龙戏珠的享堂"；"史纳享堂连着哩，海石湾隔着河哩"；"乐都的沙果贵德的梨，享堂的西瓜甜如蜜。"

民和享堂东临大通河河岸，高山深谷，天然险境，自古为甘青道上的咽喉要地，历代都有重兵把守。尽管清人钱茂才在《享堂》诗里盛赞这里"才过盘山渡口船，斜通一径又前川；危桥接岸虹腰细，碧水澄潭镜面圆；野树含风千嶂雨，夕阳射影几村烟；青帘动处归来晚，回首依稀忆去年。"的自然环境，据说1928年国民军西来，就曾在享堂驻兵，期间将坟园作为演操场，墓碑作为试炮之靶。1938年，"青马"旅长马继融又在这儿修建部队营房，历经数百年的一处记录河湟土司历史的古迹，终于在那混乱的年代里被夷为平地。

响河尔

离西宁，沿109国道西行约42公里，路边有村名曰响河尔，它与灰条沟、石崖庄、国米滩等村庄为邻，西距湟源县城8公里，东距湟源峡东口约10公里，差不多地处西石峡之半。这里半是翡翠半是山，湟水如练绕其间，《丹噶尔厅志》就盛赞是峡中景色最美处。响河尔是一个很有诗意的村庄名，它地处峡中一高阜之上，“危峰壁立，南北陡峙，奇石突兀，有虎踞狮蹲之势，湟流湍急，回环曲折，蜿蜒如龙蛇之夭矫；丸泥东封，一夫当关之险。……远岫烟雨，白云红叶，宛然画中美景也。”村南青山如屏，青杨白桦，连山接岭；村东一峰围拱，山光水色，交相辉映，烟岚绰约。每当月夜东行至此，朦胧中见月挂山巅之上，峰峦如齿，横亘四周，湟水奔流于侧，响声訇然，回荡山谷，不禁令人顿生恐惧之感，也许村名即得于此。

据说3 000多年前，湟源峡是羌人中从事农耕的西戎人的故乡，所以史称湟源峡为“戎峡”，耸立于峡西口南岸有名的“大峨博”，在史料中也被称为戎峡山。也许是这个原因，当年响河尔村中就建有一座“先农祠”，供奉着上古“农业之神”炎帝。炎帝号称神农氏，他始作耒耜，降牛耕田，教民稼穑，创立了以原始农耕为代表的姜炎文化，“自羲农，至黄帝，号三皇，居上世。”在中国数千年的绵绵历史长河中，地位是很高的。据说当年祠中的炎帝端坐在一块大石上，体格伟岸，目光炯炯，肩披兽皮，手执谷穗，护佑着一方村民。

由于响河尔村东“危峰壁立，奇石突兀，为西石峡第一要隘。”当年每逢夏日湟水泛涨，峡中道路、桥梁常被冲毁，而只有响河尔村民在官府的大力支持下“倚山驾石”，在村东南所建的“响河尔桥”巍然屹立。所以每当湟源峡水毁路断时，行人商旅多赖此桥渡河，然后南进磨沟（亦称香子沟），绕湟中盘道山路，经尕布沟或康缠沟北出西川，再东赴西宁，一路行来备尝艰辛。

响河尔村由于地处西石峡险要处，“十里塘坊五里墩”，过去官府曾在这里设立过军事据点——“塘”，名“响河尔塘”，驻有塘兵，以负责这里的交通和社会治安。1914年，天水名士周希武在其《宁海纪行》中尚写：“天始明，入湟峡，土人谓之西石峡，疑即《水经注》所谓戎峡也。路颇崎岖，十里至骆驼脖项，过黑沟水，五里至响河尔塘，有响河尔水出北山（此水早已干涸断流），南注湟。这就是《水经注》中所说的卢溪。响河尔庄东南，有水出南山，北流注于湟，土人谓之磨沟，水流颇盛。”在过去地方不靖的年月里，这里曾是打家劫舍者光顾之地，加之山高林密，村上有人曾以狩猎为业，其中不乏解珍、解宝者，人们也赖此自卫。史载当年有次贼四五百人从后山鸣枪来袭，村上众猎户同仇敌忾，占熟悉地形的优势，依托村中院落堡墙，奋勇举枪迎战，因“弹无虚发，（贼）中弹落崖者至三十余人。……是日积雪遍山，血渍山为之赤。”

解放后，拓展的青藏公路从村中通过，为修筑青藏铁路，20世纪50年代，村西建起了由铁路部门管辖的响河尔采石场，提供了大量片石和道渣。在轰隆隆的炮声和碎石机的轰鸣中，响河尔村西半个北山变成了青藏铁路上的箱涵、隧道、桥梁包头上的石料和线路上的道渣，为青藏铁路一期工程建设做出了巨大的贡献。改革开放后，随着人们生态环保意识的增强，为了恢复湟源峡山清水秀的原生态自然环境，闻名青藏线的响河尔采石场被关闭，由于青藏铁路、西（西宁）倒（倒淌河）一级公路和109国道都通过这里，桥梁跨河，涵隧穿山，当年河声喧豗的景象已不复存在，而村上以“高原红”等为名的“农家乐”茶园，又一次使响河尔出了名。

小　桥

如今，小桥也许是西宁城北区最繁华的地区，这里终日熙熙攘攘，人来车往，已不亚于繁华的西大街。但谁能想到，这翻天覆地的变化，也只是近数十年间的事儿，因1943年前，这里还只是一个极普通的农村——小桥儿而已。

小桥地处湟水与苏木莲河的交汇处，自古是西宁城西面的交通咽喉。从这儿不但可以去大通、门源、祁连，进而去甘凉；而且可以西去湟源、青海湖，进而去海西、玉树、海南和西藏。由于地处要津，很早这里就搭有便桥，只不过限于当时的条件，“向系便桥，夏拆冬盖，颇不便利”，从来没有建过一座像样的桥。从《西宁卫志》中的《重刊西宁卫城图》看，

300 年前的西宁城附近湟水上，就有四座桥：小桥、大桥、柴家桥（在今水城门北的湟水上）和新建桥（西门桥），图中标明大桥就在今党校北的湟水上。清乾隆初年西宁道佥事杨应琚修惠民桥时，就说：“（大桥因）四川灌河，群版散堕，日歃月陷，水抉木去，育小窃以为薪。”等原因，已破旧不堪。杨应琚在旧址重建新桥，并定名“惠民桥”。由此看来，小桥得名，是相对于其下游的那座大桥而言的。由于小桥“夏拆冬盖”，形式简陋，据《西宁府新志·建置·堡寨》记载，明末清初时，今小桥地区尚未形成村庄，这里只是一处人们过往的简单渡口而已。

清乾隆中后期，由于西宁近郊人口渐多，小桥渡口渐显繁忙，估计在桥头附近形成村落也是在这个时期。人们因桥而名，形成的村落亦称“小桥儿”。清同治、光绪年间，西北多难，为加强对西宁西川、北川的防守，清光绪四年，统领安西军提督喻胜荣在桥东岸附近修筑“安西堡”。安西堡作为西宁西门外重要的军事据点，一直延续到 20 世纪 30 年代。由于小桥地区特殊的地理位置，为了夺取进城要道，这里常成为起义军和官军激战的地方，如光绪二十一年七月十四日，数千起义军就在多巴马大头三三的率领下和官军在小桥儿激战。

20 世纪 30 年代抗日战争期间，在日寇的疯狂侵略中，内地许多地方交通中断，后方物资供应短缺，为解决补给问题，国民党政府和第八战区司令部要求青海省发展地方工业。在这种形势下，青海省当局自 1939 年起，陆续开办了一些“工厂”，主要设在南大街的三官庙（海阳化学厂）。1943 年，因三官庙地方狭小，决定另觅新址，筹建西宁工业区，最后厂址选定在今小桥大街东侧、北川河西岸一带。当年这里的 200 多亩征地中有些是河滩地，然后投资白洋（银圆）20 余万元，并任命韩起功为厂长，自北而南，依次建起了土木结构的八座工厂，这就是解放前青海有名的“八大工厂”。据史料记载：“各厂都有前后门，厂区道路虽为土路，但纵横交错，四通八达。道旁均栽树木，骤临其地，面目为之一新。”上下班时，工厂汽笛轰鸣，声震远方，被人们称为“铁牛”喊了，在当时的年代里，“铁牛”的喊声成了老百姓掌握时间的标志。在今天看来，“八大工厂”虽是马步芳的官僚资本企业，但不失为我省现代工业的萌芽，也为今天小桥地区的发展起到了奠基作用。

1948 年，我国著名的考古学家裴文中教授来宁考察，他通过考古发现，在距今数千年前的史前铜石并用时代，我们的先民就生活在小桥湟水与北川河交汇处的二级台地上，与大自然进行着艰苦卓绝的斗争，他们在利用自然资源改善自身生存条件的同时，也创造了光辉灿烂的史前文化，留下了总面积达 10 万平方米的文化遗存，这就是今天我们所说的沈那遗址。当初，沈那遗址被裴文中教授命名为齐家文化的“小桥遗址”，20 世纪 50 年代由有关部门复查，更名为“沈那遗址”，1979 年和 1986 年分别被西宁市和青海省政府公布为第一批市级文物保护单位和省级文物保护单位。

小桥地区的沈那遗址是西宁的骄傲。因为它是我省境内发现的面积最大，保存得较好，文化内涵丰富的一处古代居民聚居地，它的发现，对探

齐家文化双大耳罐

讨分布在湟水流域北川地区的齐家文化不同类型增添了新的重要资料。这里出土的凿、锛、璧等，有的是用硬度较高的玉材制作的，通体光亮，刃部锋利，制作精致，证明了古人在切割和穿孔方面技术的高度发展。尤其是1992年出土的圆銎宽叶倒钩青铜矛，也是迄今为止已知齐家文化进入铜石并用时期最大的一件青铜器。铜矛形体宽大，呈宽叶状，长61.5厘米、宽19.5厘米，双面锋刃，是齐家文化青铜制作的珍品。铜矛的发现是我省继贵南尕马台齐家文化遗址中发现我国第一面铜镜之后的又一重要发现，从而又一次震惊了史学界，它表明当时的青铜冶炼技术已达到了较高的水平。铜矛现已被国家鉴定为一级文物，并由青海省博物馆收藏，沈那遗址作为西宁的一处重要文化遗址，必将会引起人们更大的关注。

解放后，如“八大工厂”中的洗毛厂改为青海人民毛纺厂（即后来的青海第一毛纺厂），地毯厂改为青海人民地毯厂，后与毛纺厂合并，农牧机械厂、小桥化工厂、康尔素乳品厂等相继在这儿建成……小桥地区从此也成了建国初期我市重要的工业区，为我市，进而为我省的经济发展做出了重大贡献。

享堂沟

史载西宁“三峡围拱，乱山纵横，重岗复岭，易于藏兵”，其中西南方向的享堂沟就是“重岗复岭”中的一条。享堂沟位于南川西侧，从南山公园西望，近在眼前。沟尽翻山，即为鸳鸯沟，再翻山，即为石灰沟（今湟中西堡乡）。说起“享堂”的来历，还得从600多年前明朝晋王朱棡说起：朱棡的妃子谢氏死后葬于金山，坟院地面设祭祀建筑，当时称为“孝堂”，后嫌“孝堂”名不雅，遂改为享堂。此后，达官贵人的墓园就称为“享堂”，有的渐渐成了当地地名，如李鸿章享堂、青海民和县享堂（明代李英的墓园）、享堂峡、享堂桥、享堂小区、享堂新城等。当年西祁土司祁廷谏之二儿子祁肇周就葬于享堂沟的沟口，墓园所在地就成了今天城中区总寨镇的享堂村，村后山沟因而就称为享堂沟。

祁肇周父子在世时，正是明王朝风雨飘摇、岌岌可危之时。明崇祯十五年（1642 年），李自成起义军鲁文彬、贺锦先后率部攻打西宁，西祁土司祁廷谏“聚众泣告曰‘事势至此，有死而已。’兴周（祁廷谏长子）曰‘国家豢养之恩报在此时，儿等当以死战求济！’”之后，鲁文彬战死于西宁城下；贺锦中伏，捐躯于伏羌堡（今徐家寨）。是年冬，起义军辛恩忠再次率部攻破西宁，认为“灭贺（贺锦）之举由于祁氏，获（祁）廷谏，系累以去。”当祁廷谏父子被押往西安大狱时，祁肇周欲以身代兄负罪，祁兴周瞅机会给祁肇周说：“吾父子咸死无益，曷走青海乞兵？以图复仇。”祁肇周却说：“兄适外乞兵，父及于难，我不可不奔也。”史料中记述了大难当头时，兄弟争相赴难的手足亲情。

1929 年 1 月 18 日，冯玉祥部孙连仲率三万国民革命军进入西宁，20 日，青海正式建省。已在河州起事的马仲英（人们俗称尕司令）经保安、贵德，翻越拉脊山，扬言要夺取西宁。也许是为了试探防守西宁的国民军虚实，正月初一，马仲英派出的一部取道鸳鸯沟，翻山直指享堂沟，显示出一付欲攻西宁的样子。据我省著名的企业家星晓明先生讲，当年时局不靖，一夜数惊，（附近）村上老一辈闻风后，匆忙藏好财物、粮食、衣服，纷纷出门投亲靠友，以躲避灾难。未躲避者亲见造反者手持大刀、长枪，呼啸着从星家庄（在享堂沟沟口南侧，北侧为享堂村）西边的大墩岭上冲杀下来，整个山坡上寒风陡起，尘土飞扬，刀光闪烁，吼声震天。正当村民魂飞魄散之时，这些人却突然左转，偃旗息鼓，“绕过白崖，进了享堂沟。”孙连仲属下鲁崇义旅（九十二旅）第一团第一营见状，在营长王士诚的带领下，渡过南川河，雄赳赳地进沟前去迎击。王士诚，河南洛阳人氏，武昌步兵学校毕业，按理说，也该请个熟悉当地情况的向导，摸清情况后再说。但他却刚愎自用，贸然率部冲进了享堂沟，中了对方“诱敌深入”的奸计，钻进了人家预先设好的“口袋”。马部起事者在大墩岭前坡虚晃一枪后，早已进沟占据了车头坡、陈家窑、毛鸡湾、张脑村、火烧沟、小湾尔等山头制高点，只等瓮中捉鳖了。可怜王士诚带领的400多名河南籍年轻士兵在人生地不熟的山沟中，东寻西找，直到搜寻至车头坡，迎来的却是一片枪林弹雨和明晃晃飞舞的刀光。在一阵砍杀中，除了王士诚一人逃脱外，全营覆没。马部起事者获胜后，迅速携带精良的战利品后撤离，过石灰沟，沿班沙尔、马莲沟，走押必，进折科（今湟中盘道），出湟源药水峡白水村，参与了血洗湟源城屠杀。享堂沟一战，极大地震慑了国民军，这就是后来国民军西进湟源时一路畏缩不前，当晚宿镇海堡（今通海），第二天近午才赶到响河尔，造成湟源血案的真正原因。《青海花儿》里就国民军畏缩不前而造成湟源血案一事是这样唱的："朱锦屏死在莲花台，周子扬作了个伴儿；国民军摇延着不上来，孽障死湟源的汉儿。""摇延"，即走走停停，畏缩不前的意思。

逃出享堂沟的王士诚因临阵脱逃，随后受到军法的严惩；一团团长雷春泽也被撤职查办；由池峰诚继任团长。而享堂沟里"积尸草木腥，流血川原丹"，尸横遍野，血肉模糊。为了安葬这些阵亡士卒，新成立的青海省政府当局划出南山寺脚下原朱仙塔院北侧的一片地皮（今南门管理站一带），作为掩埋国民军阵亡者的义地。随后责令享堂沟附近村庄的民众两人一组，携带绳索、抬杠，进沟搬运冻得硬邦邦的尸体，并规定每天必须搬回三具，搬运费为每具两块银元。感谢星晓明先生，是他在《湟中星族·家世春秋》一书中，为我们留下了这方面的许多珍贵史料。

受当局命令，西宁所有杠房家（经营殡葬业务者）全部出动，在萧瑟的寒风中，朱仙塔院北侧挖好了400多个墓穴，准备好了400多口松木棺材，并为死者温水洁身，换穿崭新军装，等候隆重的安葬仪式。届时，青海省政府主席孙连仲亲率省府大员致祭，每个坟堆前竖有死者的"英烈牌位"，坟院大门上书"国民革命军义地"，两侧对联为省政府秘书长袁其钹撰题："万丈白虹，马首是瞻；一抔黄土，豹死留皮。"尽管安葬时轰轰烈烈，但国民军很快撤离青海，义地再也无人照看，十余年后，坟院土地划拨给青海省立西宁职业学校，作为该校的园艺技术实验基地，荒草萋萋，寒鸦乱飞，"义地"遗迹早已荡然无存。

阴山·阴山堂

阴山坐落在西川湟水之阴，东距西宁城中近30里，西宁市区与湟中县在附近分界。它虽没有“不教胡马度阴山”的阴山那么出名，但从牧区归来，遥望叠翠垒绿之中的阴山时隐时现，便觉西宁即在眼前，令人顿生一种亲切感。

阴山是拉脊山向北析出的一支支脉的末端。它挟雪山之势，似巨蟒突奔西北，为湟水所拒，断崖千寻，翘首南岸。每至冬日，这里积雪满山，背阴处近午才能见到日光，寒气四溢，故名为阴山。它前临湟水，左拥实惠沟河，因山坡陡峭，地理环境特殊，故常有山崩发生。清光绪元年元旦，“阴山崩，水渠壅塞，张（张家湾）、旱（汉庄）、彭（彭家寨）、刘（刘家寨）、苏河（苏家河湾）五处数千亩沃土，几作石田。”可见灾难之重。新皇帝登基伊始，阴山崩，自然不是好兆头，故《西宁府续志》郑重地记下了这件事。

阴山地处要冲，早年，西侧山脚下曾设有军事防御机构——“塘”，派兵把守，所以曾叫阴山塘。塘是明清两朝当时驻军警备的关卡，俗说“十里塘坊五里墩（烽墩）”，一般设在交通要道或地形险恶之处，或间距有一二十余里的路程，派有兵卒把守，类似于今天的检查站。如果有人需要外出，“令行户邻里取保具结，报官给照（执照），令塘汛验收始往。”今四川绵阳市涪城区就有个塘汛镇，是个很有名的地方，说起它的得名，就是过去在这儿设置了塘汛的缘故。当年西宁周边也设有许多“塘”和“卡汛”，受当地协路营的管辖，《循化志》《西宁府新志》中就记有许多塘汛的名称，如巴暖营所辖就有艾湾岭塘、巴州塘、阎王匾塘等；千户营所辖就有西柏坡塘、拉脊山塘、押加沟塘、群加沟塘等；还有清水塘、孟达塘等许多塘。不过，随着历史的变迁和军事形势的改变，“塘”已经从地名中消失了，保留下来的“塘”，也由于人们书写的随意性，现在已写成“堂”了，如“阴山堂”、“柏树堂”，只有化隆的“二塘”等地名还保持着远去的历史痕迹。

阴山前临湟水，河畔滩地平整而肥沃，过去就有人在这儿筑墙架屋，以农为生。由于从西宁到阴山堂正好是半日路程，自古以来这里是脚户行人憩足用餐、官宦人家以酒饯行之所，所以阴山堂路侧很早就设有车马店和饭馆，是西川路上比较热闹的一处地方。辛亥革命后，由于袁世凯称帝心切，无意御外，在帝国主义的策划下，西藏亲英势力不但公然筹备“独立”，还欲染指玉树，叫嚣要“将昆仑以南，当拉岭（今唐古拉山）以北之地划为内藏，中国不设官，不驻兵。”在这国家命运风雨飘摇的关键时刻，时任镇守西宁等处总兵官的马麒上书北洋政府，认为如果亲英势力的阴谋得逞，“以十三城拱手让人，已丧地千里。”力陈“速收玉树为他日恢复卫藏之计。”1914年，北洋政府派周希武等前往玉树会勘，次年10月16日，周氏等离宁西行，马麒曾在阴山堂“以羊酒饯行”。中英西姆拉会议后，川藏战争爆发，西藏形势更为严峻。1919年8月，北洋政府遣朱绣、古浪仓等入藏与达赖谈判，马麒率各地方官员又在阴山堂设宴，为朱绣等谈判代表隆重饯行。值此国难当头之际，谈判前景难卜，饯行场面极为悲壮。时任巴燕戎格（今化隆）知事的胡燮坤即席赋《送朱锦屏出使西藏》七绝十首，“大风四起阵云横，壮士西游万感生。不为私情混公谊，单为时局送君行。”回肠荡气，慷慨悲壮，真有点燕太子丹易水送荆轲的味道。当初，朱绣等赴藏时，国势衰微，外敌临境，“破碎山河不可收，何堪同室自为仇。”他只能“手提三尺壮西征，如此山河恨不平”，胡燮坤热切地希望“凭君好借天湖水，一洗中原五族羞”。朱绣一行果然不负众望，终于与达赖达成协议，维护了祖国的统一。

如今的阴山脚下，水光粼粼的解放渠穿行于绿树丛中，青藏公路、青藏铁路似二龙戏水，盘旋于湟水之上，车水马龙，汽笛交鸣，再也听不到当年拉煤大板车咯吱咯吱的“千古绝唱”了。

毛伯胜

大通城关镇过去叫“毛伯胜”，现在已经很少有人这样称呼了。至于地名的来历，《大通县志》中只提及“初有将吏毛姓出兵于此，百战百胜，因以名地，始隶版图，往古岁月绵邈，文献无征，莫由考证”，看来，地名的来历，已很难查找了。要说起得名的原委，还得从居牧在大通河两岸的巴沙族谈起。史载大通河两岸“原陉膏腴，水泉润泽”，但其首领却“负险为固，荼毒人民”。从明正统十三年（1448）瓦洛发动叛乱起，到天顺元年（1457 年），十年间，他们攻城堡，杀官军，掠妇女，劫牲畜，使凉（凉州，今武威）、永（永昌）、庄浪（今永登）、西宁一带岁无宁日。天顺五年（1461 年），其首领孛来率数万骑抢掠西宁、凉州，副总兵毛忠率军迎击，“死战却敌”；天顺七年（1463 年），毛忠又与总兵卫颖率官军由驼驼山出师，大败巴沙、昝咂诸部于今大通城关地区，“俘斩 7 700 有奇”。经过这次大战，巴沙部落受到重创，很快“散弱”，再也没有对西宁卫构成威胁。

两次征讨巴沙部的毛忠，字允诚，初名哈剌，原籍“西陲人”。他的曾祖名哈剌万，明王朝开国时曾归附朱元璋，由行伍出身，因功封千户，后在战斗中阵亡。祖父名拜都，随明军远征哈密，亦战殁。父亲名宝，“以骁勇充总旗，授永昌百户”。毛忠 20 岁时袭父职，任镇番土军百户，因“膂力过人，善骑射”，且“为将严纪律，善抚士”而深得军心，年纪很轻，就随成祖北征，在战场厮杀。宣德年间征曲先，升任指挥同知；正统十年，因“守边功”擢都指挥同知，并被赐姓“毛”；后又征罕东，“执李南哥弟、伪邪王锁南奔”，升都督佥事，又赐名“忠”，因称毛忠。天顺初年，毛忠任左副总兵，协镇甘肃。天顺三年（1459 年）春，晋升左都督，天顺七年大败巴沙、昝咂诸部于今大通城关地区后，封伏羌伯。后来，人们路过此地即说是伏羌伯毛忠取胜之地，叫来叫去，逐渐简化为“毛伯胜”。——这也是今大通城关镇过去叫“毛伯胜”的缘由。西宁小桥地区扼北川之口，当年巴沙、昝咂诸部多次经这儿攻掠西宁，“毛伯胜”大捷，既解除了北川之患，又使西宁得到了安全。为纪念毛忠功德，西宁卫当局在今沈那中学附近建起了类似报恩生祠的祠堂，刻碑树匾，记述战功，生日致祭，追怀恩德。就像西宁纪念刘松山等的昭忠祠被人们称为“统领寺”一样，祠寺不分，人们把这里的祠堂又称为“毛胜寺”了。清王朝建立后，毛胜寺作为前代功臣的纪念遗址，由于无人管理，日晒雨淋，不久即被损毁，到乾隆年间杨应琚老先生撰写《西宁府新志》时，已片瓦无存，所以《西宁府新志》中没有关于它的片言只字记载。但作为一个地标符号，竟成了五百多年不变的地名。

明成化四年（1468 年），毛忠已是 75 岁的古稀老人，夏四月，开城满俊（亦称满四）发动叛乱，秋七月，右都御史项忠率军讨伐失利，都指挥蒋泰、申澄阵亡。冬十月，毛忠奉命出征至宁夏固原石城，挥军从木头沟攻至炮架山，连夺北山西侧两座高地，杀敌很多。但友军却怯战败退，使毛忠孤立无援，“贼并力攻忠，为流矢所中”，伏羌伯毛忠战死于阵前，侄子毛海、孙子毛鎧同时阵亡。冬十一月，都督刘玉、副都御史项忠再次征讨开城叛乱，“满俊平之”。毛忠祖孙三人死节事上报后，明宪宗朱见深感叹不已，封毛忠为“侯”，谥“武勇”，并下诏在兰州为他建“忠义坊”，春秋致祭。孙毛锐“袭封，谥‘武襄’”，从子毛濬被任命为兰州守备。

清初，今大通地区得到进一步的开发，据《秦边纪略》记载，当时汉、藏、回在此“筑高堡、庄田、水磨、斗车，种麦豆、青稞，凡牛、种（种籽），皆（蒙古）麦力干所给，而岁纳添巴（赋税）。”雍正三年，清王朝借平定罗卜藏丹津叛乱之余威，为加强对大通河流域的管辖，设大通卫，连筑大通（城址在门源大通河边）、永安（城址在门源县青石嘴镇西北不远处）、白塔（城址在毛忠当年大败巴沙、昝哑诸部所在地，即毛伯胜）三城，置总兵官属西宁府管理。清乾隆九年，鉴于北大通城太偏北，不便于管理今大通地区，大通卫守备孙捷会同西宁道佥事杨应琚在白塔城筹建卫署，迁大通卫治于毛伯胜（亦称白塔尔），后乾隆二十六年，大通卫改卫设县，县城亦设于此，人称毛伯胜。

自从大通桥头发现煤矿后，老爷山下的济通桥一带日渐繁华，1957 年 11 月 17 日，大通县委、县政府从毛伯胜迁往桥头，毛伯胜作为当初县城所在地，至今人称“城关镇”。

殷家庄

西宁西门外南川河西岸，原来有个小小的村庄，名叫殷家庄。因为村落建在高阜之上，临河的一侧是陡坡，所以又被人们称为“殷家崖头”。还记得吧？当年崖头有一座高大的土拱门，面向着西门河。

殷家庄南有谈姓庄，北连李家河湾，村小而户少，在过去很长的一段时间里，当局把它和西面的刘家河湾（今人民公园所在地）划为一处管理，统称为“殷刘堡”。过去，殷家庄全村人以务农为主，因毗邻城垣的缘故，有人兼种一些蔬菜在城里销售。清初，西宁葆宁寺兴起后，在当局支持下广置寺产，在那漫长的苦难岁月里，村前的河滩地虽有“喧鸟复春洲，杂英满芳甸”的幽美环境，地近城郭的便利条件，田土多为葆宁寺的寺产，但人们多以租种为生，多数人过着食难果腹、衣难蔽体的穷困生活。

葆宁寺败落后，土地虽换了新的主人，但农民的生活并未得到根本的改善。1949 年 9 月，随着青海的解放，殷家庄 800 多亩渗透劳动人民汗水的土地终于回到了人民手中。按当时的行政区划，被划为西宁市第五区，全村 41 户农民归第四乡政府管辖。

1950 年，刚刚获得解放的村民们不愿再厮守在那几百亩土地上，他们东凑西挪，集资购买了三台织袜机、一架织布机，筹划组建了“新华工业社”。5 月 21 日，在新生共和国刚过半岁的时候，一阵鞭炮声响过，我省第一家从事纺织与制革的村办企业开张了。当时，还处于草创阶段的《青海日报》就在显著位置报道了这件振奋人心的事。今天，当我们站在乡镇企业大崛起的背景下看当年殷家庄“新华工业社”，不能不为当初甩下犁耙握机器的创业者们唱唱赞歌，是他们以睿智的目光瞄准了以工促农之路，在 60 多年前率先创办了村办企业，为全村人脱贫致富找到了一条捷径。

现在，老殷家庄的村民早已另迁新居，其址作为省工商银行、省财政厅等机关的所在地，高楼鳞次栉比，已融为西宁最繁华的闹市区的一部分，“殷家庄”这个存在了不知多少个世纪的地名，也许只能从西宁地名录中才能找到它的踪迹。老殷家庄的村民迁居地在南绕城路西山湾前，他们仍以“殷家庄”命其新址，所以路边的公交站牌名仍注“殷家庄”。

前后窑

前窑本来叫窦家窑，是湟中甘河川和西堡川之间的一个山村，因为村北山后还有一个山村，人们为区别起见，分别称两个村子为“前窑”和“后窑”。后窑在20世纪中叶已改名为“丰台沟”。丰台沟（后窑）在行政区划上，属湟中县西堡镇管辖，而窦家窑（前窑）却归甘河滩镇管辖。前、后窑村名得名的原因，与其他以“窑”为村名的庄子一样，一般这些村庄大都地处高山大沟之间，由于交通不便，自然条件差，建村之初，来此谋生的多是贫寒人家，由于缺木少料，不少人家曾经依山挖窑洞，像陕北一样，以穴居为生。当然，现在的前、后窑早已没有住窑洞的人家了。

数百年来，村民们依靠村前村后山坡上的数千亩浅山坡地，过着日出而作，日落而息的单调生活。尽管种的都是干旱山地，但人们别无挣钱门路，都指望着拿它来养家糊口，力田为生，所以周边农村的人称赞说：“(前、后)窑上的人们苦性好(指能吃苦，干活卖力)”，个个都能吃苦耐劳。

丰台沟（后窑）自20世纪50年代起，在村委会的领导下，重视进行小区域治理，大规模地进行封山育林，不但房前屋后绿树成荫，就连村西高高的东尖岭（即山顶有著名的乾河墩的大墩岭），也绿环翠绕，由于成效显著，当时在全省是很有名的，和湟源的小高陵一样，成了青海浅山农业区小流域治理的两面旗帜。加之该村人人会制洋芋粉，一下使产量高而不值钱的洋芋竟成了“金蛋蛋”，几十年来让川里人也羡慕不已。

前、后窑村上确实姓“窦”的人家多，20世纪丰台沟（后窑）上还出了一位有名的人物窦佩玉。窦佩玉，字环臣，1933年于中央政治学校蒙藏班毕业后，先后在乐都中学、西宁师范、西宁一中、湟川中学任教。他博学多才，涉猎极广，教学中一丝不苟，对学生既能严格要求，因材施教，方法上又循循善诱，因而深受学生喜爱和尊敬。他为国立师范所作的校歌“河源远，江水长，人文蔚起，边政吐芒光。大计百年树教育，建国首安疆……”曾激励了当时国师的不少莘莘学子。

窦家窑（前窑）东西两侧翻山即是李九村和元山尔，一条蜿蜒山路斗折蛇行，经过村后连接着元山尔和李九村，途中正好经过前窑沟。当年我的舅太爷李长芳，一位曾参加过“元山尔起义”的老人带着我路过此处，他曾指着路边一座高大的坟堆说：“这个坟堆里埋着两个人。因亡者之子忤逆不孝，劣迹斑斑，出殡之日，族中耆老相约，按习俗乘孝子下到坟坑为落棺掸土时，突将棺木放入，将他压于其下，以起到警示作用，所以坟堆比其他的坟堆大。”在过去时局不靖的混乱时代里，根本没有法律可言，也许用这种近乎残酷的家族法惩治凶顽的做法，对规范社会道德也有着一定的警诫作用。

如今，前后窑的村容村貌都发生了巨大变化，出生于“窑”上的新一代中除了走南闯北在外创业的外，在家的多到甘河工业园区各企业打工上班，你只要看看他们的衣着，看看他们出门的“坐骑”，就会知道村上的变化有多大。尤其窦家窑村后的大片荒沟已经被园区征用，作为甘河园区垃圾的填埋地，为了方便运送垃圾，一条宽宽的水泥路穿过山梁，把村庄与园区连在了一起，也为村民出入提供了更为便捷的通道，窦家窑确实大变了，那些土里刨食的村民，那些背驮联罐的送粪毛驴，那些山地里像钉子一样排列整齐的粪堆，早已消失在人们的记忆里。

哈 城

哈城位于日月山东侧，是哈拉库图城的简称，一个典型的蒙汉结合的地名，今属湟源县日月乡管辖的一个普通村庄。在20世纪50年代的“大跃进”时代，湟源县曾在村庄的东南侧建起了“哈城农场”，一度还很出名。

据《丹噶尔厅志》记载，哈拉库图意即“黑喇嘛”。传说当年有一个皮肤黝黑的喇嘛常年在这里托钵化缘，故渐成地名。哈拉库图城建于清乾隆三年（1738年），清西宁道佥事杨应琚在《西宁府新志》中详细记载了哈拉库图城的修建原因及修建经过，有关史料中也记载城内建有守备署、过街楼，城外设有演武场，还收录了历年镇守此城的将佐姓名及兵卒数目。《西宁古城考辨》一书中还收载有经我省文物考古专家实地考察，有关哈拉库图城的一些珍贵资料。说“城呈正方形，边长180米，基宽6米，顶宽3米，东西开门，四角有角楼。”目前城墙残高4米。经文物考古部门对城墙上下部位夯层厚度不同的详细考察分析，认为此城系前后两次筑成，旧城年代至少可追溯到唐代，这样看来，哈城是清代城池一说又得改写。哈拉库图城南靠野牛山，地处日月山垭口和本炕草滩两条路的交汇处，西去可直达青海湖地区，南通尕让峡谷可去贵德，北瞰药水峡，山环水绕，视野开阔，地理形势极为重要。古人在此筑城戍兵，防卫湟水谷地的安全，确实是很有战略眼光的。

现在的哈城只是湟源县日月乡管辖的一个普通村庄，从日月山下来赴拉脊山、尕让峡的公路在村前经过，近年，由于农村道路硬化工程的实施，一条条水泥路把全村零散的庄廓连在了一起。哈城依山而建，濒水而筑，这倒很符合古人建城的原则。东墙前即有从野牛山下来的小溪，潺潺流过；南北墙顺山势筑起，像两条巨蟒，直上村后小山顶；山顶平坦，下看是山，上看是塬，原来是日月山东侧二级台地，西墙沿平坦的台地前沿修筑，马面高耸，土墙斑驳，倒也显得十分雄伟。墙体里当年所置的穿木依然探出头来，张望着数百年后前来凭吊遗迹的人们。由于这里地处高寒，植物生长期短，台地上种有燕麦、油菜等早熟庄稼，尽管节令还早，但株杆矮矮的燕麦却已枯黄。城墙头上长满了各种野草，其间轻佻的狗尾巴草在蓝天的陪衬下在尽情地摇曳。天苍苍，野茫茫，站在这饱经风霜的古墙下，真会产生一种莫名的黍离之悲。哈拉库图城设有东、西二门，东门临水而立，利于取水和补给，西门面临二级台地，便于瞭望和出击。现两门早毁，东城墙两侧早已庄廓比邻，经200多年变迁，矮矮的城墙淹没在一片院墙之中，非经向导指引，已难寻觅。西门两墙相错，门南向，如今只留有一大缺口，颓垣残壁，向人们诉说着哈拉库图城那久远的历史。《丹噶尔厅志》说此城西门常闭不开，唯开东门，据传因“古昔有兵一旅，自西门出征没于阵，无一生还者，故闭西门。”依山坡修建的城内自下而上分三阶台地，第一台地地处东墙内外，地形平坦，现已成为村落；第二、第三台地上散布有许多断瓦残砖，还有不少雕刻精美的残缺兽吻。据当地老人介绍，这里当年建有文昌庙、关帝庙、菩萨殿等庙宇，但都毁于20世纪历次“运动”。目前只在高高的第三台地上重修了一座关帝庙，形容枯槁地立在城墙内的西南角，在透过墙头的斜阳残照中，展示着屋檐下早已退色的布幔。

站在历尽沧桑的哈拉库图城头，数十里山川烟树尽收眼底。东面隔河（药水河）的台地上，是有名的料瓣台，“料瓣”即经粗加工的骡马所吃的麦豆，据说这里就是当年守军马匹草料生产之地；东北高山之巅即是新、旧《唐书》上多次出现过的石堡城；举目西眺，前面不远处即是日月山，山头上的日亭、月亭如在眼前；南面不大的川道里有当年所建的“哈城农场”，隔川道的另一台地上亦有古城遗址，名叫“营盘台”。日月山、石堡城与哈拉库图城三足鼎立，互相策应，瞭望、防守、后勤的功能齐全，古人策划谋略的高超，真令人击节叹赏！

小高陵

沿青藏公路西行，过丹噶尔（今湟源城关镇），南行进入大南乡药水峡，这里自古是唐蕃古道的重要组成部分，正如清乾隆时任西宁道佥事的杨应琚所说：“为行商往来之要区。”当年唐军为了守住陇右的大门，进而谋取攻占青海湖地区，除在西宁设置河源军之外，沿西石峡西口、药水峡设置了白水军、绥戎城、定戎城等军事据点。药水峡全长30余公里，过董家庄，进蒙古道，前面便是药水峡中最富庶的一块宝贵滩地。再前行，又进入了峡中最窄处。这块滩地土地开阔，地形平展，药水河纵贯其间，察汗素村即在滩地中，现为湟源县和平乡乡政府所在地。药水河东岸有村，名“冶尔庄”，后人们嫌其名不好，解放后已改称为“和平村”；西侧有两个沟坳，山沟中亦有两个村庄，由北而南，分别称大高陵和小高陵。

大、小高陵原名分别为“若隆切阿”和“若隆群阿”，是藏语音译名，“隆”即山沟，“切阿”即大的意思，“群阿”即小的意思。但叫来叫去，人们省略了后面的“切阿”和“群阿”，只称“大若隆”和“小若隆”，变成了汉藏合译的地名。后又经文人加工，“若隆”又转成了“高陵”，更贴近了汉语“高高的山陵”的意思，这确很符合当地的地貌。

小高陵虽地处唐蕃古道边，靠山近水，但过去这里山穷、地穷、人穷，人称“树不长，牛不站”。从解放后的 1953 年开始，翻身的小高陵人在村委会的带领下，在村前村后植树造林。当时人们想得不远，只希望有些烧饭煨炕的燃料，有点生活用材就成了。1956 年，农业集体化把各族农民联结在一起，经数十年坚持不懈的努力，植树近 15 万株，当年的荒山野坡变成了山清水秀的锦绣田地。随着后来的改土修田，实行山水林路田综合治理，人们说：“清清河水映山村，层层梯田连九霄”，省内许多村庄曾组队前来考察取经，“远学大寨，近学小高陵”，当时是很时髦的口号。那时，小高陵与湟中丰台沟成了 20 世纪六七十年代青海小流域治理、“农业学大寨”的两面红旗，在全省有着很高的知名度。

勤劳朴实的小高陵几代人，以自己的汗水、改天换地的斗争精神，在沟壑纵横、山高坡陡、地薄水缺、植被稀疏的山坳里，共平整出梯田 4 400 多亩，基本控制了山区水土流失，不但提高了粮食单产，而且通过多种经营，使人均收入达到 2 万多元。他们说：自力更生激发起来的革命精神最旺盛；自力更生摸索出来的经验最顶用；自力更生培养的人才最有本领；自力更生办起的事情最巩固；自力更生既能使集体经济不断壮大，也能减轻国家负担，就等于支援了社会主义建设。20 世纪 90 年代，中共青海省委发出《关于向小高陵学习的决定》，小高陵再一次成为全省学习的先进典型。小高陵梯田作为农业学大寨的典型实物，“历史的记忆，永恒的风景”和不可移动文物，在第三次全国文物普查中，由湟源县政府申报省级文物保护单位，2013 年被省政府公布为省级文物保护单位。

小高陵村现有汉族、藏族、回族三个民族，217 户人家，1 300 多口人，耕地 6 000 多亩，在村委会的领导下，走出沟口，通过办砖厂、开餐馆、采石料和牛羊育肥，实施“农民的绿色银行——千亩产业林带项目”，已经成为青藏公路边一处店铺林立的繁华地段。

天峻桥·天津桥

西宁市作为我省的省会城市，一些路桥命名时就选取了省内一些州县的名称，如海西路、果洛路、门源路、共和路、互助路、海晏路、兴海路、同仁路、德令哈路，湟中桥、天峻桥、民和桥等。这不仅体现了青海地方特色，在潜移默化中，人们通过这些路桥名增长了本土地理知识，而且突出了省会城市的地位和包容性。别小看了这些路桥名，它很能培养人们爱青海、爱家乡的感情，就像我在台北听到那儿有条“西宁路”后，还特地去看了一趟一样。解放初，新生的政权刚刚建立，在那火红的年代里，人们一心想砸烂旧世界，创立新乾坤，西宁的一些旧街巷立即改了名，隍庙街改为解放路，府门街改为文化街，县门街改为人民街，兵部街改为解放巷……，一些新开辟或打通的路命名时也体现了这一时代特点，如胜利路、七一路、八一路、五四路等；一些新建的桥梁也被命名为五一桥、五四桥、六一桥、七一桥等。这些路桥的命名突出了那一时代历史激烈变革的特色，经过几十年的时光流逝，已被人们渐渐所认可。但是现在看来，这些名称雷同而缺乏地方特色的地名，总是少了一些城市的文化底蕴和历史的厚重感。

一个城市的街巷名承载着这个城市的历史，人们透过这些路、桥名，可以管窥城市的过去，就像打开了这个城市的历史画卷，重温先辈筚路蓝缕、前仆后继的艰辛历程。真像我们见到广济路，也许有人会想到明代青海名将柴国柱；走进观门街，有人会说起宣德帝亲赐广福观的故事一样。如果联缀起西宁古老的街巷名，就像捡拾起西宁古老的历史残片，显现了这座城市悠久的历史；也让后来人懂得，现代化的西宁就是在过去的基础上，经一代代人们不懈的努力，才走到今天的。

青海省地方志研究会秘书长李泰年先生说：“地名记录着一个地方的历史文化，一个小小的地名可以提供丰富的信息。”西宁是座有着 2 100 多年历史的城市，也是我省仅有的两座被国家命名为“历史文化名城”之一，作为西部边陲重镇，这里曾演绎过不少可歌可泣的故事，所以保留一些有特色的街巷或桥梁名，也是彰显名城内涵的重要内容。

西宁市城北区过去是郊区农村，解放后，随着城市的发展，才有了正规的马路和桥梁，这些马路和桥梁被命名为祁连路、门源路、柴达木路、朝阳桥、天峻桥等。随着海湖大道的建成，连接天峻桥东西的马路也成了一条重要的交通要道，加之西（西宁）倒（倒淌河）高速路高架桥也从这条路的上空通过，长虹飞架，这儿已成为展示新西宁的一处重要景观。本来，依照桥路同名的命名规则，北川河上既然已经有了“天峻桥”，连接天峻桥两侧的路就应命名为“天峻路”，它和附近的门源路、祁连路、柴达木路一起，体现了西宁作为省会城市的胸襟和气魄，但不知为什么？已被老百姓认可的天峻桥突然又改名为“天津桥”，在众多以青海州县名命名的街路中，突然又冒出来了一个“天津路”！我不禁想，天峻路这个名称有啥不好的？

据说，由于某单位或某名人在某一建筑或某一活动上出资最多、出力最多，就要求这一建筑或这一活动必须署上某单位或某名人的名字，这叫“冠名权”。如果真是这样，那也无话可说了。但我认为，凡是被老百姓认可的，那才是长久的。就像清初官府曾将多巴改名为“新增堡”，但一直未被人们所认可，至今仍被称为“多巴”一样。

李泰年先生说：“一个小小的地名，或纪念一段历史事件，或纪念一位历史人物，或反映某种文化内涵，或反映某种地方风俗，乱改地名不亚于对历史的破坏和遗忘。”有关海湖新区中“火烧沟”景观带的宣传也是一个鲜明的例子。

本来，火烧沟与海湖新区风马牛不相及，是两个不同地方的名字。火烧沟是彭家寨村南的那条山沟，古称“鸳鸯沟”里的一个村庄名字；海湖新区是海湖路西侧新开发的一片地域名字，这里原是苏家河湾、刘家寨、彭家寨、汉庄几个村落的地盘。鸳鸯沟的沟脑在湟中县县城的通宁路附近，沟口在西宁市彭家寨东南。由于多年的山洪冲刷，鸳鸯沟的洪水撕裂了西川平整的土地，在彭家寨、刘家寨两村间的平地上划开了一条大沟，然后在苏家河湾村东北方向冲进了湟水，过去人们把这条大沟俗称为“深沟儿”，但史料上却记为“龙泉谷”。唐穆宗李恒长庆元年（821年），大理寺卿刘元鼎为唐蕃会盟，奉旨出使吐蕃，回长安后，曾写有《使吐蕃经见纪略》一文。文中说："元鼎逾湟水至龙泉谷，西望杀胡川，哥舒翰故壁多在。"据《西宁府新志·地理·山川》记载："县（指西宁县）西八里有龙泉，疑即西川称龙泉谷也。唐刘元鼎使吐蕃，逾湟水至龙泉谷，谓哥舒翰故壁多在湟水。"杨应琚先生所指"县西八里"的西川龙泉谷即今海湖新区的深沟儿，杀胡川即指今西川。当年哥舒翰率军在赤岭一带与吐蕃抗衡时，今西宁地域就设有"河源军"，即指这里的"哥舒翰故壁"。当年，平坦的西川南路过刘家寨村南，就到了深沟儿边沿上，然后一路下坡，通向沟底，沟中搭有一处便桥，过桥再上数十米的土坡，才到路平处，即见彭家寨村。从沟中望去，只见两侧土崖壁立，颓然欲倾，斗折蛇行，令人心寒。深沟儿蜿蜒东北行，到苏家河湾地界，因沟西侧有有名的龙泉，所以文人们称其为"龙泉谷"，也是有一定道理的。

火烧沟村只是鸳鸯沟中众多村落中的一个，它的两侧还有井家窑、狼沟、鲍家沟、阴崖、阴坡、史家窑（今称"青山"）、张李窑、水滩窑、孔家窑等自然村落。当年划分行政区划时，因火烧沟村划归西宁市城西区管辖，与沟中其他村落相比，火烧沟一时声名大振。这里既有城里人不时帮扶济困，又有政府出面及时解决实际问题，条件要好得多。

千百年来，龙泉谷横亘在西川原野上，既给行人旅客平添了一些麻烦，也阅尽了人世沧桑，但到了改革开放的近几十年，这里却发生了翻天覆地的变化：一座高大宽敞的箱涵在沟底建起，在推土机的轰鸣声中，千万方黄土填平了大地的裂口，深沟儿摇身一变，成了昆仑大道的一部分。原来的荒草野沟，作为海湖新区重要的绿化景观带，引来了解放渠渠水，随沟哗哗流淌，其间曲径小桥，叠水成瀑；巨桥横跨，彩灯耀珠；芦苇遮堤，浮萍流连；芳草碧树，掩映两岸，让到过这里的人一呼三叹。但不知为什么，却把这么一处优美的景区被称为"火烧沟"！好在前一段时间上级有关部门正式命名为"龙泉谷景区"，并在报纸上予以公布，但有些媒体在有关报道中仍把它称为海湖新区的"火烧沟"。看来，名称的扭转还需要多方面的支持。但愿今后一些新建的路桥或小区命名时，能顾及到当地的历史和文化，毕竟这里是有着 2 100 多年历史的古城，是曾以"桑麻翳野，宛如荆楚”令古人惊叹的地方。

惠民桥·惠宁桥

如今，西宁地区不仅湟水河主流上，就是南川河、北川河、沙塘川河这些支流上，都建起了不少座钢筋混凝土结构的桥梁，大大小小，长长短短，可能不下数十座。这些桥梁一个个造型别致，风格各异，尤其气势恢宏的昆仑桥的建成，填补了西宁没有立交桥的空白，不但为城市交通提供了便利，而且为古城增添了新的景观。但让我们回首60多年前，那时数得上而用得着的，只有西门口的通济桥和通往小桥的惠宁桥了。

湟水流经西宁城西的一段河道上，历史上曾经只在两处建过桥，其中一处是在今省党校后面的河道上，明清之际称其为“大桥”。清乾隆元年，旧桥已不堪使用，由官府在原址督建了一座质量较好的木架桥，定名为“惠民桥”；另一处是民间筹资、搭建在去小桥河道上的简陋便桥，当时称其为“伯颜川河桥”、“小桥”、“西川河桥”、“握桥”。1937年，当时的青海省政府在便桥所在地建起一座跨径50米，三孔，载重量为7吨的桥，定名“惠宁桥”。惠民桥和惠宁桥是湟水流经城西地段河道上的两座桥，也是不同年代建于不同地点的两座桥。惠民桥建成若干年后，又被洪水冲毁，原址至今再也未建过桥；惠宁桥建成后使用了不到20年即被拆除，在桥址西侧十余米处另建新桥，定名“新宁桥”，作为连结胜利路和小桥大街的交通枢纽，这里成天车水马龙。因桥名路，于是就有了新宁路、新宁广场、新宁花园等。

惠民桥

惠民桥是清乾隆元年，由西宁道佥事杨应琚倡修的，桥址在今省委党校后的湟水上。

清代分守西宁道陕西布政司右参议苏铣于顺治十四年仲冬修成的《西宁志》中附有一张《重刊西宁卫城图》，该图上明确绘出今省委党校后的湟水河上架有一座木桥，并旁注“大桥”，今小桥地区的湟水河上也架有一座木桥，并旁注“小桥”。从这张图上可以推断出今“小桥”地区地名的由来，“小桥”是相对于其下游的那座“大桥”而言的。因该地有小桥，于是有了小桥村，后来逐渐演化成为那一片地域的名字。

清乾隆元年，一代名宦杨应琚二返西宁，任西宁道佥事。据他在《西宁府湟中河惠民桥碑记》中说，当时大桥因“四川灌河，群版（板）散堕，日欹月陷，水挟木去，宵小窃以为薪”等原因，已破旧不堪。他目睹不少老百姓为了渡河，历尽艰辛，苦不堪言，为了保障“入城孔道”的畅通，他和太守刘洪绪、西宁县县令陈铦“谋协”，三人捐资修成了惠民桥。该《碑记》中，他不但详细记载了建桥的原因，桥的结构及建法、用材量、民工来源，而且详细说明了桥的地址、定名“惠民桥”的原因及竣工日期。惠民桥修在原来大桥的东侧，地处湟水河与北川河、南川河的“绾束处”，“距北郛圜（北城墙）外里许”。《西宁府新志》并附有绘制的《西宁府城图》，明确绘出了该桥的位置，即在今省委党校后面的河道上。至于杨应琚重修“惠民桥”的另一个原因，与官民便于朝山（北禅山）进香不无关系。

惠民桥北不远处即是北禅山，土楼神祠、明代铁佛寺、永兴寺即在那里，土楼洞窟就雕凿在土楼山悬崖之上。在历史上，土楼观有过很多名称，最早有“土楼神祠”之称。我省已故著名史学家李文实和赵盛世先生认为，土楼神祠当初是为河湟名人修建的“圣贤之祠”。东汉后期，佛教传入河湟地区，土楼神祠便逐渐成为佛教活动的场所，尤其北魏明帝时，由于皇族崇尚佛教，“佛教盛行于鄯州，曾作龛于土楼山断岩之间，藻井绘画。”加之西平（西宁）地处丝绸之路南道，当时许多僧人常取道西宁赴印度求经，其中像南朝僧人法勇等 25 人于明元帝泰常五年经西平越柴达木去天竺；孝明帝熙平三年，北魏僧人宋云等又经西平赴印度礼佛求经。伴随着众多僧人的来往，今西宁便成了佛徒的天下。明朝初年，西宁千户张铭出资对土楼山殿宇进行重建，永乐十四年（1416年），由高僧桑尔加朵奏请寺名，永乐帝亲赐寺名为“永兴寺”；明代，曾在北禅山下建起了一座佛教寺院——铁佛寺，寺中曾有一口巨大的铁钟，明代诗人夏瓒曾写有一首《吟铁佛寺古钟》诗：“西来铁佛倚嵯峨，铸得钟来圣绩多；地上轮菌含混沌，土中窅蔼孰摩娑；海潮无响闻仙梵，月影飞光下素娥；安得六丁起潜伏，五更鲸吼震山河。”正因为上述原因，寺院每当举行佛事时，风铃响处，号角声起，香烟缭绕，钟鼓齐鸣，届时城中士民及郊外村堡百姓，扶老携幼，身带供品，四方汇集，纷纷涌过（大桥）惠民桥，前来寺院朝拜。更有许多佛门信徒，不时进献面食、奶茶供寺中喇嘛食用，称为供“芒嘉”。今兴海路一带田埂便成了去寺院的必经之路，天长日久，这条由西南而转东北的斜向田间小径成了便道，被人们称为“芒嘉路”，后因谐音，芒嘉成了“莫家”，这就是兴海路的前身“莫家路”的由来。由此看来，惠民桥建成后，既方便了北川河东岸和北山脚下老百姓进城，也为湟水南岸老百姓和城里人过河提供了方便，在当时确实起到了“惠民”的作用。

杨应琚等所倡修的惠民桥早已被洪水所冲毁，有关它的记载，只散见于《西宁府新志》、《西宁府续志》等一些史料中。后来那里作为城里士民和湟水南岸村民北去、北岸村民进城的渡口，有木船摆渡，尽管渡河没有桥梁那样方便快捷，但摆渡船只一直存在到20世纪中叶。

惠宁桥

惠宁桥是1937年，马步芳任青海省政府代主席时修建的，桥址在今新宁桥东侧10余米处。

小桥地区地处西宁西郊交通要道，经此可以北去大通、门源、祁连，越扁都口可直达甘凉；西去可通青海湖、柴达木，进而可到西藏、新疆。因此，很早就有人在那里的湟水河上架木搭桥，小桥亦由此得名。由于青海地处边陲，史料罕缺，关于小桥地区湟水河上便桥的修建情况一直缺乏记载。直到清乾隆十二年（1747 年），西宁道佥事杨应琚撰成《西宁府新志》，其中《建置·津梁》中才提及“西川河桥，在城西三里。”《新志》对西宁地区当时的小峡河历桥、惠民桥都有详细的记载，而对西川河桥的记载只用了寥寥九字，足见此桥的简陋和不被重视的程度。《新志》成书后 130 余年，西宁知府邓承伟撰成《西宁府续志》，也竟只字未提西川河桥。直到 1937 年，曾任西宁县劝学所所长的基生兰写的《西宁府续志·志余》中才提到：（西川河桥）“向系便桥，夏拆冬盖，颇不便利。”清同治、光绪年间，甘青地区战乱频仍，西宁四郊多为战场，如 1895 年 7 月 14 日，回军起义军与驻防西宁的清军就在小桥激战。时局动荡，当局无暇顾及公共设施的建设。由此可见，直至清末，小桥地区的湟水河上，从未修建过一座像样的桥梁。

清光绪二十八年（1902 年），家居北川的戊子科副贡生谢以刚认为，（小桥）便桥遇水即损，劳民伤财，还不如筹款修建新桥，“以为一劳永逸之计”。在他的首倡下，地方知名人士和老百姓纷纷解囊，募得巨款后，他仿照东峡桥的样式，建成“握桥”。握桥是一种土木结构的桥梁，其修建方法是：“两岸垒石作基，大木纵横，更镇压，节节相次，根缩梢伸，两边俱来，相去（距）四丈，并大材以板横次之，外施钩栏。”握桥亦称“历桥”，今湟中扎麻隆附近、湟源城东湟水上，亦曾建有这种桥，直到 20 世纪 60 年代初才被拆除。握桥是没有钢筋、水泥时代的一种常用建桥形式，现今已不可能见到了。谢以刚募款建桥的义举是值得称颂的，但在施工过程中，又犯了一些技术性的错误，因桥基建在河床流沙上，“忽遇大水，尽行冲去。”老百姓只得又架便桥，无桥时备尝淌水之苦。

1929 年秋，国民军撤离青海不久，马麒主持省政，马步芳亦由化隆进驻省会西宁，并升任师长。马麒去世后，其弟马麟代理青海省主席。蒋介石为了将自己的势力扩大到西北，在“开发西北、建设青海”的幌子下，通过驻甘绥靖主任朱绍良，积极物色自己在青海的代理人。在马麟、马步芳叔侄的斗争中，他看出握有实权的马步芳的潜力，为了笼络马步芳，1932 年，他命马步芳到南京受训。受训结束后，在蒋的授意与安排下，马步芳又游历南方各地。江南之行使夜郎自大的马步芳见到了一些世面，拿他的话说，“耳目为之一新”。返青后，他即在《西北问题》创刊号上发表《建设新青海之倡议》一文，请求中央“提拨”240万元钱款，以支持青海建工厂、医院和牧场。他雄心很大，逢会必讲近代都市的先进之处，并指令在西宁仿效。一时间西宁纷纷建澡堂、修公路、创建图书馆、开设电影院和新式商店，搞得不亦乐乎。惠宁桥就是这个大背景下的产物。

距西宁30多公里的大通盛产“石煤”，数百年来，一直是官府和殷实之家生活和取暖必不可少的物品，小桥地区作为大通煤供应西宁的唯一孔道，是咽喉之地。但由于这里的便桥经常损坏，给运煤车辆进城造成了极大不便。青海建省后，政府机构大增，行政人员相应地成倍增加，加之马步芳为了保全自己家族在青海的霸业和武装割据的需要，常驻西宁的部队多。因此，对大通煤的需求也日益增加。为了使运煤线路畅通，小桥地区修建桥梁的计划也被提上了马步芳的议事日程。

马步芳升任蒋介石整编第九师师长后，师部就设在西宁南大街火神庙内，随之在那里建起师部修械所，以维修其枪炮。江南之行后，他极力鼓吹“选派专家，创办工厂”。但苦于人才缺乏，资金短缺，几年下来，修械所仍是几部柴油发动机和几台车床。为了增加其军事实力，解决军需品短缺的困难，一生崇尚武力的马步芳在修械所的基础上，准备筹建三酸厂、玻璃厂、米肠厂，但火神庙地处闹市，有诸多不便，只得决定另迁他址。小桥地区当时虽然地处郊外，但距城内只有七里之遥，且临北川河边，有大片沙砾地，是理想的建厂之地。可是去该地必须横跨湟水，交通极为不便，也必定给建厂工程带来种种不便。为了做好城内工厂转移的前期准备工作，小桥地区修建桥梁一事也成了当务之急。

1936年冬，中国共产党领导的工农红军西路军在河西走廊与反动的马步芳部队激战，马步芳为了截击红军，除了调集其正规部队外，将全省划为十五个区，按人数定额，征拔壮丁，组建民团赴河西进行疯狂的堵击。当时马家军增援部队、民团和辎重大都是经小桥越达坂山的中达坂、扁都口进入河西走廊的，小桥地区交通拥挤，运输繁忙，于是更加坚定了马步芳的建桥决心。

在上述诸多因素的促使下，经过一段时间的筹备，小桥地区修建桥梁的工程开始了。

小桥地区建桥工程是1937年春开工的，技术负责人是刚从江西土木工程学校毕业回青的绽永贵。当时，河西走廊里的高台战斗已经结束，英勇的红五军在与反共、反人民的马家军进行了半个多月浴血奋战后，数千红军健儿壮烈牺牲，伤病员大都被俘；一月后，倪家营子一战，红九军几乎全军覆没，前后有6 000多人被俘。1937年3月，被俘的红军官兵在马家军的押解下，经扁都口、中达坂来到西宁。在凶残的马家军迫害下，“到达西宁时被绳捆索绑，衣着褴褛，惨不堪言！”随后，马步芳对被俘人员进行了全面“甄别”，1 000多人被残杀、活埋，1 000多人被押往兰州邀功请赏，3 300多人被编为“新二军工兵团”，强迫从事开荒、修渠、建桥、修建营房、筑路等苦役劳动。由于小桥地区修桥工程已经动工，在马步芳的授意下，工兵团团长马腾调拨一部分被俘红军战士承担此工程的土方开挖、石方搬运和排水工程。三月高原，春寒料峭，寒气袭人，许多战士衣不蔽体，没有鞋袜，只得用毡片裹足，双脚红肿，一跛一瘸，“观者为之怵目伤心！”工地上，设备简陋，人拉肩扛，管工的稍不如意，“轻者压铁杠、打皮鞭，重则往往非刑致死。”每天黎明即起，黄昏收工，工作时间长在12小时以上，而且一日三餐尚不固定，忍饥挨饿，倍受折磨。在这种非人待遇下，不少体弱有病者，在皮鞭下离开了人世。据绽永贵后来回忆，他的妻子戚久洁就曾多次规劝他，让他“宽待参加修建的被俘人员”。

凝聚着红军战士血泪的桥在1937年秋季竣工了，马步芳取“施惠于西宁”之意，定名“惠宁桥”。该桥跨径50米，三孔，载重量为七吨，“桥墩及两头桥台皆以花岗石、白灰砌成。”桥面宽五米，两侧设有木质栏杆，涂黑灰色。由于桥面狭窄，只能容单车通过。西宁人顾洪泰先生曾说，(惠宁桥桥墩）石条上凿有楔形凹槽，石条之间用紫铜块嵌定，当年惠宁桥被拆除时他曾撬出一些铜块换过钱，由此可见，惠宁桥的工程质量是相当好的。

惠宁桥是当时西宁地区最好的一座桥梁，它的修建，尽管有种种原因，但从客观上讲，使西宁西郊的交通状况得到了极大的改善，人们再也不受蹚水之苦，马车进城也较前便利，同时也带动了小桥地区的发展。到 20 世纪 40 年代中期，马步芳所谓的“八大工厂”中的洗毛厂、皮革厂、机器厂、玻璃厂、三酸厂等相继在小桥修建，作为马步芳家族官僚资本企业，在掠夺青海各族人民财富和资源的基础上，为马氏家族谋取了更大的利润。但从客观上讲，正是由于惠宁桥建成后小桥地区的发展，培育了青海现代工业的萌芽。

在青海的桥梁建筑史上，惠宁桥作为马氏家族统治青海 40 年中修成的一座较好的桥梁，只存在了短短 20 年。新中国成立后，西宁城市建设突飞猛进，小桥地区作为 新生城市的工业区，对交通运输提出了更高的要求。往日只容单车通过的惠宁桥制约着城市的发展，给城市建设、交通运输造成了种种不便。为了彻底解决这一日益尖锐的矛盾，1957 年，西宁市人民政府决定在小桥地区湟水上另建新桥，新的桥址就选在惠宁桥西侧，在市政工人的努力下，不久，一座三孔钢筋混凝土大桥又横跨在湟水上。桥梁施工过程中，桥名仍未定，据 1957 年 5 月 10 日所拍摄的“西宁市惠宁桥工程上部钢筋完成验收留影”照片题字看，当时仍 称其为“惠宁桥”。桥梁建成后，为纪念西宁迎来了人民当家作主的新时代，故取名“新宁桥”。新宁桥通车后，惠宁桥完成了它的历史使命，旋即被拆除。此后很长的一段时间里，只要你站在新宁桥上凭栏北望，惠宁桥桥墩残迹仍清晰可见，不忘那段历史的人们仍可前去凭吊，睹物思人，更加怀念那些为共和国的诞生抛尽鲜血的人们。

后来随着城市的发展，新宁桥桥面仍显得狭窄，不利于日益增加的车辆通过。20 世纪末，政府对其又进行了一次加宽改建。1957 年拆毁的惠宁桥桥墩残迹也在 2005 年整修报社桥至海湖桥河道的施工中，被彻底平毁。不少花岗岩条石横七竖八地散落在河床里，无人问津。就在 2014 年修建河道排污渠时，仍可见到被大型机械推出的条石，混在河卵石中。惠宁桥桥墩残迹作为一处历史的见证和实物，对探讨修建惠宁桥的起因、过程和它

修建中的新宁桥（桥北侧可见20世纪30年代
西路军战士参与修建的惠宁桥）

在那段历史上所起的作用，纠正目前青海地方史研究文章中屡次出现的谬误，对广大青少年进行爱国主义教育和一些资料的准确流传，有着不可替代的作用，一下子不分青红皂白被彻底清除，总觉得有些惋惜和遗憾。

有关说明

党的十一届三中全会以后，由于党和政府对地方史料的搜集、整理、出版工作十分重视，30多年来，许多将湮灭的史料得以重新整理，有关地方史志的新著作也陆续问世。盛世修志，足以遗惠后代，但个别研究文章中，由于作者未能就某一历史事件或史料进行深入的研究，浮光掠影，竟下结论，付诸出版；有的以讹传讹，错误引用，互相转载，造成鲁鱼亥豕。有关惠民桥和惠宁桥的记载，就是一个明显的例子。本来，惠民桥和惠宁桥是不同年代、不同地点修建的两座桥，两桥风马牛不相及，但几十年来，公开发表的一些文章中、媒体上，一而再，再而三地将两桥混为一谈：有的说，惠宁桥（小桥）由北川绅士谢以刚集资，筹建握桥；有的说，1937年，国民党青海省政府重建惠宁桥；有的说，惠宁桥建于清代，当时称“惠民桥”；有的说，惠民桥建在人民公园（刘家河湾）西侧……

惠宁桥是否曾称为“惠民桥”？是否由北川绅士谢以刚筹建？惠民桥是否建在人民公园西侧？惠宁桥是否是国民党青海省政府重建的？小桥地区的湟水便桥是否自古就称“惠宁桥”或“惠民桥”呢？

其实，青海现存的一些地方史志中，除《西宁府续志·志余》外，均未有过关于“惠宁桥”的记载。如明代刘敏宽、龙膺修的《西宁卫志》中，对小桥地区的湟水桥是这样记载的：“伯颜川（西川，史称伯颜川）河桥，城西二里。”清初梁份所著的《秦边纪略》中说：“湟水源出热水山北，流五百里，经伯颜川，绕卫城北。”可知当时的小桥便桥称伯颜川河桥。清乾隆年间西宁道佥事杨应琚撰成的《西宁府新志》亦如前述，只注：“西川河桥，在城西三里。”可知当时称其为西川河桥。《西宁府新志》和《西宁府续志》是目前公认的有关青海地方史的权威志书，因此可以断定，明清两代从没有把小桥便桥称为“惠宁桥”。

惠民桥和惠宁桥是不同年代、不同地点修建在城西湟水河上的两座桥，两桥今天虽然都已不存在，但惠宁桥从来没有过另一个名称——惠民桥。

那么，谢以刚筹建的握桥是否称做“惠宁桥”呢？

谢以刚筹建的握桥确实修在今小桥地区的湟水上，它是后来惠宁桥的前身，人们因其建造形式特殊而称为“握桥”。今出版的《西宁府续志》中之所以出现“惠宁桥”一词，是由于下述原因造成的：邓承伟撰成《西宁府续志》后，因甘青地区战乱不息，一直未得到刊行的机会，原稿只得藏于西宁名儒来维礼先生处。来氏去世后，据西宁县劝学所所长基生兰先生说，“后裔式微”，竟成残卷。幸亏基生兰先生曾从来维礼家誊抄得副本一部，故得以瓦全。1936年中秋，国民党青海省政府代主席马步芳在与人闲谈中得知《西宁府续志》手稿事，他专门叮嘱基生兰、余永年、马霄石三人，负责《西宁府续志》的出版工作。余、马二人“以兰（基生兰）为西宁土著，博闻强识”之故，求其补写邓承伟之后几十年间的青海历史。基生兰虽以“（自己）今已六十又六，文笔既渐退化，记忆力益形薄弱。”为辞，1937 年，终因难负众托，写成《志余》一卷附于《西宁府续志》后一并出版。基生兰写《志余》时，惠宁桥正在大张旗鼓地修建，所以他在《志余·津梁》一节中提到惠宁桥，说因“过去是便桥，夏拆冬盖，颇不便利。谢以刚建的桥因河底原系流沙，忽遇大水，尽行冲去。”也没有说谢桥曾叫“惠宁桥”。

由此可见，小桥地区湟水上不同时期搭建的桥，曾称为“伯颜川河桥”、“小桥”、“西川河桥”、“握桥”，只有 1937 年修建的那座桥曾被命名为“惠宁桥”，1957 年新修的桥被命名为“新宁桥”。

附：西宁府城图（局部）

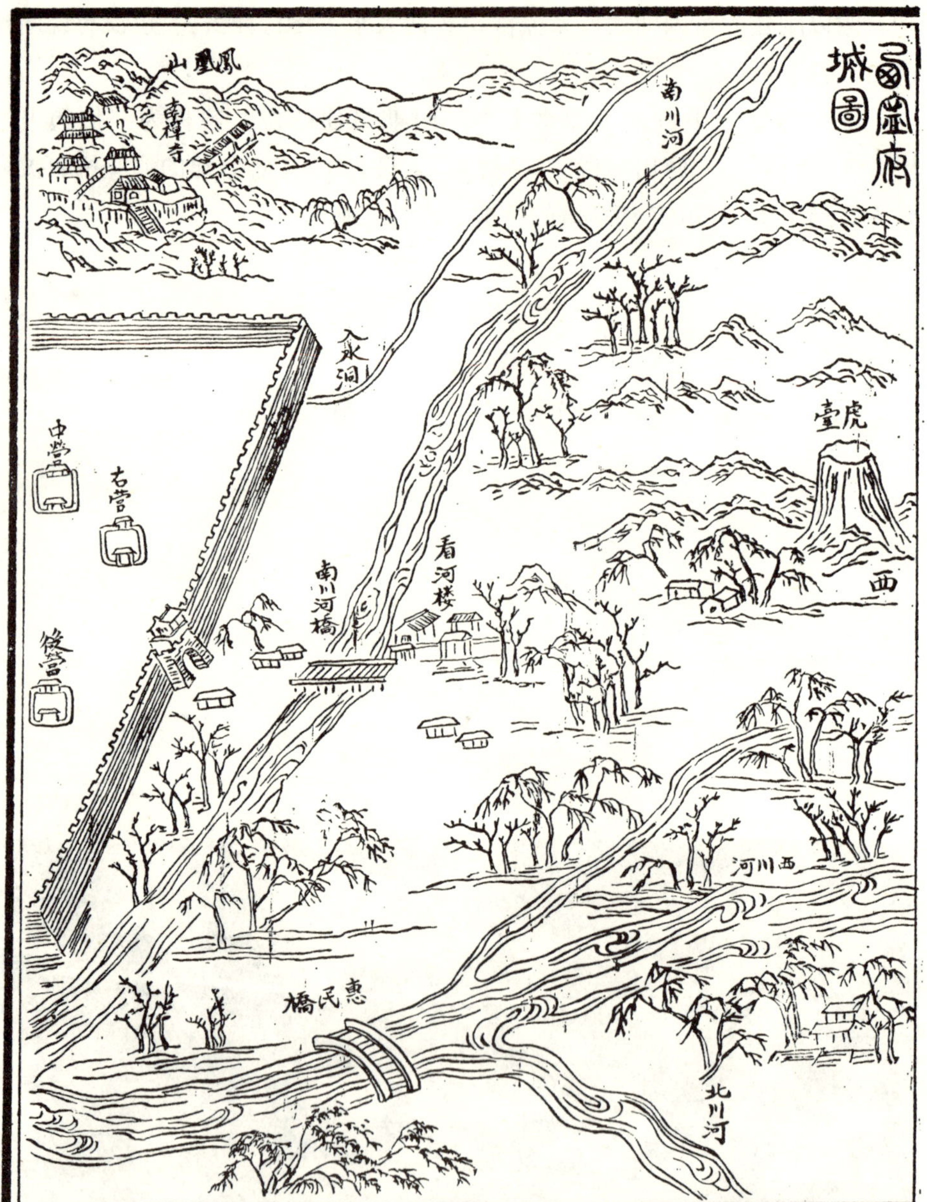

文庙（儒学局部图）

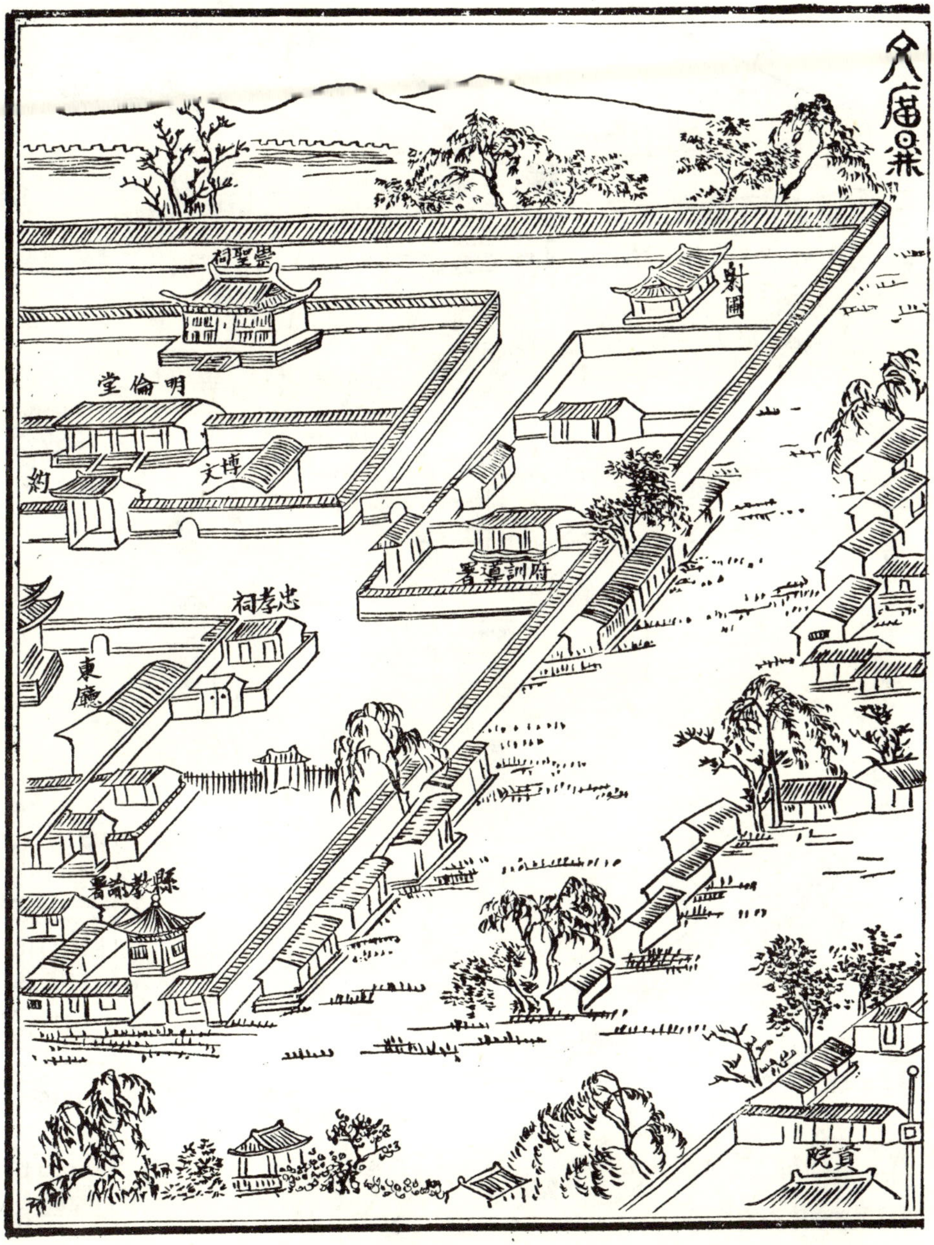

50 年代西宁城区图

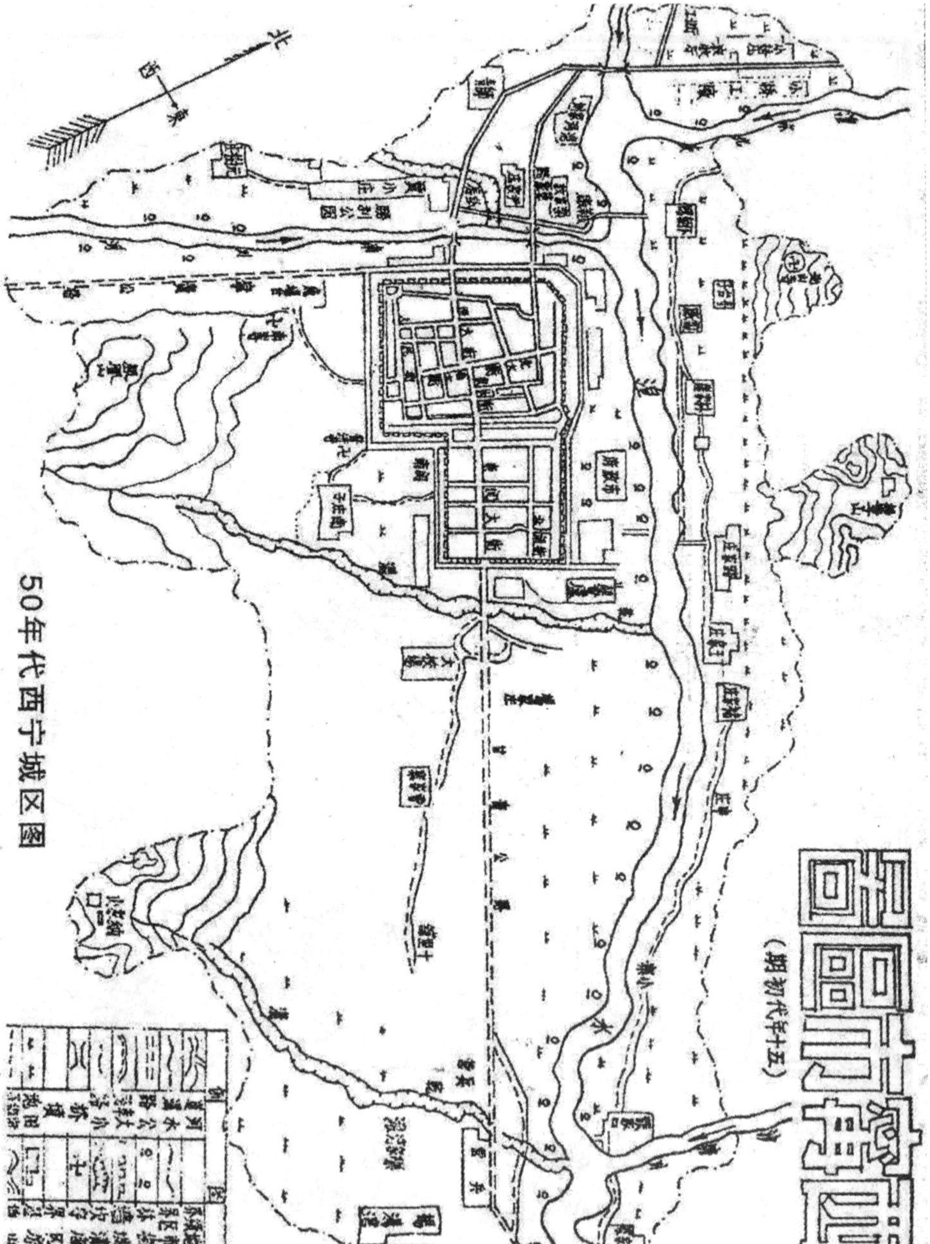

后记

古村落是宝贵的文化遗产，乡村历史文化的“活化石”，其中蕴含的深厚的历史文化信息，是中华民族优秀传统文化的重要载体和象征，是数千年来农耕文明留给我们的最大遗产。自西汉武帝时霍去病进军河湟以来，西宁周边经过2 100多年的开发，这些散落在湟水两岸的古村落是我们的一代代先民披荆斩棘、含辛茹苦留下来的历史符号，也是他们苦心经营留给我们值得永远纪念的根，然而随着社会的发展和城镇化建设的迅速推进，大批古村落随着机械的轰鸣，正在急速消亡。正如我省诗人祁俊清先生在他的《河湟村庄》一书中所说：“机械轰鸣，人来车往，我无法握住内心的平静，枯坐老屋。即使拔着头发升空，即使借着流水遁逃，都无法找到一寸，一寸安放双脚的乡土。 黑夜将我从梦境中拽出，追问我过去的村庄去了哪里？除了抖落一地忧伤的记忆，我只能暗暗饮泣。即使饮泣也不能从容，既怕压抑的宣泄不能淋漓尽致，又怕溅血的哭声，惊动天上的楼台宫阙。”这些充满伤感和无奈的词句，只能增添我们一丝怀乡的愁绪。中国民间文艺家协会主席冯骥才先生曾说：“中国历史悠久，地域广大，所以存在的自然村（传统村落）是‘巨量’的，但近年来消失得太快了。在2000年，我国拥有360万个自然村，但到了2010年，这一数字变成了270

万，也就是说，十年间就消失了90万个自然村，这个数字令人触目惊心。……其中所蕴含的大量的文化信息、形态随之消失，这个损失无法弥补。”谈到后果时，他曾痛心疾首地说：“传统村落本身就是最大的文化遗产，因为我们中华民族最深的根在这里面，中华文化的灿烂性、多样性和地域性体现在这里面，文化的创造性也在村落里，其价值并不比长城小。”我的故乡当年在“桑麻翳野，宛如荆楚”的湟水两岸，多少掩映在绿树之间的村寨已经远离我们而去了，当你行走在整洁的街衢之间时，也许脚下就是你们的祖辈洒过汗水的土地，现在只能凭借这点简略的片段，追述这些村落的历史，就是希望凭借这点苍白的文字，记录即将湮灭的村落，怀念河湟文化独特的灿烂性、多样性和地域性，让人们通过这一扇渐渐合上的窗口，来窥探一下这里历史上曾经有过的一页，那里曾经矗立过我们的祖先生息的庄廓，那里曾有过喜鹊盘窝的老树，那里曾留下过我们父辈佝偻的背影，那里有渗透他们汗水和泪水的田地，那里曾经回响过守夜的犬吠，还有那报晓的鸡鸣……

基于对河湟故土的热爱和对正在快速消失村寨的眷恋，几年来，我有意记述了西宁近郊或稍远一些的部分村堡的旧貌和逸闻，尽管这些文字只是吉光片羽，难以反映当地历史的全貌，但作为纪念性的材料，想通过它，让将来的河湟子弟们知道，我们的祖辈就是在那样的环境里，曾一代代续写了家园的开拓历史，传承了淳朴的河湟文化。我省著名学者、藏学专家谢佐先生也基于这一看法，多次敦促我积文成册，以反映西宁地区的地名文化，并在百忙中为之热情作序，在这里向他深深地表示感谢！感谢青海人民出版社的领导和编辑同志们，为《老西宁贰》——西宁周边村堡探究一书的出版所作的辛勤努力，感谢李逢春、杨文盛、井石、陈元魁、王文中、孙继刚等先生为本书撰写提供的支持、帮助和关心！感谢青海藏文化博物院副馆长王建新和其他同志为我创作所提供的方便和帮助！至于西宁周边的韵家口、王同堡（小寨）、林家崖、柴小庄（王家庄）、褚家营、寺台子、龙泉谷（深沟儿）、土门关、西宁近郊六寨（杨家寨、刘家寨、彭家寨、沈家寨、曹家寨、傅家寨）、张家湾、扎麻隆、乌思巴堡（堡子）、刚岔、合尔营、佐署、葛家寨、海马泉、苏尔吉、班沙尔、汉东、甘河、元山尔、隆思干、拉布尔等村堡和西宁古城旧街巷，已收录于拙作《老西宁》中，在这里作一说明。闻名于西宁周边、河湟谷地的还有不少名庄大堡，由于条件所限，或难以亲涉其地，或史料缺罕，踌躇再三，终难下笔，所以书中没有涉及，我也为之深感遗憾，在此，敬请读者谅解。书中肯定会有这样或那样的谬误和遗漏，在此也敬请读者不吝批评指正，以免错误流传，贻误来者。

靳育德

2014年3月于苏木莲河畔旱坪山下